全施連提言 II

地域共生ホーム

― 知的障害のある人の
これからの住まいと暮らし ―

一般社団法人 全国知的障害者施設家族会連合会 編著

中央法規

はじめに

　本書は、障害のある人のこれからの住まいと暮らしについての政策提言です。国・地方自治体の障害者施策にかかわる関係者、障害者支援施設やグループホーム等を運営する社会福祉法人とその職員、そして障害者支援施設等の利用者とその家族とともに、障害者支援施設の現状を見つめ直し、地域生活の根拠地となる暮らしのあり方を新たに構想することによって、これからの具体的な取り組みと制度改善をすすめるための提言です。

　私たち「全国知的障害者施設家族会連合会」（以下、「全施連」と略）は、すでに「新しい生活施設のあり方に関する提言——家族が求める暮らしのあり方——親の想いを社会に届けたい」（提言Ⅰ）を 2012 年に明らかにしています。この「提言Ⅰ」は、措置費制度から契約利用制へと福祉サービスの実施体制と利用の仕組みが変わり、障害者支援施設の利用者に転居を迫る「地域生活移行」が政策的に進められていることに対して、私たちの「生活施設」のあり方についての考え方を提示したものでした。それ以降、わが国は障害者権利条約の締約国となり、それに関連して障害者基本法と障害者雇用促進法の改正、障害者虐待防止法と障害者差別解消法の立法化が図られました。今回の提言は「提言Ⅱ」として、障害者権利条約とそれに関連する新しい法制度を受けとめ、障害のある人にとっての「当たり前の暮らし」を検討し直し、新たな提言としてまとめたものです。

　私たちは、障害者権利条約に学び、障害のある人たちが創る暮らしのあるべき姿を議論の出発点に据えて、支援サービスや制度のあり方を構想することが何よりも大切だと考えています。近年、介護報酬や事業者報酬を年度ごとに細かく変更する政策手法が続けられています。このような手法は、財政的制約のもとで、政策全体を管理するためにはきっと

必要なものなのでしょう。事業者報酬の改定をめぐり、行政機関と事業者団体とのやり取りや事業者・社会福祉法人が一喜一憂する経営上のリアリティは、確かにあると思います。しかし、障害当事者とその家族にとって、事業者報酬を年度ごとに細かくいじることにどのような意味があるのかは、さっぱり理解できません。障害のある人の暮らしの質がどのように向上するのか、中長期的にどのような暮らし方を安定した形で実現しようとしているのか、そして、障害のある人の幸福追求権の行使がどのように確保されるようになるのかが、まったく見えてこないからです。これでは、行政が施策のあり方を構想する出発点に、障害のある人たちの権利とその暮らしのあるべき姿を据えているのかについて、私たちは疑問を抱かざるを得ません。

障害者権利条約の魂は、"Nothing About Us Without Us"（「私たちをぬきにして私たちのことを決めないで」）です。そこで、私たちは今こそ、障害のある人たちが権利を行使することのできるゆたかな暮らしのあり方を議論の出発点に据えて、これからの施策とサービスを展望することが必要不可欠であると考えます。

本書の構成は、次の通りです。

第1章は、本書のキーワードである「地域共生ホーム」の考え方とデッサン（下絵）を提示します。「地域共生ホーム」は特定の制度を指すのではなく、私たちが求める「住まい」と「暮らし方」のあるべき姿のことです。その姿は、これまでの障害者支援施設やグループホームの抱えてきた構造的な問題を克服し、専門性の確保と人権擁護を進めていく課題のあることを明らかにしています。

第2章は、地域共生ホームを拠点とした暮らしのあり方を明らかにしています。その一つは、地域共生ホームの内側の暮らしを「親密圏を紡ぐ」観点から照らしだし、もう一つは、地域共生ホームを拠点にした地域生活を充実させることによって「公共圏を拓いていく」支援の営み

の重要性について指摘しています。

第3章は、職員配置に関する現行制度の制約が、障害者支援施設の職員の専門性と支援の質の向上を阻んでいる実態を明らかにしています。支援の必要に照らして職員の手が足りない問題は、利用者とその家族が一貫して指摘してきた問題です。職員配置が手厚くならないからくりと、それに由来する施設格差の深刻さを解き明かしています。

第4章は、施設長等の幹部職員と社会福祉法人のあり方を明らかにしています。社会福祉法人改革の必要性を認めつつも、現実に進行しつつある「改革」の実態や「イコールフッティング」への動きは、障害のある人の地域生活の充実と権利擁護に逆行しかねない問題を含んでいることを指摘しています。そのような動きに替わる真の改革のあり方（オールターナティヴ）として、障害のある利用者と地域に住まうこれからの利用者等の自治と民主的討議に立脚し、社会福祉法人を文化的に刷新する具体像を試論的に提起しています。

第5章は、施設経営の主要な原資となる給付費について、「加算報酬」を含めた仕組みの問題を明らかにしています。加算報酬を含む給付費の仕組みは、障害者支援施設の支援と生活の質に容認することのできない格差を生んでおり、支援施設に対する給付費の制約が職員体制と職員雇用の確保に著しい困難をもたらしていることを解き明かしています。

第6章は、知的障害のある子どもを育んできた親・家族の思いと苦労の実際から、貧しい施策によって強いられた親子の「共依存」から脱却する唯一の手立てが、「施設入所」だったという現実を明らかにしています。そして、新しい世代の親・家族が自らの幸福追求権を実現できるようになるために、障害のある人の養育・養護の過重な負担を親・家族に押しつけ続ける民法第877条の廃止を求めるとともに、すべての世代の親・家族が多様性の相互承認にもとづいて参画することのできる連帯と運動の今後を提言しています。

第7章は、国際比較から見えてくるわが国の障害者施策の貧しさと

社会福祉に関する国・地方自治体の公的責任の再建について解き明かしています。国際標準となりつつある ICF（国際生活機能分類）を障害認定に用いないこと等によって、わが国には、政策対象とする障害と障害のある人の範囲を著しく狭めている問題があります。しかも、わが国のGDPに占める障害者施策への支出がいかに低いかを指摘しています。そして、社会福祉基礎構造改革以降の社会福祉の実施体制は、地方分権の名のもとに、市町村・都道府県で明らかにされた切実な福祉・介護のニーズが、国の対応責任に届きにくい構造を作り上げている問題点を解き明かしています。

　第8章は、障害者支援施設の利用者の権利擁護について、法律の専門家の立場から明らかにしています。利用者本人の意思・署名による契約になっていない現実、財産管理の代理権の行使に偏った成年後見人の問題、施設の利用契約をめぐる根本的な問題等を指摘した上で、現行の社会福祉法の下で護りうる具体的な利用者の権利とそのための手立てを解き明かしています。

　本書は、障害のある人がそれぞれの幸福追求権を行使し、ゆたかで多様な人間性の充実と地域生活を実現することのできる根拠地としての「地域共生ホーム」を創る提言です。このような住まいと暮らし方の社会的な保障は、すべての障害のある人たちの当たり前の権利です。この権利の実現に向けて速やかな制度改善を図り、あらゆる立場の人たちとの協働を発展させるために、私たちは力を合わせ、弛みない取り組みを進めていきます。

2019 年 8 月 15 日
74 回目の不戦と平和への誓いとともに
全国知的障害者施設家族会連合会 PT 会議

もくじ

はじめに ……………………………………………………………………………… 1

第1章　「地域共生ホーム」を創る

1 障害のある人が「わが家」と呼ぶことのできる「地域共生ホーム」…… 12
2 これまでの住まいにありがちな弊害を乗りこえて ………………………… 15
　（1）地域社会からの孤立　15
　（2）専門性の欠如と人権侵害　19
3 格差と不平等の渦巻く現実を乗りこえて人権擁護の住まいを創る ……… 21
〔COLUMN〕　トイレのロールペーパーを外してしまう施設 ………………… 26

第2章　「地域共生ホーム」から市民としての地域生活を創る

1 地域生活の根拠地としての親密圏 ………………………………………… 32
　（1）定住することの安心が地域生活の自律を育む　32
　（2）地域共生ホームの生活条件　34
　（3）慈しみ合いのある人間関係　36
2 親密圏から地域生活への展望を拓く支援 ………………………………… 39
　（1）親密圏の成立条件――市場原理の排除　39
　（2）意思決定支援と連携支援を進める　40
　（3）地域生活を支える支援の基本　42
〔COLUMN〕　「拡大家族」としての社会福祉法人 ………………………… 46

第3章　職員の専門性の向上と待遇改善を求めて

1 人口減少に伴う未曽有の職員不足の現実 ⋯⋯⋯⋯⋯⋯⋯⋯⋯54

2 障害者支援施設の職員配置 ⋯⋯⋯⋯⋯⋯⋯⋯⋯⋯⋯⋯⋯⋯⋯55

　⑴ 支援施設に配置されている職員の職種　56

　⑵ 日中の生活介護で直接支援職員数を算出　60

　　①平均障害支援区分の算出　60

　　②指定基準と人員配置体制加算の直接支援職員の人員配置率　62

　　③直接支援職員数の算出方法と職員配置の実態　63

　　　ア．開所日数　63

　　　イ．直接支援職員数（職員配置率を1.7：1とした場合）　67

　　　ウ．直接支援職員の1週間の勤務体制　70

　　　エ．直接支援職員の勤務形態　71

　　　オ．1週間の職員配置　73

　　　カ．1日の勤務状況　75

　　　キ．通所の生活介護の職員配置　83

3 支援について ⋯⋯⋯⋯⋯⋯⋯⋯⋯⋯⋯⋯⋯⋯⋯⋯⋯⋯⋯⋯⋯85

　⑴ 環境整備的支援　85

　⑵ 直接支援　87

4 支援の専門性を阻むさまざまな要因 ⋯⋯⋯⋯⋯⋯⋯⋯⋯⋯⋯92

　⑴ 現場の苦悩　92

　⑵ 支援と生活の質にある支援施設の格差　95

　⑶ 支援の向上を阻む制度的制約　96

5 障害者支援施設の制度的限界を直視した事態の改善を ⋯⋯⋯⋯100

第4章　地域共生ホームの施設長のあり方

❶ 社会福祉法人制度改革と社会福祉法人・施設長のあり方 106

(1) 施設長のあり方は社会福祉法人制度改革と一体の課題 106

(2) 社会福祉法人制度改革と一部の社会福祉法人のバックラッシュ 110

(3) 私たちが目指す地域共生ホームの長 113

❷ これからの社会福祉法人に自治と討議に基づく福祉文化を創造する 118

(1) 地域と共に歩んできた社会福祉法人「ささの会」 119

　①ささの会の歩み 119

　②多様な支援ニーズと向き合って 120

　③地域連携による支援体制の充実 121

(2) 新しい社会福祉法人をつくる 123

　①利用者の声を起点に据える 123

　②ささの会運営協議会の立ち上げ 124

　③話し合いと相互点検から合意形成を図るシステム作りを 126

(3) 施設長等管理者の役割 126

　①地域社会の中での役割を自覚する 126

　②公平で透明な法人運営 129

第5章　施設経営と運営のあり方について

❶ 給付費と報酬について 132

(1) 給付費とは 132

(2) 障害福祉サービスは事業所ごとに違っている 136

❷ 支援施設と通所生活介護 138

(1) 職員配置 138

(2) 施設入所支援の特徴 141

❸ 職員を育む 143

第6章　家族の役割と法的位置を明らかに

■1 親・家族の生活実態 148

(1) 障害のある子どもの成長・発達と親の苦闘　148

乳幼児期　148

学童期　149

卒業を控えて　150

(2) 親・家族の生活困難　151

■2 子どもの親からの自立困難と施設 153

(1) 子離れと親離れの困難　153

(2) 親・家族はこれまでの入所施設をどのように見てきたか　155

■3 親・家族の幸福追求権の実現を──民法第877条の廃止を求める 158

■4 世代を超えた障害のある人と親の連帯を求めて 161

①全世代参加型の組織的活動　164

②会員相互の支え合い　165

③多様性の相互承認　165

④インターネットの活用　165

■5 わが子が生まれ共に歩み過ごしてきたことへの感謝に代えて 167

第7章　国・地方公共団体の社会福祉の増進にかかわる役割と責任

■1 すべての人の幸福追求権を保障する国家責任 170

■2 国際比較で見る日本の障害者政策 173

■3 切実な福祉ニーズに国が責任をもって応える仕組みを 178

第8章　利用者の権利擁護

1 権利擁護の意味 ⋯⋯⋯⋯⋯⋯⋯⋯⋯⋯⋯⋯⋯⋯⋯⋯⋯⋯⋯⋯⋯⋯ 182

2 知的障害者が支援施設へ入所すること ⋯⋯⋯⋯⋯⋯⋯⋯⋯ 182

3 施設と成年後見制度 ⋯⋯⋯⋯⋯⋯⋯⋯⋯⋯⋯⋯⋯⋯⋯⋯⋯⋯⋯ 184

4 利用者の契約 ⋯⋯⋯⋯⋯⋯⋯⋯⋯⋯⋯⋯⋯⋯⋯⋯⋯⋯⋯⋯⋯⋯ 185

5 福祉が契約で実施される ⋯⋯⋯⋯⋯⋯⋯⋯⋯⋯⋯⋯⋯⋯⋯⋯ 186

6 施設利用は契約でよいのか ⋯⋯⋯⋯⋯⋯⋯⋯⋯⋯⋯⋯⋯⋯⋯ 188

7 施設利用者の権利 ⋯⋯⋯⋯⋯⋯⋯⋯⋯⋯⋯⋯⋯⋯⋯⋯⋯⋯⋯ 190

8 人権を護る手だて ⋯⋯⋯⋯⋯⋯⋯⋯⋯⋯⋯⋯⋯⋯⋯⋯⋯⋯⋯ 191

9 利用者の人権を護るために ⋯⋯⋯⋯⋯⋯⋯⋯⋯⋯⋯⋯⋯⋯⋯ 193

付録

施設利用に伴うサービス利用契約と個別支援計画に関する実態調査報告 ⋯⋯ 196

1. **サービス利用契約と個別支援計画に関する実態調査の目的**　196
2. **調査方法**　197
3. **調査結果**　197
　⑴ 有効回答数と回答者の属性　197
　⑵ 施設職員と本人・ご家族との関係性に関する調査結果　200
　⑶ 不利益を被った体験等の記述回答の調査結果　200
4. **調査結果の考察**　202
　⑴ 施設職員と本人・ご家族等との関係性　202
　　① 7つの項目の関連性から　202
　　② 肯定的評価（「とても良い」「やや良い」の合計）が8割前後を占める結果について　203
　⑵ 不利益を被った体験等の記述回答から　205
　⑶ 全体考察　206

〔資料〕記述回答一覧（分類済）　210

サービス利用契約・個別支援計画の同意に係わる説明不足や不利益に関する調査　243

施設の暮らし点検シート 247

おわりに 279

第**1**章

「地域共生ホーム」を創る

1 障害のある人が「わが家」と 呼ぶことのできる「地域共生ホーム」

　障害者支援施設やグループホームは、「アット・ホームな（家庭的な）暮らし」の実現を目指しているところが多く見受けられます。そこで、「アット・ホームな」という言葉を手がかりに、私たちの考える「地域共生ホーム」を具体的に描いてみたいと思います。

　家庭とは、親子や夫婦などの血縁関係にある人たちの集団と、この人たちが共に暮らす場所のことです。この家庭に私たちが求めるものは、打ち解けた気持ちになって「ホッとできる」ことです。仕事、学習、訓練、日中活動、そしてさまざまな地域での社会的活動（町内会、当事者組織の活動、レクリエーション活動、ボランティア活動など）に取り組んで家庭に帰ってきたとき、お風呂で汗を流し、美味しいものを食べて、柔和な団らんを囲み、疲れた心と体を休めて元気を取り戻す営みを家庭に期待しています。

　つまり、地域社会に羽ばたく活動の根拠地となり、慈しみ合いにあふれる人との関係に包まれて、落ち着きとくつろぎのある暮らしを営むところが家庭です。そして、この家庭を構成するそれぞれのメンバーが家庭を「わが家（私の家）」と呼べるとき、家庭の中でそれぞれの「私」が個人として尊重され、暮らしの主人公になっているのだといえるでしょう。私たちは、このような家庭の生活を「健康で文化的な」地域共生ホームの暮らしに重ねてイメージしています。

　障害者支援施設やグループホームという社会的な「住まい」は、家庭とは異なり、「血のつながり」による人の集まりではありません。それは、家庭を独力では形成することの難しい障害のある人たちが、社会保障・社会福祉の制度に支えられながら、血縁によらない他者との関係性に、家庭に勝るとも劣らない〈慈しみ合いのある暮らし＝親密圏〉（越

智貢他編『岩波応用倫理学講義5』岩波書店、240-245頁、2004年）を築くところです。

　本書が提言する「地域共生ホーム」は、障害者支援施設やグループホームという制度上の枠組みを指す用語ではありません。私たちが「地域共生ホーム」と呼ぶことのできる住まいは、障害のある人すべてが個人として尊重され、健康で文化的な、人との慈しみ合いにあふれる暮らしの質を担保しているところを指します。制度上の障害者支援施設やグループホームの中には、人権擁護が不十分で、親密圏の内実を持たない住まいもあるでしょう。しかし、そのような施設やグループホームが、障害のある人にとって心の底から「わが家」と呼ぶことのできるところに変わっていく目標にして欲しいという願いを込めて、「地域共生ホーム」という慈しみ合いのある暮らしのあり方を提示しています。

　私たちの考える地域共生ホームという住まいと暮らしの社会的な保障は、障害のある人の権利であり、障害者支援施設やグループホームを含む多様な住まいのすべてにおいて確保されるべき暮らし方だと考えています。

　ここでまず、地域共生ホームにおける具体的な暮らしの場面を少しイメージしてみましょう。

◇くつろいだ語らいと喜怒哀楽の渦の中に和らぎがあること

- 一日の出来事の中で、楽しかったことや苦労したことを気軽に話せること

　「スナック菓子の売り場で（お菓子の）袋を叩いた。スーパーの店員さんに怒られた」

　　　「また〜（笑）　レジでお金を払ってからね」

　「はじめての仕事はうまくいかなかった」

　　　「慣れるとうまくできるようになるよ。大丈夫」

　「店長さんに褒められた。お金の勘定が全部合ってるって」

「数字には、本当に強いんだね～」

・社会の出来事やスポーツ界・芸能界の話題で話がはずむこと
「国に統計のインチキがあったってさ」
　　　「ひどいね」
　　　「でも統計のインチキってな～に？」
「テニス、大坂なおみが優勝したね」
　　　「応援してたんだ」
　　　「なおみすごい」
「嵐が解散するね」
　　　「もう、びっくり。ざんねん～」
　　　「翔君に会いたいな」

◇施設臭のない、清潔で清掃の行き届いた住まいであること
「お部屋も廊下も清潔だね」「ほんとにいつもさわやか」「気持ちいい」

◇滋養に満ちた、美味しい食事ができること
「お魚の竜田揚げおいしいね」
　　　「揚げたてで、温かい」
「うん、カツオ節のかかった小松菜のおひたしもいいね」

◇プライバシーが守られ、静かに過ごし、ぐっすりと眠ることのできる自室があること。また、気の合う人との二人部屋を希望する人にはそれがチョイスできること
「部屋は落ち着く」「毎日ぐっすりだよ」

◇毎日お風呂に入れること

「体、温まった」「汗流してさっぱり」「気持ちよくて、歌をうたっちゃった」

このような毎日の心安らぐ暮らしを実現するために、必要十分な内容を担保する安定した制度的基盤の上に、みんなの交わりと協働の力によって幸福を追求する住まいが「地域共生ホーム」です。

② これまでの住まいにありがちな弊害を乗りこえて

(1) 地域社会からの孤立

知的障害のある人にかかわる障害者支援施設の原型は、1960 (昭和35) 年施行の知的障害者福祉法 (当時の名称は「精神薄弱者福祉法」) に定められた知的障害者援護施設です。それは、知的障害者更生施設と知的障害者授産施設の二種類の施設で構成されていました。これらの施設の設置目的は、「更生施設」が「知的障害者を入所させて保護するとともに、その更生に必要な指導及び訓練を行う」ことに、「授産施設」は「雇用されることが困難な者を入所させて、自活に必要な訓練を行うとともに、職業を与えて自活させる」ことにそれぞれ置かれていました。

これらの知的障害者援護施設が1960年に制度化された背景には、わが国の高度経済成長に伴う家族生活と地域のつながりの脆弱化がありました。産業構造の急激な転換 (石炭から石油への熱源の転換に伴う炭鉱の閉山、農林漁業の縮小と製造業の急速な拡大など) と、それに伴う大規模な労働力の流動化が起こりました。夥しい数の人・家族が、農山村・地方都市

から大都市部・太平洋ベルト地帯に移り住むことを余儀なくされたのです。人口の流動化に伴い、三世代家族等の大家族は核家族へと小規模化し、地域社会のつながりも衰退することによって、家族が地縁の結びつきを交えて暮らしを支える機能は弱くなっていきました。

　このようにして、障害のある人の暮らしをみんなで支えていくために必要な家族の扶養・養護力と地域社会の支え合いは、低下し不安定になっていったのです。障害のある人たちの暮らす施設の制度化の背景には、このような家族と地域社会の歴史的な変容による生活困難があり、多くの家族は障害のある人の暮らしを施設支援に頼らざるを得なくなっていきました。

　障害者支援施設にありがちな「閉鎖性」の問題は、施設のみに原因があるわけではありません。わが国の高度経済成長は、経済的な発展に利するもの以外を地域社会から排除する傾向を強め、支え合いのつながりを弱くもろいものにしていきました。そして、障害のある人の暮らしの場を施設とすることが、地域社会の側からは障害のある人の暮らしと人生を施設に任せきりにして閉じ込めてしまう傾向を強めていくことになったのです。

　現在の障害者支援施設の多くが開設した 1970 ～ 90 年代に、施設の設立に向けた取り組みの多くは、家族の力だけでは障害のある人を養護できなくなった現実に対して、社会福祉制度を活用して乗りこえようとする真剣な努力でした。知的障害のある人たちの生存権・発達権の保障を実現しようとする社会運動も、施策の改善と拡充に大きな役割を果たし、施設支援の専門性と生活の質の向上を追求する視点が定着していきました。このような施設づくり運動には、障害のある当事者自身も少なからず参加してきた歴史的事実があることも指摘しておきます[1]。

　しかし、施設づくりの取り組みは、開設に向けた用地確保の段階で地域住民からの反対運動にしばしば直面してきました。中には、人里離れ

たところで開所せざるを得なかった障害者施設も決して珍しくありません。このような事実は、地域社会が障害者の暮らしを施設に任せて「厄介払い」しかねない傾きを強めていったことの証です。今日においても、グループホームを開設しようとする場合、地域住民からの反対運動が発生するケースは枚挙に暇がありません。

　障害者支援施設の「閉鎖性」と指摘されてきた問題は、施設と地域社会の相互作用の中で発生します。地域社会の障害のある人に対する差別・偏見・特別視が強い場合、障害者支援施設は障害のある人を「施設の中に保護して守ろうとする」傾きを持たざるを得なかったのです。そして、親御さんの高齢化が進んでわが子である施設利用者との交流が乏しくなってくると、すぐさま施設と外部との交流は途切れがちになってしまうのです。

　このように見てくると、障害者支援施設は矛盾した事態に置かれたことがわかります。一方で、障害のある人のご家族と施設関係者が障害のある人の暮らしを懸命に守ろうと努力を重ね、他方では、障害のある人の施設での暮らしが家族と地域社会から遠ざけられ距離を拡大していく方向性をもたざるを得ませんでした。障害のある人の住まいがソーシャル・ネットワークに位置づき、地域住民とのオープンな交流が進んでい

1）入所型の社会福祉施設は、多様な種類のものがあります。養護老人ホームや児童養護施設は戦前の救貧施設に起源を持ち、今日では身寄りのないお年寄りや虐待を被った子どもたちの社会的なケアと養護の役割を担っています。特別養護老人ホームは、障害のあるお年寄りの養護・介護施設であり、以前の知的障害者更生施設（入所）と同様、家族と地域社会がお年寄りを支える力を弱めたことに起因して増加していきました。これらの社会福祉施設を「隔離」「収容」というキーワードだけで十把一絡げに性格づけすることはできないと考えます。ただし、肢体不自由の人たちにかかわる入所施設を筆頭に、処遇の枠組みを医療モデルから構成する一方的管理がまかり通り、そこに救貧的な管理体質を引きずっていた歴史的な事実に対しては、徹底した批判と反省が必要です。知的障害にかかわる入所施設は肢体不自由の施設とは異なる形成史の文脈があり、明治以降の石井亮一や戦後の糸賀一夫が切り拓いてきた実践は、障害特性への配慮とともに、障害のある人それぞれの人格を暮らしの中に位置づけていたことは強調しておきます。このような先駆的な取り組みを個人の尊重と人権擁護の徹底に高め、社会的な住まいの場を共に幸福追求の時空間にしていくことが求められているのです。

るかどうかという点から考えると、現在のグループホームも障害者支援施設と同様の「閉鎖性」の問題を抱え込まされている、あるいはその可能性を抱えているといえるのです。

　そして現在、地域社会との交流を強めて風通しのよい施設にしようと懸命な努力を重ねる施設があるかと思えば、施設の閉鎖性を問い返す契機そのものをなくしてしまったような施設もあります。後者の中には、閉鎖的な「施設の常識」が一般常識と大きく乖離しているにもかかわらず、現状に胡坐をかいたまま「自分たちは家族の願いに応えて頑張っている」と吹聴する施設まで存在しています。

　ここで、閉鎖的な施設の常識が一般常識と大きく乖離している事態について、「施設臭」の問題を例にとって考えてみましょう。「施設臭」と言いますが、グループホームの中にも、同様の悪臭が放置されているところは決して珍しくありません。この施設臭の原因は、住まいに悪臭を漂わせるさまざまな要因を放置し、掃除・洗濯を含む住まいの衛生管理が不十分なことにあります。簡単に言えば、清潔さを徹底しない住まいの問題です。

　たとえば、排せつ物の臭気を除去するために、トイレ回りの清掃とおもらしへの対応（掃除・洗濯）がこまめに、しっかりとできていません。洗濯については、衣類・寝具類の洗いと干しのどこかに雑な取り扱いが習慣化しています。入浴回数が少ないために大勢の利用者の体臭と衣服・寝具周りの異臭が強くなる事情もあります。居室と廊下・娯楽室等の共用空間の清掃が不十分であることに加えて、共用空間のカーペット・ソファが、飲み物の付着とお菓子類の小さな断片や粉が処理されないままになっているなど、住まいにふさわしい基礎的管理に問題のある施設もあります。いずれにしても、複合的な要因によって住まいの悪臭は生まれますから、施設全体の掃除・洗濯等を徹底して悪臭の原因を取り除いていく以外に手立てはありません。

　外部の人が障害者支援施設やグループホームを訪問し中に入ってみる

と、すぐさま施設特有の悪臭に気づくのですが、改善しようと努力しない施設がたくさんあるのはどうしてなのでしょう。ここには、地域社会との交流の乏しい施設やグループホームが、自己点検に必要な日常的機会を喪失していることや、毎日の仕事で施設内部にいる職員は「施設臭」に慣れてしまっていて、最悪の場合には、「当たり前の生活臭だ」とさえ言い出しかねない問題のあることを指摘できます。

　すると、「施設臭」だけが放置されているのではなく、この原因となっている洗濯と清掃が不十分なまま放置された状態のすべてが、「施設の常識」と化してしまうのです。つまり、地域社会との交流や第三者による点検の欠如が、「離れ孤島」と化した施設の中でディーセント・ライフ（人たるに値する現代的な生活の質）を見失わせ、障害者の孤立した生活を作り出すのです。

(2) 専門性の欠如と人権侵害

　施設が外部から孤立した日常生活世界を作り出してしまうと、支援者の思い込みを強め、障害のある利用者のニーズや要望からずれていくことがしばしば起こるようになります。この傾向は、専門性の乏しい施設では顕著です。

　ここでは、「食べる」営みに必要な支援のあり方を例に取り上げて、支援者の専門性と人権擁護の課題について考えてみましょう。

　知的障害のある人は、発達期においては定型発達の人と比べ完食率の低いことがわかっています。また、ASD（自閉症スペクトラム）のある人は約8割に偏食が認められ、「頑固な偏食や未経験の食べ物に対する拒否傾向」は保護者の取り組み・学校の給食指導・福祉現場の食事支援において、「最も悩み多い課題の一つ」と指摘されています（宮嶋愛弓・立山清美他「自閉症スペクトラム障がい児の食嗜好の要因と偏食への対応に関する探索的研究」『作業療法』第33巻2号、124-136頁、2014年）。

障害のある人の偏食は、「好き嫌いが激しい」と周囲に受けとめられていますが、「好き嫌い」の要因は定型発達の子どもたちとはまったく異なります。この「頑固な偏食」の要因には、食感、味、匂い、食材の形等に対する感覚の過敏さによるものが大きく関与しており、しかも、具体的な偏食要因のあり方は障害のある人によって多様であることもわかっています。

　たとえば、知的障害とASDを伴うある人について、偏食要因をきっちりアセスメントしてみると、丸い形の食材に頑固な拒否傾向のあることがわかりました。ゆで卵や目玉焼きは黄身が丸いので絶対に食べませんが、卵サラダや卵焼きは喜んで食べます。ミニトマト、人参や里芋の輪切りは丸い形に引っかかって食べようとしません。エノキのような細長い形状のものに対しても、傘の丸い部分にこだわってしまい、食べることができないのです。

　ここで、毎日の食事を作って提供する支援者が専門性のない「普通のおばさん」（浅野史郎著『豊かな福祉社会への助走』ぶどう社、116頁、1989年）[2]だったとしましょう。好き嫌いの要因を明らかにしようとすることなく、自分の経験値の延長線上で「頑固な偏食」に対応しようとしがちです。「普通のおばさん」なりの前向きな努力として、食感や味つけに工夫をすることや、少し時間をかけて根気よく食べさせようとするかも知れません。しかし、支援課題は障害特性に由来する偏食にあるのですから、素人である「普通のおばさん」の努力はほとんど徒労に終わります。そして、専門性に欠ける世話人や支援者の受け止めは、「この人の

2）グループホームの制度上の位置づけは、在宅福祉サービスでした。浅野史郎氏が在宅福祉サービスであるグループホームの世話人の基本的属性を「普通のおばさん」と規定する起源は、全国社会福祉協議会編『在宅福祉サービスの戦略』（全国社会福祉協議会、1979年）が家事援助サービスを「非専門的ニーズに対応する非専門的サービス」と位置づけた、三浦文夫のニーズ＝サービス論にあります。これらの議論は、障害のある人の衣食住にかかわる基本的な支援に、本文に示すような高度な専門性が必要であることを無視した暴論です。

食べることのわがままは直しようがない」に落ち着いてしまうことさえ起るのです。

　このようにして、偏食の要因をアセスメントせず、効果的な食事支援の内容と方法を明らかにすることはありません。そして、障害のある人がいつも食べ残し、ときには支援者がいささか無理強いしてでも食べさせようとする場面が繰り返されます。このような食事の提供は、明らかな不適切支援です。食事のあり方は、人間の健康に直結しますから、不適切な食事が長期間繰り返されることによって生活習慣病などの疾患が発生する場合には、「虐待の疑い」を考えるべきです。

　その他にも、食事をめぐる支援には、体調に応じた「きざみ食」「流動食」に関する的確な判断、嚥下障害のある人への支援、他の人の動きや話し声が気になって食事に集中できない特性のある人には、パーテーション（間仕切り）で囲むようにして刺激を遮断する合理的配慮も必要不可欠です。

　このように見てくると、食事にかかわる支援一つを取り上げただけでも、専門性に欠ける支援を放置することは、障害のある利用者の「健康で文化的な最低限度の生活を営む権利」の侵害につながっていることがわかります。

③ 格差と不平等の渦巻く現実を乗りこえて人権擁護の住まいを創る

　施設等の支援現場において障害のある利用者の人権侵害が発生するのはどうしてなのでしょう。この疑問を解くために、厚生労働省が明らかにした「平成28年度障害者虐待対応状況調査結果」における施設従事者等による虐待の実態と日本知的障害者福祉協会の平成28年度実態調

査報告から考えてみます。

施設従事者等による虐待は、虐待者の性別では男性が7割強（表1-1）であり、年齢別でみると（表1-2）、29歳未満でもっとも少なく、

表1-1　施設従事者等による虐待者の性別

	男　性	女　性	合　計
人　数	334	122	456
構成割合	73.2%	26.8%	100.0%

表1-2　施設従事者等による虐待者の年齢

	～29歳	30～39歳	40～49歳	50～59歳	60歳以上	不　明	合　計
人　数	55	91	88	67	88	67	456
構成割合	12.1%	20.0%	19.3%	14.7%	19.3%	14.7%	100.0%

表1-3　施設従事者等による虐待者の職種

	件　数	構成割合		件　数	構成割合
サービス管理責任者	27	5.9%	指導員	34	7.5%
管理者	35	7.7%	保育士	5	1.1%
医師	0	0.0%	児童発達支援管理責任者	6	1.3%
設置者・経営者	13	2.9%	機能訓練担当職員	0	0.0%
看護職員	11	2.4%	児童指導員	3	0.7%
生活支援員	183	40.1%	栄養士	0	0.0%
理学療法士	0	0.0%	調理員	0	0.0%
作業療法士	0	0.0%	訪問支援員	1	0.2%
言語聴覚士	0	0.0%	居宅介護従業者	7	1.5%
職業指導員	15	3.3%	重度訪問介護従業者	3	0.7%
就労支援員	4	0.9%	行動援護従業者	7	1.5%
サービス提供責任者	5	1.1%	同行援護従業者	2	0.4%
世話人	30	6.6%	その他従事者	52	11.4%
機能訓練指導員	0	0.0%	不明	11	2.4%
相談支援専門員	2	0.4%	合計	456	100.0%
地域移行支援員	0	0.0%			

（注）虐待者が特定できなかった20件を除く381件の事例を集計。構成割合は、特定された虐待者456人に対するもの。

30歳台以降にまんべんなく発生していることが分かります。つまり、ベテランの職員だからといって支援の専門性が高くなるとは言い切れない実態にあるのです。虐待者を職種で見ると（表1‐3）、「その他の従事者」を除いた多い順に、生活支援員（40.1％）、管理者（7.7％）、指導員（7.5％）、世話人（6.6％）、サービス管理責任者（5.9％）が目立ちます。これらはいずれも、アセスメントと個別支援計画の策定を軸にした支援とその管理に責任を持つ人たちです。雇用形態別で見た虐待者は（表1‐4）は、正規雇用が過半数となっています。

職員の雇用形態を性別・年齢別にみると（表1‐5）、現在の支援現場

表1‐4　施設従事者等による虐待者の雇用形態

	件 数	構成割合
正規職員	241	52.9%
非正規職員	78	17.1%
不明	137	30.0%
合計	456	100.0%

表1‐5　日本知的障害者福祉協会加盟施設における職員の性別・年齢別にみた雇用形態

		20歳未満	20歳代	30歳代	40歳代	50歳代	65歳未満	65歳以上	計
男性	正規	94	6,176	7,623	6,519	4,667	1,082	533	26,694
	（%）	57.0	83.6	88.1	86.4	75.1	32.7	15.9	72.9
	非正規	71	1,215	1,028	1,025	1,545	2,231	2,820	9,935
	（%）	43.0	16.4	11.9	13.6	24.9	67.3	84.1	27.1
女性	正規	194	8,428	5,924	6,763	6,294	918	246	28,767
	（%）	71.6	82.2	63.1	52.0	52.2	22.8	9.4	55.7
	非正規	77	1,824	3,462	6,234	5,773	3,115	2,359	22,844
	（%）	28.4	17.8	36.9	48.0	47.8	77.2	90.6	44.3
計	正規	288	14,604	13,547	13,282	10,961	2,000	779	55,461
	（%）	66.1	82.8	75.1	64.7	60.0	27.2	13.1	62.9
	非正規	148	3,039	4,490	7,259	7,318	5,346	5,179	32,779
	（%）	33.9	17.2	24.9	35.3	40.0	72.8	86.9	37.1

は職員に占める非正規雇用の割合が37.1％もあり、とくに女性の職員の非正規雇用は44.3％に達しています。年代別でみると、20歳代では男女ともに正規雇用の割合が8割強となりますが、子育て期に入る30歳代以降は女性の非正規化が著しく進んでいく実態にあることがわかります。

　正規雇用には男性職員が多く、子育て期の女性は非正規職員が増えていくのですが、職員構成を男女別にみてみると、男性職員は 36,629 人（正規 26,694、非正規 9,935）、女性職員は 51,611 人（正規 28,767、非正規 22,844）と、絶対数では女性が男性の約 1.4 倍を占めながら、非正規雇用の割合の高い構造にあるのです。つまり、職場において優越的な地位にある正規雇用は男性職員が多く、その指揮下で多くの非正規女性職員が働いているという事実は、施設の職場が家父長制的な構造にあることを端的に示しています。

　このような職場で、虐待は男性職員に偏って発生しているのです。多くの職員は、熱心に支援を遂行し、職務が怠慢というわけではありません。むしろ、このような職員の熱心さを帳消しにしかねない職場の構造的問題に目を向けなければなりません。

　それはまず、職員の経験年数や管理者であることが必ずしも専門性の高さを体現しているわけではない点です。もう一つは、障害者支援の現場における男女格差です。障害領域の支援現場は、男女共同参画とダイバーシティ（多様性と多面性が活かされた働きがいのある職場づくり）が著しく遅れています。ダイバーシティの考え方に含まれる多様性の尊重と活用には、女性や障害のある人の参画をみんなで進めていくことが含まれているのです。女性が正規雇用で働き続けることの難しい支援現場の実態は、女性だけでなく、障害のある人の社会への参画を押しとどめる事態に通じており、あまりにも時代錯誤であると指摘せざるを得ません。

　障害者支援の現場が、専門性を向上させることができないまま、男女

の不平等と障害者の参画に無頓着な傾向を持つ点は、職員の家父長制的な力の優位性から利用者への支援を押し切る事態を招きやすい傾向にあることを示しています。それは、支援者と障害のある人との対等・平等な人権主体としての出会いを阻むことによって、障害のある利用者に障害のある人の権利行使に必要不可欠な意思決定支援や、利用者の地域社会への参画が推進しにくい土壌となっている問題です。

　私たちが提唱する「地域共生ホーム」は、障害のある人が個人として尊重され、健康で文化的な、人との慈しみ合いにあふれる暮らしの営みから、地域社会のさまざまな活動に羽ばたくことのできる住まいです。このような暮らしの営みに貫かれるべきスピリットは、あらゆる不平等を克服し、「お互い様の慈しみ合いと支え合い（互酬性）」によって、障害のあるなしにかかわらず、支援者も障害のある人も、それぞれの幸福追求を実現する権利保障の考え方です。

　このような、人たるに値する当たり前の権利が保障されるために必要十分な制度的条件を拡充し、障害のあるすべての人の暮らしに希望を灯す地域共生ホームが、あらゆる地域に創られるべきであると考えます。

COLUMN

トイレのロールペーパーを外してしまう施設

　先日、成人した知的障害の子を持つ親御さんたちと議論する機会がありました。その場で出された深刻な問題の中に、トイレのロールペーパーをはずしたままにする（ちり紙も置かない）障害者支援施設があるという指摘がありました。

◇管理優先の施設の事情

　知的障害に自閉症スペクトラムをあわせ持つ施設利用者の中に、こだわりの強い人がしばしば見受けられます。そのような人がロールペーパーに何らかの執着を持って、ロールペーパーを丸ごと便器に突っ込んでしまう、全部引き出してしまう、あるいは、ホルダーを壊すなどの行動を繰り返すことがあります。

　便器にロールペーパーの塊が詰まってしまうと、それを取り除くのに 30 〜 40 分は職員の手が取られるために、ただでさえ利用者支援に多忙で手の足りない施設には大きな負担がかかります。しかも、浄化槽の施設であれば、積もり積もって浄化槽の修理に至ることを心配する向きもあるでしょう。

　夜勤の職員が仮眠をとっているさなかに、トイレから「カラカラ、カラカラカラ」とロールペーパーを引き出す音が聞こえてくると、思わず「天を仰ぐような」心境に陥るという施設職員の話を伺ったこともあります。ホルダーを壊されては新調するのも「骨折り損のくたびれもうけ」のように思えてくるかもしれません。

　ただし、入所施設の予算規模からいえば、ロールペーパーやホ

ルダーの金額自体は微々たるものに過ぎません。

　一部の施設は、このようなことを繰り返されるのであれば、いっそのことトイレからロールペーパーをはずし、用を足したい人はその都度職員に申し出てロールペーパーを出してもらう「ルール」にしようと考えてしまうのです。

　これで管理は楽になるでしょうが、弊害はまことに大きい。

◇問題解決どころか…

　まず、このような問題行動を繰り返す利用者は一部に限定されるはずなのに、その他の何も問題を起こしていない人たちまでも、トイレで用を足そうとするたびに不自由を強いられてしまいます。夜中に用を足そうとすれば、仮眠中の職員をたたき起こし、やっとの思いでロールペーパーを手に入れることを強いられます。「今にも出そうな感じ」で我慢の限界に達しているときでさえ「ロールペーパーをください」と申し出なければならないというのですから、耐え難い忍従を強いていることは間違いありません。

　また、用を足すたびに「申し出る」というルールを活用できるのは、言語的コミュニケーションの面であまり困難のない人に限られます。言語表現が困難な人や、ましてやロールペーパーをめぐる問題を起こすような利用者にとっては、「その都度申し出る」ことができない可能性が高いでしょうから、用を足したままお尻を拭かない状態で放置されてしまうのです。

　つまり、ロールペーパーをはずしてしまう「ルール」には問題解決のためのいかなる合理性もありません。それどころか、「トイレで用を足す」という生理的生存水準の保障（古典的貧困に対する救貧法的水準！）さえ自分たちの果たすべき仕事と捉えきれておらず、重大な人権侵害行為（障害者虐待防止法からいえば、明白なネグ

レクトに該当する）を作りだしている施設とさえいえるでしょう。

　では、なぜこのような基本的人権の侵害が施設で発生するのでしょうか。

◇支援のプロとして

　一つは、施設と施設職員が、暮らしの中の人権を具体的な生活内容と合理的配慮のあり方から考えきれていない致命的な問題を指摘できます。

　今日的なディーセント・ライフ（人たるに値する現代的な生活の質）を基準に暮らしのあり方と支援を考慮するのであれば、トイレに入ってロールペーパーがないという事態を「合理的なルール」と考える「支援者主体の施設」がいかに倒錯しているかを理解できないわけがないでしょう。

　もう一つは、このような現状にある施設にしばしば見受けられるパターンで、「貧しい施設の条件のもとで頑張っている」のだが「そこまでは手が回らない」などという考えのもとに、問題をいい加減に扱い放置する態度です。与えられた条件のもとで、必要な知恵と工夫を編み出していかなければならない支援の課題が、いつの間にか置き去りにされています。

　先に述べた「今日的なディーセント・ライフ」の保障が施設職員である職業的支援者の責任だという自覚が真に持てているのであれば、それを実現するための知恵と工夫を施設利用者の現状にふさわしく創造できなければならないのです。これは、プロとして引き受けなければならない最低限度の責任です。

　たとえば、ロールペーパーをめぐる問題を繰り返す利用者が一部の人に特定できるのであれば、行動障害を軽減するための知見を学び、個別支援計画を重点的に検討して、試行錯誤はあるでしょうが、最適な支援を編み出していくことです。

壁埋め込み式ホルダー。高速道路サービスエリアのトイレで

　あるいはまた、不特定多数の人たちのさまざまな乱暴な使い方を想定して設計された高速道路のサービスエリアのトイレ設備（写真参照）からヒントを得て、壊されにくく、かつ、問題行動を引き起こさない合理的配慮（環境調整）のあり方を突き詰めて考えることも必要です。

◇暮らしの達人としての「知恵と工夫」
　──支援者の「知」のあり方
　施設における生活支援は、利用者それぞれのニーズ・障害特性・能力等についてのアセスメントにもとづいて個別支援計画をつくり、組み立てていくものです。支援の構成は、食事や入浴・歯磨きなど、毎日の日課で同じように提供されるサービス（定型の支援サービス）と、悩みごとの相談や談笑のときのコミュニケーションのように、利用者の心の運びや心身の状態等に柔軟に対応しなければならないサービス（非定型の支援サービス）があり、こ

れらが親密な暮らしを編み出すヨコ糸とタテ糸となるのです。このような生活支援を編み出すために必要な知恵と工夫は、支援者自身がある意味では「暮らしの達人」として「暮らしの中で生きる知」を不断に追究し、支援者間でそのような知をゆたかに交換し合っていることが基本です。ここにいう「知恵と工夫」を編み出す課題は、資格養成のカリキュラムや発達心理学に収まるような「知」のあり方に還元できるものではありません。ヨコ糸とタテ糸が織り成す親密圏の生活文化は、無限の多様性に開かれているからです。

　このような支援者の「支援と生活文化の創造」という仕事のやりがいと手本について、幹部・中堅職員が若い職員に提示できないまま、客観条件の貧しさを言い訳の材料にしてきた面がありはしませんか。それはまさに、貧しい福祉文化です。支援者と支援事業者は、自分たちの創り出した支援と生活文化の充実に立脚して、制度の改善・拡充を展望する基本姿勢の堅持が求められています。

第2章

「地域共生ホーム」から
市民としての地域生活を創る

地域生活の根拠地としての親密圏

　障害のある人の「ホッとできるわが家」が地域共生ホームです。ここを根拠地に地域生活の広がりをどのように創るのかについて考えます。

(1) 定住することの安心が地域生活の自律を育む

　「わが家」とは、安心して定住できる場所のことです。法制度の変更によって転居（住まいの「移行」）を強要されることや、夜間になると居室に監禁されることなどがあってはいけません。
　障害のある人に安定した住まいを保障すること（定住性の保障）は、地域共生ホームの内側と外側の生活に自律と自己管理を展望するための必須条件です。
　まず、地域共生ホームの中にある自分の居室は、他の空間と区切られた個人の生活空間を明確にします。そこで、自室を自分の気に入るよう

な空間にしようとします。テレビやオーディオをそろえる、インテリアをお気に入りの家具、カーテン、カーペットなどでデザインする、衣類や日用品を整理整頓する棚や衣装ケースを配置するなどです。こうして、定住する居室に「自分の城」を築くことができるのです。

障害者支援施設やグループホームの実際の居室を見てみると、同じ仕様の居室空間でありながら、部屋の様子と使い方は住人によってさまざまです。それぞれの人となりが部屋の様子に表現されています。さまざまな生活財を自室に入れて使い込んでいくプロセスは、ちょっとしたわがままやこだわりを含めて、自分なりの思いや希望を「自分の城」に実現することです。

次に、地域共生ホームへの定住は、お決まりの地域環境に慣れ親しみ、地域にあるさまざまな資源を自分なりに活用できるようにします。

図2-1　地域共生ホームを拠点とする日常生活のエコマップ

買い物については、ちょっとしたお菓子や飲み物であれば近くのコンビニで、おしゃれ着なら街中のファッションセンターで、電気製品なら駅そばの家電量販店で、家具調度類なら郊外のホームセンターでそれぞれの買物をしようというイメージが持てるようになることです。また、働くことや社会サービスの利用については、たとえば公民館や図書館の利用や通勤・通院へのイメージを持てるようになることがあります（図2‐1）。

ここでいう地域生活のイメージは、次の三つのことを指しています。一つは、自分のニーズとそれぞれのお店や社会資源（郵便局、銀行、公民館、図書館、お役所、保健所、医療機関、他の福祉機関等）が関連づけられて、その活用方法を具体的に理解することです。もう一つは、お店や社会資源に移動する際の道順や交通機関の利用に慣れ親しむことです。そして、行った先のお店や社会資源で地域の人たちと交流し協働する楽しみを覚えるようになることです。これらの地域生活イメージが、障害のある人の自律生活に定着していく中で、地域の諸資源と自分が住んでいる地域共生ホームが「線」で結ばれ、それらの諸資源を利用するところで地域の人たちと結ぶ多様な交流の広がりが「面」となり、障害のある人の地域生活がゆたかさを持つようになっていくのです。

(2) 地域共生ホームの生活条件

地域共生ホームで健康で文化的な生活を送るためには、どのような生活条件が必要不可欠なのでしょうか。

まず、生活の基本を支える機能が整っていることです（生活基盤を支える機能の整備）。衣食住のすべてに清潔さと安全・安心が行き届き、住む人それぞれの意思が生活内容に反映できるよう尊重されていることです。食生活については、栄養のバランスが取れていることはもちろんですが、美味しくなければ食事とは言えません。それぞれの人の好き嫌い

については、ある範囲内で容認されるべきで、メニューに反映させていくことも大切です。

　健康維持の基本となる入浴や排せつについては、設備のキャパシティが不足している（利用者人数に対してお風呂の湯船や洗い場が狭い、お手洗いの数が少ないなど）ことや、同性介助のできないような支援者配置の問題が放置されているのは根本的に改善するべき課題です。そのほか、週1〜2回の入浴しかできない、職員の手数が多い真昼間からの入浴を施設側が一方的に決めている、グループホームの一般就労の利用者が朝の時間帯に洗面所やトイレの数が不足しているために思うように使えない、などはもってのほかと言っていいでしょう。

　次に、生活の基本が支えられていることを土台にして、障害のある人それぞれが自分にふさわしい生活の質を創造できる機能が整えられていることです（生活創造を支える機能の整備）。ゆったりと娯楽のひとときを持つ、読書・音楽・園芸等を通じて文化的価値の享受と創造をする、自分を高めるために必要な教育・訓練を利用する、さまざまな情報を獲得できる、地域共生ホームの内外で多様な人との交流と協働を深めるなど、障害のある人自身が生活の質を向上させていくための支援機能が地域共生ホームに整っていることが重要です。

　障害のある利用者が地域生活のゆたかさを享受するために、地域共生ホームの職員は「コンシェルジュ」（共同住宅の管理人であると同時に、地域生活への案内役であること）であることが求められます。買い物にかかわる特売情報、芸能・芸術に関するチケット情報、地域のグルメ情報、多様な交流イベント等の情報、地域で困ったときの対処法のあれこれ、地域生活の困難と行政・政治の現状等、現代の市民にふさわしい情報とその活用に関するコンシェルジュとしての役割を地域共生ホームの支援者が果たすのです。これらの情報の多くは、今日、インターネットとアプリの活用によって容易に入手できますから、意思決定支援に必要な情報源として活かす取り組みを進めることが重要です。

❶ 地域生活の根拠地としての親密圏

このようにみてくると、アパートでの一人暮らしや支援の専門性に欠ける「普通のおばさん」（浅野史郎著『豊かな福祉社会への助走』ぶどう社、116頁、1989年）の世話人しか配置されていないグループホームには、生活基盤と生活創造を支える機能の両方に弱さのあることが否めません。もちろん、住まいと地域における生活の質を高める営みは、地域共生ホーム内の支援だけでなく、地域の多様な社会資源や支援者との連携による支援とあわせて実現していくものです。しかし、地域連携を作るためには、地域共生ホームの支援者に、利用者の必要に応じて外部との多彩な連携を作っていくための専門性が求められるのであり、それは「普通のおばさん」ではありません。障害のある人が独力で生活の質を高く保つことは困難ですから、グループホームにおいても専門性のある支援者が配置されていなければ、生活内容の貧しさと孤立した暮らしに追い込まれるリスクを抱えることになるでしょう。

(3) 慈しみ合いのある人間関係

地域生活の根拠地となるホームでの暮らしには、慈しみ合いにあふれる人間関係が必要です。このような人間関係を「親密圏」といい、従来は主に、血のつながりのある家族を指していました。

今日では、障害のある人たちの生活のユニットである障害者支援施設やグループホームの人間関係、子どもたちや高齢者の暮らすさまざまな社会福祉施設における人間関係、そしてLGBTの人たちが「家族」として同棲する生活のユニットを含め、血のつながりのあるなしにかかわらず、暮らしの場で親密な関係を育み、持続的に互いの生と活動への配慮を共にする人間関係のことを「親密圏」といいます（越智貢他編『岩波応用倫理学講義5』岩波書店、240-245頁、2004年）。

旧来の家族（イエ）は、地域共同体（ムラ）と共にあって、タテの継続性・安定性を担保する観点から、家族員相互の支え合いを維持してきま

した。このような家族のあり方は、わが国においては20世紀後半の高度経済成長期から、大きな変貌を遂げていくことになります。

　高度経済成長を経て、わが国の家族は夫婦と子のみからなる小規模な核家族が主流となり、地域共同体から離脱した生活の単位となりました。旧来の家族が代々続くイエ制度の一員に対する保護機能を持っていたのに対し、現代の核家族は両性の、個人としての合意に基づく婚姻にはじまり、夫婦間の個人的性愛とその所産としての子を養育する中に、慈しみ合う暮らしを創出していくのです。つまり、個人の尊厳と対等な人権を有することの相互承認にもとづいて、慈しみ合いのあるヨコの関係性を基軸に、継続的で安定した家族を不断に追求しなければ維持することのできない生活のユニットとなっています。今日的な社会問題である配偶者に対する暴力（DV）や虐待（子ども・高齢者・障害者等の虐待）は、わが国の現代家族がヨコの関係性を基軸とする慈しみ合いを創ることに困難を抱えている事態を表す事象の一つです。

　かつてのイエ制度のもとにあった一心同体的な共生関係と保護機能の実態は、長子相続制に基づく家父長制的なヒエラルヒー（序列のあるメンバーによるピラミッド型の構造）の中で、男女と生まれ順（長男、次男、長女、次女等）による不平等が固定化され、家長を頂点とする支配の構造がありました。それに対し、現代の家族は、個人としての性愛と同意に基づく婚姻から形成され、家族は対等で独立した人格であることの相互承認にもとづいて、日々の暮らしの中で親密さを創出していかなければならないのです。

　これと同様に、血のつながりによらない生活のユニットである地域共生ホームは、障害のある人の意思と同意に基づいて、他の利用者や支援者と対等平等な人権主体であることの相互承認から親密さを創り出し、幸せを拓いていく生活の場です。衣食住をめぐる基礎的な生活についての支え合いと、それぞれの人にふさわしい地域生活への広がりをゆたかにするための支え合いが日常生活に積み重ねられることによって、ホー

ムの人間関係に喜怒哀楽の穏やかな渦の絶えない親密圏を創造するのです。

　仕事をする、買い物や社会サービスの利用のためにお出かけする、散歩をして喫茶店に立ち寄るなど、地域生活の多彩な場面の中では、うれしいこともあれば、嫌な出来事を体験することもあるでしょう。このような日常生活を彩るさまざまな思いと体験は、「わが家」として帰るところにある親密な人間関係を介して、明日への励みと希望へと紡いでいくことができるのです。

　就労している障害のある人なら、次のようなこともあるでしょう。

　地域共生ホームから職場に毎日通勤している障害のある人が、上司から厳しく注意されたとき、あるいは逆に、職場でとてもうれしい出来事があったときに、帰宅途中に飲み屋で一杯ひっかけてくるとします。ときには、少し千鳥足で帰ってきます。この行為は、法律に違反しているのでもなく、他者に迷惑をかけているわけでもありません。サラリーマンが一般に共有する「赤ちょうちん」「縄のれん」の楽しみです。そして、ほろ酔い気分で家路に着くと、「今日は一杯ひっかけてきたんだね」と地域共生ホームで温かく迎えてもらえることを通じて、明日への元気を取り戻します。

　このように、ある範囲内で「羽目を外す」ことや「ちょっとしたわがままを聞いてもらう」ことを含めて、生活者として受けとめ合い、それぞれのあり方を積極的に相互承認していくことが、親密な人間関係には不可欠です。

　地域生活が広がれば広がるほど、多様なストレスがかかり、本来の自分を保持することに困難が生じやすくなります。それは、一人の人間が労働者、消費者、市民、障害当事者というように、多様な場面と社会集団に応じて「変身」することを余儀なくされるからです。時々の地域生活場面を短期的に行き来しながら、まとまりのある自己を保持することができるのは、地域生活の拠点である住まいと暮らしに協働する安定し

た人間関係＝親密圏があるからです。これがまさに地域生活との関連で
みた「ホッとできるわが家」としての地域共生ホームの意義と役割で
す。

2 親密圏から地域生活への展望を拓く支援

(1) 親密圏の成立条件──市場原理の排除

　親密圏は、個人の尊厳と対等で平等な人権主体についての相互承認が
あって成立する暮らしの場の人間関係です。ここでは、障害特性と障害
支援区分による事業者報酬を「天秤にかけた」事業者にとって「旨みの
あるお客さん」（支援に手間がかからず、障害支援区分が重くて事業者報酬が高
くなる人が事業者にとって「おいしい利用者」）の選択や、職員配置を抑制し
ながら事業者報酬の最大化をはかるような経営的利害の一切が排除され
なければなりません。これらは、「利用者主体のサービス」ではなく、
「利用者そっちのけのサービス」です。現代における生活は、市場原理
を介した生活財とサービスの購入を避けて通ることはできませんが、暮
らしを共に紡ぐ人間関係で構成する親密圏は、市場原理とその影響を排
除しなくては成立できない性格を本質としています。
　もし、親密圏に市場原理を介在させるとすれば、人間相互の慈しみ合
いは経済的打算に裏打ちされたものへと変質するリスクにさらされてし
まいます。市場原理は、あらゆる価値を貨幣経済的価値に一元化するた
め、マジョリティとは異なる多様な人間のあり方、とりわけ障害のある
人たちのもつ無限の可能性を見失うリスクを常にもっています。障害の
あるなしにかかわらず共に生きる地域社会を実現する営みは、経済的利

害を超えた人間相互の慈しみ合いにあふれる親密圏を根拠地に、みんなの力で公共圏を拓いていくプロセスです（齋藤純一著『公共性』岩波書店、2000年）。放課後デイサービスやグループホームで急速に進んでいる営利セクターの参入や、社会福祉事業の土台に市場的な経営原理を据えることは、福祉サービスを通じた人間関係における慈しみ合いを歪め、地域社会で共に生きる未来を遠ざけてしまいかねないリスクのあることを直視しなければなりません。

⑵ 意思決定支援と連携支援を進める

　人権を行使する主体である障害のある人の意思が、生活のあり方の出発点であり、例外なく尊重されなければなりません。つまり、地域共生ホームにおける多様な支援の起点に、意思決定支援（意思形成・意思決定・意思実現に関する支援）を位置づけることが親密圏を育むための必要十分条件です。

　地域共生ホームは、障害のある人の生活自律を促進する協働生活の単位です。多様な年代と異性から構成する生活の協働の中で、多彩な情報を補い合い共有する、地域生活の質を高める教育的な相互作用を深めるなど、個人の自律を補い強化する方向での協働生活を促進する支援と管理運営が基本です。ここでは、障害のある人の自律を弱め空洞化するような支援者の力による支配や、支援する側が一方的に決めたルールによって、障害のある人の意思と暮らしが抑圧的に管理されるようなことがあってはならないのです。

　障害のある人が、地域共生ホームで自分の居室のデザインや使い方に戸惑いを覚えることや、迷路に入り込んで混乱することは、しばしばあるでしょう。居室にかかわる自律生活支援では、合理的配慮の必要性を吟味するとともに、自室をどのようにデザインするのかについての意思決定支援を起点に据えて、利用者それぞれの希望やその人らしさに即し

た生活財の選択・購入・使い方・配置・整頓等への支援が必要です。障害のある人が自分の居室に揃えたいと考える生活財に、たとえばオーディオ機器やタブレット端末などの情報機器があるのですが、これらの機器について支援職員は詳しくないとします。このような場合、それらの生活財に通じている人（地域住民やお店の人）を交えて支援するための連携が必要です。

　地域生活への広がりを展望するためにも、意思決定支援と連携が必要不可欠です。

　障害のある人によっては、日常生活を過ごす住まいの外側での地域生活を具体的にイメージすることにさまざまな困難があります。ここでは、地域社会で満たすべきニーズや希望を育む視点をもって意思形成と意思決定の支援を行い、ニーズを満たすための地域の諸資源とのマッチングを図り、その目的地に移動してうまくモノの購入やサービスを利用できるようになるための支援が求められます（意思実現の支援）。また、地域生活の広がりの中では地域の人たちとの交流と協働をゆたかにすることが大切ですから、態度や身だしなみに社会性を培う支援も大切です。

　そして、障害のある人が、地域の多様な店舗、医療機関、保健所、就労先、公民館、図書館、役所等を円滑に利用できるように、それぞれの資源の店員や支援者との連携をはかることや、職場定着のための就労定着支援などとの連携が必要です。

　このようにして、地域共生ホームを根拠地に地域での移動、商品の購入、社会サービスの利用等を介して、多様な地域の人たちとの交流や協働のある営みが地域生活であり、生活圏の具体的な姿です。つまり、障害のある人の地域生活をゆたかにしていく支援の営みは、地域社会との多彩な交流を「地域連携」という形で推進していくことなのです。

(3) 地域生活を支える支援の基本

　地域共生ホームにおける支援には、「衣食住の基本的生活にかかわる支援」と「地域生活のゆたかさを創造する支援」がありました。これらの支援がすべて十分な内容をもつことによって、障害のある人の地域に羽ばたく暮らしを実現することができるのです。

　そのためには、まず、障害のある利用者のそれぞれについて、障害特性・能力・ニーズ等の科学的アセスメントに基づく個別支援計画が立てられ、個別支援が実施されるシステムを堅持することが必要です。支援はマネジメントサイクルのもとで不断に点検され修正され、より適切な支援となるように追求され続けていくものです。1年以上の長い期間、個別支援計画が見直されずに放置されている現状があれば、それだけで、もはや弁解の余地はありません。今日の障害概念はICF（図2-2 世界保健機関の生活機能分類）に基づいて支援のあり方を明確にすること

図2-2　国際生活機能分類ICF

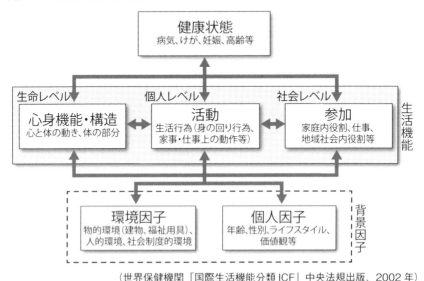

（世界保健機関「国際生活機能分類ICF」中央法規出版、2002年）

ですから、それぞれの人の障害特性・健康状態に環境と個人の状況を考慮しながら、障害のある人の自律した心身機能・活動・参加を最大化していく支援をマネジメントサイクルのもとで常に明らかにしていく責任があります。たとえば、「買物に行けない」利用者の「買物に行く」支援目標についてのICF関連図（図2-3、図2-4）から明らかなように、

図2-3　「買物に行けない」課題に絞ったICF関連図

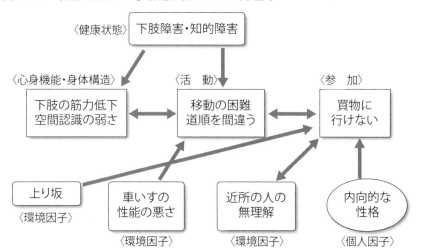

図2-4　「買物に行く」支援目標のためのICF関連図

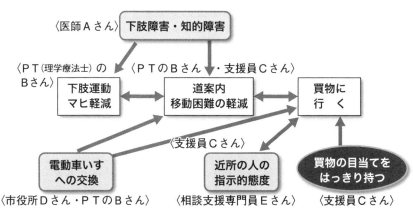

ICFを用いるとアセスメントと連携支援の組み立てがわかりやすく、支援者と利用者が課題認識を共有しやすくなるでしょう。

次に、障害のある人の市民としての権利を擁護する支援が必要不可欠です。その出発点は、先に述べた意思決定支援（意思形成・意思決定・意思実現）ですが、さらに専門的な連携を追求しなければならない課題があります。それは、成年後見制度や日常生活自立支援事業の活用をめぐる連携です。

障害のある人の財産管理や身上監護を支援する連携はまことに重要です。成年後見人には、家族が就くこともあれば、司法関係者や福祉専門職が就くこともありますが、成年後見活動の実態を点検することが大切です。成年後見人が、被後見人である障害のある人に最低1か月に一度は必ず面会をして、意思決定支援を基本とした取り組みをしているかどうかの点検をしなければなりません。つまり、市民としての地域生活を充実させるための財産管理と身上監護になっているかどうかを、連携の中で常に点検することです。

選挙権の行使にかかわる支援も大切です。政治に関する取り組みは、難しく抽象的なために現実的な支援から遠ざけられる傾向が根強くありました。障害のある人の選挙権の行使にかかわる意思決定を追求するためには、多様なアプローチが必要です。

政治の基本は、主権者が領土・国民を治めることであり、そのための施策を形成・決定していく権力の作用を指します。そこで、障害のある人自身が主権者として「日常生活世界を治める」支援がうんと大切にされていなければなりません。つまり、日常的な意思決定支援と施設運営にかかわる利用者の自治が貫かれているかどうか、利用者それぞれの支援方針や施設全体の運営方針等の形成・決定過程への主権者としての参画を進めているかどうかが問われます。さらに、町内会の行事運営や当事者団体の運営への参画を進めていくなど、地域生活をゆたかにする支援の中に「まつりごと」の課題を位置付ける必要があります。このよう

な日常的な取り組みをベースにして、政治的な考えの運びを培うことができます。そして、選挙の際に、社会の現実と政党や候補者の政策をできる限りわかりやすく伝え、どのような施策が支持できるのかを考えてもらうのです。

　地域共生ホームから地域生活をゆたかにする支援は、障害のある利用者の地域社会の一員である市民としての権利行使を擁護することにあります。障害のある人の生活自律の柱は、主権者としての自律です。

2 親密圏から地域生活への展望を拓く支援

COLUMN

「拡大家族」としての社会福祉法人

　障害のある人の施設・事業所とその社会福祉法人の成りゆきについて、私はこれまでに、まことに残念な数々の事例に遭遇してきました。

　これらの事例に共通する問題の経緯は、およそ次の通りです。

　開所以来、施設支援と社会福祉法人の経営・運営のあり方を指し示す「法人理念」は高く掲げられ、関係者から「とてもいい取り組みをしている」と評価されてきたところです。障害者支援施設と法人の取り組みをまとめた本が出版されていることや、施設長・理事長が事業者団体や運動団体の中で指導的立場にあることもめずらしくありません。

　ところが、施設長や理事長の交代など、何かの出来事を節目に、数々の問題が噴出するようになります。そして、さまざまな問題の収拾がつかないまま組織は混乱に陥り、肝心の支援は、まるで坂道を転げ落ちるように、不適切なケアや虐待が慢性化する事態にまで悪化していきます。

◇社会福祉法人における公共性の喪失

　これらの施設・法人に共通する問題の本質は、施設・法人の運営と経営に求められる公共性の喪失です。「とてもいい取り組みをしている」と周囲から評価されていた段階から、公共性を脇に置きやすい組織的な体質や、場合によっては、私物化を進める構造的問題をはらんでいた可能性があります。

　支援の質の悪化が表面化するまでには、さまざまな問題が水面

下で進行しています。施設・法人の設立当初から中心的な役割を果たしてきた人物のリタイアまたは変質、特定の家族・親族による法人支配体制の完成、幹部職員と特定の家族会幹部の談合による理事会の支配、法人創成期の限られたメンバーによる施設・法人の集団的私物化、自治体職員の天下り支配体制の完成等があります。評議員会や理事会は利用者の自治に立脚した民主的機能を果たさず、理事と幹部職員には地域社会とともに障害のある人たちの暮らしを創造する視野と視点が欠如しています。

　「いい取り組みをしている」と周囲から評価されていた時期は、特定の人物や集団に集中した権力構造のもとで「いい取り組み」をしていたのであり、そのときからすでに公共性の喪失と私物化に向かいかねない問題をはらんでいたとみることができます。

◇「施設づくり」にはらむ歴史的な基本性格

　施設と法人の創成期は、障害のある人とそのご家族、地域の関係者が真摯な努力を重ねています。障害のある人が家族、とくに親御さんの生活努力だけでは支えきれなくなる問題を見据えて、障害のある人の安心できる暮らしを創るのです。もちろん、施設入所だけが障害のある人の暮らしを支える手立てではありません。必要な時に必要な期間、必要十分な専門的支援の期待できるショートステイの利用ができるのであれば、家族との同居やグループホームを地域生活の拠点として活用できる幅は、今よりもっと広がるでしょう。しかし、そのようなショートステイはほとんどないと言っていいのが実情です。新たな制度でグループホームに設けなければならなくなったショートステイについても、どこまで専門性のある支援が期待できるのか心許ない限りです。その上、家族で障害のある人を支え続けることができなくなった場合、障害の状態像によっては、施設入所が地域生活を支

える限られた方法になってしまうという、わが国特有の現実があることは正視しなければなりません（拙著「共に生きる地域生活の実現に資する施設入所支援の役割」『知的障害福祉研究さぽーと』、日本知的障害者福祉協会、第64巻9号、11‐13頁、2017年）。「親亡き後」と呼ばれてきた障害のある人の暮らしの課題を、家族問題の枠組みでみると、親の高齢化が進んだライフステージで深刻になる核家族の生活困難です。

　そこで、家族が障害のあるお子さんを支えきれなくなる事態を見据えて、障害者支援施設と社会福祉法人の設立を目標とする取り組みがはじまります。親と家族だけで施設と法人を設立することは大変ですから、障害のある子どもの福祉・教育にかかわる職業的関係者が施設づくりの柱になっていくことが多いでしょう。福祉・教育の関係者は、将来の施設・法人の幹部職員・理事となる場合がほとんどです。

　このようにして創られる施設・社会福祉法人は、単独の核家族では障害のある人の暮らしを展望することができない事実に直面して、多くの家族が集まって構成した組織である点に注目する必要があります。ここには、社会福祉制度を活用して、核家族を疑似的な「家縁」で結びつけ、疑似的な拡大家族としての施設・社会福祉法人を創ることによって、障害のある人の暮らしを支えようとする基本的な性格が埋め込まれているのではないでしょうか。

◇拡大家族的な組織が抱える根深い問題点

　家縁を拡張した疑似的な拡大家族に組織の基本性格があることは、施設・法人の設立からの歳月が経つにつれて、さまざまな問題を派生させることになります。

　一つは、拡大家族的な組織文化による経営・運営を継続するこ

との困難です。施設・法人を設立するために、障害者・家族・関係者が「顔の見える信頼関係」を築いて真摯な努力を重ねてきたことは、障害のある利用者の暮らしをみんなで支える「拠り所」として、施設と法人を守り、発展させようとする創成期特有の取り組みにつながっています。しかし、歳月が経つにつれて職員と家族の構成は変化し、設立当初の関係者が疑似的な拡大家族の枠組みによって組織の安定を図ってきた文化の継承は、徐々に難しくなっていきます。

　このような困難に直面すると、施設・法人の「古株」からしばしば叫ばれるようになるのは、施設・法人づくりの「歴史を学ばなければならない」、「歴史を風化させてはならない」という強迫的な声です。施設支援を支える組織の型が疑似的な拡大家族でなければ、「古株」の関係者は「安心できない」と言っていいかもしれません。

　もう一つの問題は、理事長や施設長は、疑似的な拡大家族の長としての性質を帯びるようになる点です。多くの場合、施設・法人づくりを中心的に担ってきた特定の人物（単独または複数）が「長」に収まります。わが国における拡大家族は家父長制家族を指しますから、「家父長」を据えることによって組織としての安定性が担保されます。

　このような権力構造は、初代「長」による同族支配や自治体からの天下り支配を代々継続することの正当化に結びつくことがあります。初代の理事長や施設長が、施設・法人づくりの際に多額の寄付金をしている場合には、なおのことです。「二代目」以降の「長」は、障害者支援施設と社会福祉法人の運営と経営にかかわる公共性や専門性を問うことが希薄になっていくのです。そして、「家業」や「安定した天下り先」としての施設・法人に変質していきます。

◇障害者支援施設と社会福祉法人の公共性を再構築しよう

　以上のような経緯が認められる施設・社会福祉法人は、特定の人物または集団によって私物化されているところに真の問題があります。

　実にやっかいなことですが、施設・法人づくりの当初から「事業を守り、発展させるために頑張ってきた」自負心がいつの間にか「自惚れ」に転じて、第三者の意見に耳を傾けなくなっていることもあります。また、組織内部の権力を握る理事長・施設長と家族会内部の有力者などの限られたメンバーだけで、施設・法人の実質的な運営・経営が動いているという「集団的私物化」が進んでいる場合もあります。

　しかし、社会福祉法人は本来、社会福祉法に規定される公共性をもつ組織です。施設支援を含む今日の障害福祉サービスは、地域社会とともに歩みを進めながら、障害のある人の地域生活の豊かさを不断に創造することに社会的な責任があります。このような福祉サービスと福祉事業のあり方を地域社会基盤型福祉（CBR、Community-Based Rehabilitation）と言いますが、これを創出するための公共性を体現すべき組織が社会福祉法人です。

　地域社会基盤型福祉（CBR）の担い手は、地域社会とそこに在住するすべての障害のある人に、必要に応じた支援サービスを提供することを通じて、公共的な責任を果たさなければなりません。この公共性は、「今ここで」施設を利用している人との「顔の見える信頼関係」を越えて、地域社会と共に歩みを進め、地域に住まうすべての障害者の支援ニーズにできる限り応えようとする社会的責任を体現することです。施設・法人づくりの当初の時期に、「顔の見える関係」から「家縁」をつないで疑似的な拡大家族を形成してきた組織の基本性格を引きずったまま、いつまで

も施設基盤型福祉（IBR、Institution-Based Rehabilitation）に固執することは、施設・法人の私物化を永続させようとする魂胆と結びついていきます。

　社会福祉法人は、営利企業ではありません。私物化や特定の人物・集団による支配を徹底して排除しながら、地域社会基盤型福祉の創造者として、地域に住まうさまざまな障害のある人にサービスを提供するための公共性を問い続けなければならないのです。地域社会とともに障害のある人の地域生活を創造するための連携を進め、理事長・施設長の経営・運営に関する資質・専門的能力を厳しく問い、公共性を体現する組織にふさわしい自治と民主主義に立脚した運営・経営を追求し続けなければなりません。

第 **3** 章

職員の専門性の向上と
待遇改善を求めて

1 人口減少に伴う 未曽有の職員不足の現実

　昨今の職員不足は障害者福祉に深刻な状況をもたらしています。曜日を問わず早朝からの早出勤務、多くの人が床に就く時間までの遅出勤務、深夜に少人数での夜勤などを含めて勤務体制を組まなければならない障害者支援施設（以下「支援施設」）は、現在の若者には敬遠される仕事になっています。有効求人倍率が"1"を超える雇用氷河期という状況のなか、他の産業と比較して平均月額8〜10万円の低賃金であれば、なおさら人財獲得競争に勝ち目は見出せません。また、障害者福祉で働く意欲を持っている若者たちの話で、「仮に、支援施設の給料が、日中のみで土日・祝日が確実に休日である通所施設より5万円多くても、迷わず通所施設を選びます」というような話を聞くことが多くあります。

　支援施設にとって新規採用にもまして深刻なのは、職員の定着率の問題です。リアリティショック（新規採用職員が仕事への期待と現実との間の大きな違いに衝撃を受けること）を乗り越えて、入職から5〜7年経過したころに、労働に見合う賃金か否かとの間で離職を考え始めます。

　幾つかの調査を見ても職員の離職理由は、賃金や仕事内容、人間関係などが単独である場合と複数の理由が複雑に絡んでいる場合が見られます。また、どんな職業でも同じですが、特に福祉は"この仕事が好き"だからこそ続けられるものです。しかし、"人の支援"を「サービス商品」として購入するという「消費者主権主義」が「支援できて当たり前」の風潮を強めることによって、支援の仕事が「できるようになる」成功体験の幅をせばめ、内部や外部からの肯定的な評価を乏しくし、"この仕事が好き"という職員の実感を希薄にしてきたことも否定できません。

　このような状況の中で、指定基準[1]の人員配置や報酬告示[2]に規定

されている人員配置体制加算等に必要な職員の確保は、「職員の質」を問えないまま「頭数をそろえる」ことだけに終始しがちです。表向きの「法令順守」は、支援（専門性）の質を担保するどころか、支援の劣化につながっていく必然に陥っているのです。

2 障害者支援施設の職員配置

　支援施設は、障害者総合支援法（障害者の日常生活及び社会生活を総合的に支援するための法律、以下、総合支援法と略）により、日中に実施する障害福祉サービス（生活介護、自立訓練（機能訓練・生活訓練）、就労移行支援及び就労継続支援Ｂ型）と夜間に実施する障害福祉サービスである施設入所支援を組み合わせて利用する施設障害福祉サービス（第5章図1）として定められています。そのため、日中に実施する障害福祉サービスによって、支援施設における利用サービスの組み合わせは、多様な複数の利用形態に分かれることになります。日中の生活介護と夜間の施設入所支援、日中の自立訓練と夜間の施設入所支援、日中の就労移行支援と夜間の施設入所支援、日中の就労継続支援Ｂ型と夜間の施設入所支援等の組み合わせのほか、利用計画（個別支援計画）によっては、ある曜日は日中の生活介護を、別の曜日は日中の自立訓練と施設入所支援を組み合わせている利用者などがいることになります。それぞれの障害福祉サービ

1）指定基準：○障害者の日常生活及び社会生活を総合的に支援するための法律に基づく指定障害福祉サービスの事業等の人員、設備及び運営に関する基準
　　　　　　○障害者の日常生活及び社会生活を総合的に支援するための法律に基づく指定障害者支援施設等の人員、設備及び運営に関する基準
2）報酬告示：○障害者の日常生活を総合的に支援するための法律に基づく指定障害福祉サービス等及び基準該当障害福祉サービスに要する費用の額に関する基準

スの組み合わせごとに、目的、職員配置、生活支援員・職業指導員等の職種が異なっていますので、一くくりで説明することは困難です。そのため、日中に生活介護を利用している支援施設の利用者を念頭において説明を進めます。

(1) 支援施設に配置されている職員の職種

　前述したように、日中に実施する生活介護や自立訓練等と夜間に実施する施設入所支援というサービスの組み合わせによって、はじめて支援施設の構成が成り立つことになりますから、「障害者支援施設」という外枠だけでは一切職員配置はありません。支援施設の職員配置とその職種は、次のような仕組みになっています。

　表3-1にあるように、60人以下の施設入所支援は日中に行われる生活介護等に配置された生活支援員を1人以上配置すれば足りるとされ、生活介護や自立訓練等のように個別的な人員配置基準の定めは特にありません。つまり、施設入所支援のために専従する職員は配置しなくてもよく、日中の生活介護に配置する管理者、サービス管理責任者（以下「サビ管」）、管理栄養士（栄養士）、事務及び支援に携わる生活支援員が兼務する形になっているのです。日中の生活介護に要する費用として支援施設等に支払われる給付費は、月日数（4月は30日、5月は31日）から8日を差し引いた日数に従事するとなっている職員を施設入所支援の夜間時間帯に配置する分だけから計算されるため、月の8日間[3]（以下「8

---

3) 市町村から交付される障害福祉サービスの支給量は「障害福祉サービス・地域相談支援受給者証（以下「受給者証」）」に書かれています（図3-1「受給者証」）。その中で生活介護にかかわらず日中の障害福祉サービス量は「月日数－8日」（以下「8引き」）と書かれています。つまり、月の8日間は日中の障害福祉サービスが支給されていません。従って支援施設を利用している人は、この8日間は日中も施設入所支援のサービスを受けることとなっており、在宅である人は、生活介護、自立訓練、就労移行支援、就労継続B型以外の居宅系の障害福祉サービスを受けることになっています。

引き」）は生活支援員以外の医師、看護師、理学療法士、作業療法士と、管理者、サビ管等の管理職及び管理栄養士（栄養士）、事務職員は、実態とは関係なく配置されていない計算になります。

表3-1　支援施設に関する障害福祉サービスの指定基準及び報酬告示一覧表

障害福祉サービス	人員配置基準	報酬告示	支給決定上限日数	施設入所支援施設の指定基準
生活介護	個別的にあり	あり	269日／年	生活支援員※ 施設入所支援の単位ごとに、㈠ 又は ㈡ に掲げる数の区分ごとに応じ、それぞれ㈠ 又は ㈡ に掲げる数とする。㈠ 利用者の数が 60 以下 1 以上㈡ 利用者の数が 61 以上 1 に、利用者の数が 60 を超えて 40 又はその端数を増すごとに 1 を加えて得た数以上
自立訓練（機能訓練）	個別的にあり	あり	269日／年	
自立訓練（生活訓練）	個別的にあり	あり	269日／年	
就労移行支援	個別的にあり	あり	269日／年	
就労継続支援B型	個別的にあり	あり	269日／年	
施設入所支援	日中の生活支援員を充てる	あり	365日／年	

※生活支援員は生活介護に配置された職員

図3-1　受給者証（例）

（二）

介護給付費の支給決定内容	
障害支援区分	区分5
認定有効期間	平成○○年　△月　◇日から 平成△□年　◇月○○日まで
サービス種類	生活介護
支 給 量 等	各月の日数−8日 加算 重度障害者支援加算対象者
支給決定期間	平成○○年　△月　◇日から 平成△□年　◇月○○日まで
サービス種類	施設入所支援
支 給 量 等	各月の日数 加算 重度障害者支援加算Ⅱ対象者
支給決定期間	平成○○年　△月　◇日から 平成△□年　◇月○○日まで
サービス種類	
支 給 量 等	
支給決定期間	平成　年　月　日から 平成　年　月　日まで
予備欄	

（四）

訓練等給付費の支給決定内容	
障害支援区分	区分5
認定有効期間	平成○○年　△月　◇日から 平成△□年　◇月○○日まで
サービス種類	
支 給 量 等	
支給決定期間	平成　年　月　日から 平成　年　月　日まで
サービス種類	
支 給 量 等	
支給決定期間	平成　年　月　日から 平成　年　月　日まで
サービス種類	
支 給 量 等	
支給決定期間	平成　年　月　日から 平成　年　月　日まで
予備欄	

次は、どのような職種の職員が勤務しているかの説明です。表3‐2にあるように日中に実施する生活介護の職員は大別して、管理者（多くが施設長）、サビ管、栄養士、調理員（外部委託も可）、医師、直接支援職員、事務職員となります。その中で指定基準において配置しなければならないのは、管理者、サビ管、医師および直接支援職員、栄養士です。ここでいう直接支援職員とは、看護職員（保健師または看護師もしくは准看護師）、理学療法士、作業療法士、生活支援員の総称です。直接支援職員の中で、看護師と生活支援員は必ず配置しなければなりません。

　医師は利用者に対して日常生活上の健康管理および療養上の指導を行うために必要な数を配置しなければならないと規定されていますが、常勤ではなく正式の雇用関係や任命によらない嘱託医を確保することで規定を満たすとされています。そこで、週1回や月1回などのかたちで利用者への健康管理や療養上の指導を行うことになります（以下「配置医師」）。なお、配置医師は利用者を診療しても初診料・再診料は算定でき

表3‐2　配置されている職種

日中の職名	生活介護	生活訓練	就労移行支援	就労継続支援B型	施設入所支援との兼務
管理者（必置）	○	○	○	○	可
サービス管理責任者	○	○	○	○	可
栄養士	△	△	△	△	可
事務	□	□	□	□	可
医師（嘱託可）	△				
看護師	○				
理学療法士	□				
作業療法士	□				
生活支援員	○	○	○	○	可
地域移行支援員		◎			
職業指導員			○	○	
就労支援員		○			

○：必置　△：報酬減算　◎：一定の要件あり　□：配置義務なし

ません。

　ただし、厚生労働省保険局医療課長通知の「特別養護老人ホーム等における療養の給付の取扱いについて」（平成18年3月31日保医発第0331002号）により、医師を配置している支援施設の利用者に対しては、配置医師以外の保険医（以下「医師」）による診療は、特別の必要があって行う診療を除き、原則として初診料・再診料（外来診療料を含む）・往診料を算定できないことになっています。「特別の必要」とは、配置医師の専門外である診療科目に該当する疾病の場合、緊急の場合、配置医師が紹介状等を作成した場合等になります。つまり、歯科診療等を除き、てんかんや糖尿病等が配置医師の基本的に担当する疾病であるとされる場合、配置医師以外の医師は診療してはいけない、ということになるのです。ここでもし、本人等が支援施設を利用していることを伝えないまま、配置医師以外の医師に、本来は配置医師が担当する基本的な疾病の診療を受けて、その医師が診療報酬を得ていた場合には、その医師はその診療報酬を返還しなければならないのです。

　このような配置医師をめぐる仕組みには、さまざまな問題がありました。配置医師の本来の意味は、施設利用者に対する日常的な健康管理と療養上の指導であるにもかかわらず、常勤の医師は原則としていませんから、週1回や月1回の巡回診療がせいぜいです。それでいて、施設利用者に対する診療独占のような事態があるのです。そこで、3つの問題が利用者にしわ寄せされます。その1つは、施設を利用するまでの長い期間主治医を務めてきた医師の診療は、施設利用に伴う配置医師の存在によって排除されることです。利用者の疾病の履歴に通じた「かかりつけ医」の診療を受けることができないという重大な問題です。もう1つは、施設利用者は疾病の際に医師を選ぶことがまったくできないという不合理です。3つ目は、医師を選択できないことにかかわって、セカンド・オピニオンを他の医師から受ける機会が剥奪されている問題です。これらをまとめると、施設利用者の安心と納得にもとづく治療を受

ける権利が侵害されていることになるのではありませんか。

　このように、支援施設の利用者が適切な医療を受けられないおそれの
ある基本的人権の侵害状況は 2013（平成 25）年度まで続いていました
が、2014（平成 26）年度からは指定基準及び報酬告示解釈通知[4]が改
正され、支援施設が配置医師をめぐる仕組みを選択できるようになりま
した。

　それは、一定の条件を整え監督官庁に届け、かつ利用者 1 人当たり
給付費を 1 日 120 円減算して算定すれば、配置医師を置かないことが
できるようになったことです。支援施設にとっては収入の痛手となりま
すが、利用者が自由な診療やターミナルケアに不可欠な訪問診療を受け
られることになりました。しかし、指定基準の上で、配置医師を置くか
置かないかは施設の裁量に委ねられたままですから、配置医師を続けて
いる支援施設利用者は、配置医師以外の診療を受けるときには注意する
必要があります。

(2) 日中の生活介護で直接支援職員数を算出

①平均障害支援区分の算出

　平均障害支援区分の算出方法は、前年度生活介護の障害支援区分ご
との延利用者数（延利用日数と同義）に区分 6 であれば区分 6 の延利用者
数に 6 を乗じたポイント合計を前年度の延利用者数合計で除した数と
なります。利用定員 52 名の A 支援施設の前年度利用集計で見てみます
（表 3 - 3）。

　次ページの表から A 支援施設の前年度の平均支援区分は 5.5（73,226

---

4)　報酬告示解釈通知：障害者の日常生活及び社会生活を総合的に支援するための法律に基
　づく指定障害福祉サービス等及び基準該当障害福祉サービスに要する費用の額の算定に
　関する基準等の制定に伴う実施上の留意事項について

÷13,360 ＝ 5.48　小数点第２位四捨五入）となります。この前年度の平均支援区分を用いて本年度の直接支援職員を次の方法で算出します。

　直接支援職員数の算出方法は、指定基準による年度の平均障害支援区分による方法と報酬告示による人員配置体制加算の２つがあり、いずれの算出方法を採るのかはそれぞれの支援施設が選択することになっています。指定基準はいわゆる「最低基準」として必ず守らなければならないのに対し、報酬告示の人員配置体制加算は施設の裁量によって指定基準を上回る人員配置をすることができる点に違いがあります。平均障害支援区分とは現在のものではなく、前年度の平均障害支援区分（以降、「平均支援区分」）であることを理解しておく必要があります。なお、利用定員52名に対し実人数合計が55名となっているのは、年度中に３名の支援区分変更があったためです。

表３‐３　平均障害支援区分計算表と人員配置体制加算対象者

障害支援区分 A	実人数	前年度利用日数 B	ポイント A×B	人員配置体制 加算対象
区分6	32	7,850	47,100	対　象
5	19	4,559	22,795	対　象
4	2	478	1,912	対　象
3	2	473	1,419	対　象
区分2（50歳以上）	0	0	0	対　象
小　計	55	13,360	73,226	―
区分2（50歳未満）	0	0	0	非対象
1	0	0	0	非対象
合　計	55	13,360	73,226	―

＊１　通所者については、区分３以上及び50歳以上の区分２（50歳未満の区分２及び区分１は対象外）

＊２　施設入所支援利用者については、区分４以上及び50歳以上の区分３（50歳未満の区分２と区分１は対象外）

②指定基準と人員配置体制加算の直接支援職員の人員配置率

　表3-4の「平均支援区分4未満」の「配置率6：1」は、6人の利用者に対して職員配置が1人という意味です。これを配置率と言います。ただし、職員1人は「実員1人」という意味ではなく、「常勤換算で1人」という意味です。常勤換算とは、支援施設の就業規則で1日8時間勤務する職員を常勤職員としている場合、非常勤のA職員とB職員が同じ日にそれぞれ4時間勤務したことを合計した8時間分の勤務をもって、常勤職員1名が8時間働いたとものとみなすことを言います。したがって、職員の頭数が多いからといって必ずしも職員配置は十分だとは言えないわけです。また、平均支援区分が低ければ職員配置率は下がって職員数は少なくなり、平均支援区分が高ければ職員配置率は高く、職員数が増えることになります。そのため、利用者全員が区分4で平均支援区分4となる場合と、区分4や区分3の大勢の利用者がいる中に区分6の人が1人いて平均支援区分が4となる場合は、職員配置率が同じとなります。このような事情が、「私の子どもは区分6であるのに、職員が少なくて十分な支援を受けられない」という利用者の不満を発生させています。

　表3-4の「指定基準」はいわゆる最低基準ですから、職員配置はこの基準以上でなければならない規定です。人員配置体制加算とは報酬告示で定められ、厚生労働省（以下「厚労省」）の説明によると「良い評価

表3-4　人員（直接支援職員）配置率 　　　　　　（加算単価は平成30年度）

基準	平均支援区分	配置率	加算単価（利用定員60人）
指定基準	4未満	6：1	—
	4以上5未満	5：1	—
	5以上	3：1	—
人員配置体制加算（報酬告示） （施設の裁量で決定）	2.5：1	380円／日
	2：1	1,360円／日
	1.7：1	2,120円／日

の事業所にはメリハリをつけて加算報酬をつける」というものであり、支援施設の裁量で人員配置を厚くしている場合に表 3 - 4 の加算額を利用者 1 人（表 3 - 3 の「非対象」に該当する利用者は除きます）につき 1 日当たり算定できる仕組みとなっています。

〈例　人員配置体制加算〉
・6 月（月日数 30 日－ 8 ＝支給決定日数 22 日）、60 人定員で利用実人数 60 人
　　支給決定日数 22 日 × 利用実人員 60 人＝合計利用日数 1,320 日
・配置率 1.7 : 1 の場合の人員配置体制加算額（これが報酬に上乗せされます）
　　合計利用日数 1,320 日 ×2,120 円＝ 2,798,400 円

③直接支援職員数の算出方法と職員配置の実態
ここではまず、計算に必要な開所日数から説明します。

ア．開所日数
　指定基準には開所日数の定義はありません。受給者証の「支給量等」の欄に介護給付を受けられる日数として各月日数－ 8（以下、「8 引き」と略）と記載されている（図 3 - 1）ことから、単年度に介護給付を利用できる日数の上限である 365 日－（12 か月 ×8 日）＝ 269 日をもって、開所日数の上限と考えられてきました。この考えは、日中のみの生活介護事業所では職員の週休 2 日制もあり、土日（祝日を除いて）の閉所日があるので頷けるのですが、支援施設の生活介護は年間を通じ閉所日はなく 365 日が開所日であるとともに、それぞれの利用者の支給対象日は通所の場合と同様、269 日を上限とします。
　なお、開所日の定義は、次頁の「障害者支援施設等の開所日数の取扱いに関する Q ＆ A」（平成 28 年 3 月 31 日）に明らかにされています。

表3-5は支援施設で介護給付費を請求したある週を表したものです。
　まず、生活介護にかかわる支給対象日と開所日数についてです。ここでは、1週間に給付費支給対象日（報酬請求できる日）の日数は、月に「8引き」の関係上、上限を5日として話を進めます。しかし、開所していない日（以下「閉所日」）はないので週当たりの開所日数は7日となり、

問	開所日数の取扱い 　生活支援員等に必要数の算出に用いる「前年度の平均値」の算出に当たっては、当該年度の前年度の利用延べ数を開所日数で除して得た数とされているが、開所日数とは何を指すのか。
答	開所日数とは、基本的には運営規程で定める営業日をいうものであるが、例えば、障害者支援施設等が行う昼間実施サービスにおいて、運営規程上の営業日が土日を含めた日数になっていたとしても、土日に昼間実施サービスの利用者がなく、実質的に昼間実施サービスを提供していない場合は開所日数には含まれない。なお、生活介護の人員配置体制加算等の算定に当たり、前年度の利用者の数の平均値を算出する場合も同様である。

表3-5　生活介護等の開所日の考え方　（「○」は給付費支給対象日）

利用者		日	月	火	水	木	金	土
Aさん	所　在	在園	在園	在園	在園	在園	在園	在園
	生活介護	×	×	○	○	○	○	○
	入所支援	○	○	○	○	○	○	○
Bさん	所　在	在園	在園	在園	帰宅	在宅	帰園	在園
	生活介護	○	×	○	○	×	○	○
	入所支援	○	○	○	○	×	○	○
Cさん	所　在	在園	在園	帰宅	帰園	在園	在園	在園
	生活介護	○	○	×	×	○	○	○
	入所支援	○	○	○	○	○	○	○
Dさん	所　在	帰園	在園	在園	在園	在園	在園	帰宅
	生活介護	○	○	○	○	○	×	×
	入所支援	○	○	○	○	○	○	○
Eさん	所　在	帰園	入院	入院	入院	入院	入院	退院
	生活介護	○	×	×	×	×	×	○
	入所支援	○	○	×	×	×	×	○

年間で365日の開所日となります。

次に、表3-5を使い実際の日割り報酬に基づいた請求事務を通じて、生活介護と施設入所支援の関係を説明します。

- Ａさん

  帰宅・入院はなく支援施設に1週間いました。請求担当者は、日・月の2日間について、生活介護は「8引き」処理の対象日とし、施設入所支援のみの請求処理

- Ｂさん

  水・木・金と2泊3日の外泊をしましたので、水と金は生活介護と施設入所支援で請求処理し、日割り報酬規定に基づき木は生活介護と施設入所支援はともに未請求処理、加えて月を「8引き」請求処理

- Ｃさん

  火・水の帰宅・帰園が1泊2日であったため、生活介護の給付費支給対象日に該当しますが、「8引き」処理の対象日として施設入所支援のみの請求処理

- Ｄさん

  7日間すべてが生活介護の給付費支給対象日ですが、「8引き」処理が必要なために金・土を施設入所支援のみで請求処理

- Ｅさん

  日と月の入院当日と土の退院当日は生活介護と施設入所支援で請求処理し、火から金は生活介護と施設入所支援は未請求処理

これらの例に示した生活介護と同様に、自立訓練、就労移行支援、就労継続支援Ｂ型についても、年間の給付費支給対象日の日数は269日（365日-（8日×12か月））が上限となります。

しかし、支援施設としては週に7日すべてで生活介護も開所してい

ることになります。先の例に挙げた A さんは、全日在園しており、請求処理の事務の上では「8引き」の必要から日・月の2日は生活介護を利用していないことになっていますが、この日と月は C さん、D さん、E さんは生活介護を利用していますから、支援施設の取り組みの実際としては、A さんだけを生活介護の対象から外すことはできません。つまり、実態としては生活介護を利用していたとしても、「8引き」の制約から給付費支給対象日にならないのです。

　また、「8引き」は、曜日は関係なく、月（つき）の日数から8日を減じた日数について生活介護給付費を請求できるという意味です。本制度が「日割り報酬（日額報酬とも言います）」の仕組みを採り、月に8日間生活介護の支給決定をしない（支援を行わない）ことを報酬告示によって規定していることは、生活者である利用者の多様なニーズにもとづく利用形態との関係においてつじつまが合わなくなっています。週休2日制の一般的習慣から「月の内8日を日中サービスはしない」ことが当たり前だと鵜呑みにしてしまう人がいるかも知れません。しかし、自立訓練、就労移行支援、就労継続支援 B 型等の支援サービスは、一週間の疲れをとってリフレッシュする必要から週に2日の休暇をとることに合理性がありますが、暮らしの基本を支えるという生活介護に本来"休暇"はあり得ません。生活介護は子育ての営みと同様、土日祝もなければ盆暮れ正月もない営みであり、切れ目のない支援であることに重要な意味が

表3-6　生活介護等の開所日の極端な考え方

日	月	火	水	木	金	土
				1	2	3
4	5	6	7	8	9	10
11	12	13	14	15	16	17
18	19	20	21	22	23	24
25	26	27	28	29	30	

あるはずです。

　表3-5では、「8引き」を1週間に2日の"休暇"で説明を進めましたが、制度上は、表3-6のように「8引き」の対象日をくくることもできます。これを見て明らかなように、月の日数から8日間を引くという「8引き」の形式要件には、支援の必要にかかわる合理的根拠はまるでないと言えるでしょう。

　月日数の22日は生活介護サービスによる日中支援としますが、残る8日は生活介護を利用できませんから日中も施設入所支援サービスを利用していることになります。このことを施設の実際の姿で例示すると、10人の利用者がまったく同じ生活上の支援を受けていながら、そのうち6人は生活介護の支援で、あと4人は施設入所支援を受けているという、誰がどこから見ても、理解不能な、わけのわからない制度となっています。それでも、このような利用日数と開所日数が、職員配置数の重要なポイントとなります。

　イ．直接支援職員数（職員配置率を1.7：1とした場合）

　直接支援職員数の計算式は、前年度の利用日数の合計を開所日数で除した数（1日平均利用者数）を配置率で除するものです。表3-7は、A支援施設の生活介護にかかわる開所日数365日と前年度総利用者数をもとにして、配置率1.7で計算した職員配置数です。参考のために、開所日数269日の場合も併せて示してあります。

表3-7　直接支援職員計算表

開所日数(営業日数) A	前年度総利用者数 B	1日平均利用者数 C＝B÷A	配置率	職員配置数 D＝C÷1.7
365日	13,360人	36.6人	1.7：1	21.5人
（参考）269日	13,360人	49.7人	1.7：1	29.2人

＊Bは、A支援施設における生活介護の前年度総利用者数（表3-3と同様）
　Cは小数点第2位切り上げ、Dは小数点第2位切り捨て

これによると、毎日開所している場合の開所日数365日の職員配置数である21.5人よりも、開所日数が269日と少ない場合の職員配置数が29.2人と多くなるという、何とも不思議な結果が出てきます。そのわけは、前年度総利用者数13,360人が生活介護の給付費支給対象日数の上限である269日を基礎として算出されているからです。

　そこで、この問題のからくりを明らかにするために、開所日数365日の利用定員60名の支援施設において、生活介護の給付費支給対象日数の上限を365日と仮定して、利用者全員の60名が生活介護を365日利用する場合と、開所日数が269日で60名が生活介護を269日利用した場合を比較することのできる表3-8を作成してみました。当たり前のことですが、開所日数にかかわらず、1日平均利用者数に照らして同じ職員配置数が産出されることがわかります。

　表3-7と表3-8は、実際には365日の開所日数である支援施設が、給付費支給対象日数の上限269日を開所日数とする通所事業所の生活介護で直接支援職員数を算出させられてしまう問題点を浮き彫りにしたものです。この問題を踏まえ、厚労省は平成28年3月31日付け事務連絡として、支援施設が行う昼間実施サービスにおいて運営規程に閉所日を規定していないこと、職員配置ができていること、利用者にサービスを提供していること等の一定の条件を満たせば、この条件を満たす日数を開所日数とすることができるとしました。

　しかし、「8引き」の日中に生活介護のサービスを受けている人が実態として「いても」、制度上は生活介護のサービスを受けている人は

表3-8　給付費支給対象日数上限を365日とした場合の職員配置数

開所日数(営業日数) A	前年度総利用者数 B	1日平均利用者数 C＝B÷A	配置率	職員配置数 D＝C÷1.7
365日	21,900人	60人	1.7：1	35.2人
(参考)269日	16,140人	60人	1.7：1	35.2人

＊前年度総利用者数は365日×60人＝21,900人、同じく269日×60人＝16,140人

「いない」とされて、施設入所支援サービスを利用していることになるという理解不能な事態が現場では発生するのです。このような不合理こそ、過不足のない職員配置を阻む最大の問題点であり、非常に深刻な事態が今日なお続いているのです。

「8引き」の8日間が現実的には生活介護とまったく同じ障害福祉サービスとして実施されているにもかかわらず、施設入所支援として位置づけているため起こる制度上の問題です。支援施設における生活介護の人員配置は、施設入所支援の支給量と同じく「月日数」の支給決定がされ、生活介護が365日にわたって提供されている実態に即した職員配置が可能となるように職員配置率を改善しなければなりません。

そのためには、2つの手立てがあります。1つは、生活介護等の給付費支給対象日数の上限269日を廃止し実態どおりの365日にすることによって、表3‑8にあるように、開所日数が269日（月〜金の日中だけの生活介護事業所など）か365日（年中営業日である支援施設）であるかにかかわらず、手厚い職員配置ができるようにすることです。もう1つは、支援施設の生活介護に関する職員配置率について、ひとまず、次のような計算式によって改めることです。

〈新職員配置率＝
現行の職員配置率×給付費支給対象日数上限（269日）／支援施設
開所日数（365日）〉

この計算式を表3‑7の「開所日数365日」に当てはめてみると、
支援施設の新職員配置率は、〈1.25 ＝ 1.7×269／365〉で、
職員配置数は、〈29.2人＝13,360／365／1.25〉となり、開所日数が269日の事業所と同等の職員配置が可能となることがわかります。
これら2つの手立ての内、いずれかによって現行の職員配置が改善されなければ、支援施設における生活介護は通所事業所の生活介護と比

べて劣悪な支援体制が続くことになります。

ウ．直接支援職員の1週間の勤務体制

算出された職員数をどのような勤務体制にするかは、支援のあり方に直結しています。日曜日から土曜日の1週間の勤務体制を見てみます（図3‐2）。

月〜金曜日と比較して土・日曜日に勤務職員数が少ない凸型は、月〜金曜日の日中活動を活発に行える利点と職員の休暇を土・日に多くとってもらう方法で、多くの支援施設が採用している形です。凸型勤務体制は職員にとってはありがたいものですが、利用者の支援を考慮すると、土・日の職員数が少ないため、月〜金に比べて支援は質量ともに低下することは否めません。その一例として、土日に入浴ができない支援施設が多いことがわかっています。フラット型は凸型に比べ週の5日（曜日は関係なくなる）の日中活動の支援は少なくなり、職員にとってはありがたくない形かもしれませんが、利用者の支援が毎日変わらないことを目的とした勤務体制です。

支援施設は明け勤務や早出勤務など、いくつかの勤務形態を組み合わせて24時間の支援を行っているのですが、それぞれの勤務者が交代する際には利用者の状態等をこれから勤務に入る職員に引き継ぎを行う必

図3‐2　利用定員60名の1週間の勤務体制のイメージ

利用者60人　前年度利用率100%　開所日数365日　1日平均利用者数44.2人
職員配置率2：1　配置すべき職員数22.1（23）人

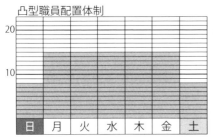
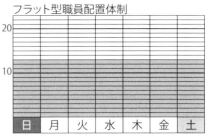

要があります。ここで、引き継ぐ者と引き継がれる者とが話し合って確認する時間をとらなければならないため、その間の利用者支援に当たる職員を含めた最低3名の職員数が必要となります。特別なことが発生した場合を除いて30分ぐらいは、最低3名以上の職員の勤務が重複しなければなりませんが、凸型の勤務体制では土・日は引き継ぎの時間をとることは困難となります。この点は、1日の勤務表を示して後述します。

エ．直接支援職員の勤務形態

　図3-3は、表3-3で説明をしたA支援施設の勤務形態を表にしたものです。

　図3-3の左欄にある就業規則に定める勤務形態は、労働基準法を順守しているかどうかについて、労働基準監督局の承認を得る必要があります。このようにして社会福祉法人（以下「法人」）が就業規則に定めた複数の勤務形態—A支援施設では、明け、ハヤ、早出、日勤、オソ、遅出、夜勤、宿直の8形態—のうち、すべての勤務形態を用いて勤務表を作成するのか、一部の勤務形態で勤務表を作成するのかは、利用者の状況や職員の休暇取得等を総合的に考慮し、理事長もしくは施設長等の管理者が判断しています。

　この判断をベースにして、勤務表の作成担当者はこれらの勤務形態を自在に組み合わせながら勤務表を作成します。職員については、労働時間、休暇、ベテランと新人の組み合わせ等を、利用者については障害の状態像や疾病の発生状況等をそれぞれ考慮して、支援の質がコンスタントに維持できるように、勤務表作成担当者はサビ管と連携しながらある種の「名人芸」的な組み合わせの妙を編み出していきます。この勤務表作成担当者は直接支援職員のいわば実質的な労務管理者と言えます。勤務表には、インフルエンザの流行時や利用者の入院、職員の休暇取得状況等の変動要因が常にあり、いくつかの変動要因が重なった場合には、

図3-3　A支援施設の勤務形態

勤務形態（就業規則）		施設入所支援（夜間）開所時間　×　生活介護（日中）開所時間　×　施設入所支援（夜間）開所時間
明け	拘束時間 11:00／休憩時間 1:00／実働時間 10:00／夜間時間 8:00	×
ハけ	拘束時間 9:00／休憩時間 1:00／実働時間 8:00／夜間時間 2:30	×
ヤ	拘束時間 9:00／休憩時間 1:00／実働時間 8:00／夜間時間 2:00	×
早出	拘束時間 9:00／休憩時間 1:00／実働時間 8:00／夜間時間 2:00	○
日勤	拘束時間 9:00／休憩時間 1:00／実働時間 8:00／夜間時間 2:00	○
オ	拘束時間 9:00／休憩時間 1:00／実働時間 8:00／夜間時間 4:00	○
遅出Ⅰ	拘束時間 9:00／休憩時間 1:00／実働時間 8:00／夜間時間 6:00	
遅出Ⅱ	拘束時間 7:00／休憩時間 1:00／実働時間 6:00／夜間時間 7:00	
宿直参考	拘束時間 16:00／実働時間 0:00／夜間時間 8:00／5:00	

時間軸：0 1 2 3 4 5 6 7 8 9 10 11 12 13 14 15 16 17 18 19 20 21 22 23 0

図中ブロック：夜勤／明け／宿直／遅出Ⅱ／夜勤／遅出Ⅲ／宿直

※施設入所支援開所時間が16時間と規定されているため、支援施設の生活介護開所時間は8時間となる（1日数＝8日及び通所者は除く）

※施設入所支援開所時間（基準第4条第1号第6解釈通知）：22時から翌日の5時までの時間を含めた連続する16時間

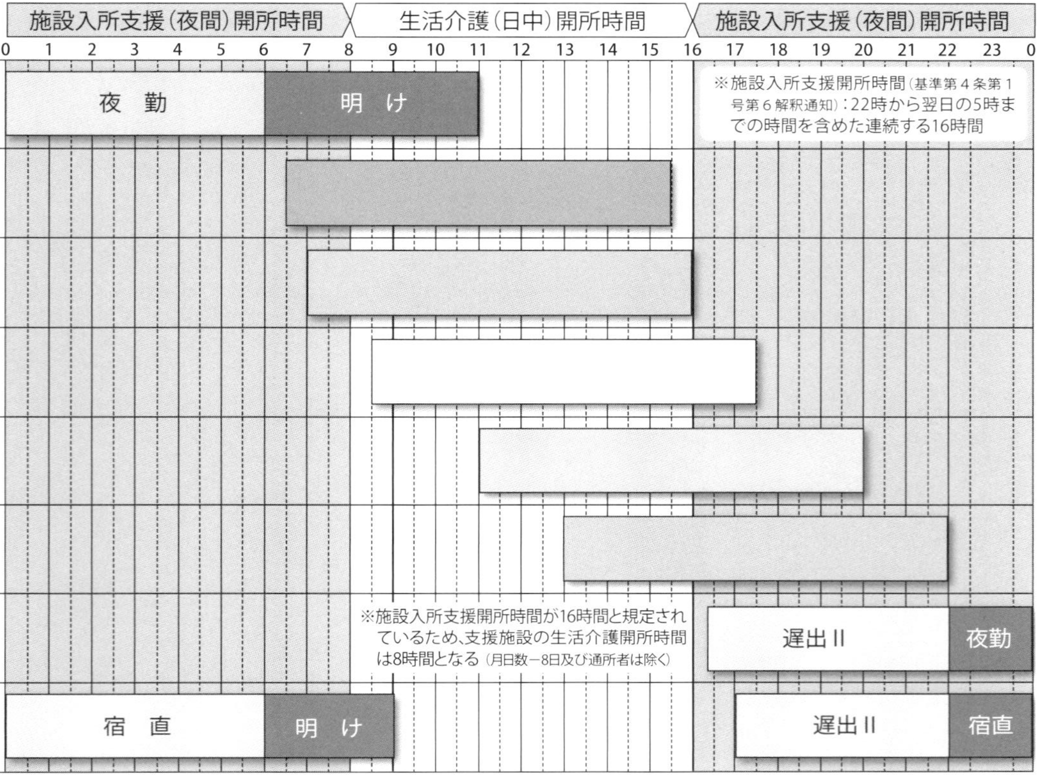

一度作成した勤務表であっても抜本的に作り直す必要に直面させられることもあります。

現在、A支援施設では特定の勤務表作成担当者の「名人芸」をアプリ化する取り組みを熊本県にある株式会社RADソリューションズと共同で進めています。この目的は、職員勤務の組み合わせと支援体制の最適化を図るとともに、職員のOJTが円滑に行われ、職員にとって働きやすい勤務体制を名人芸に頼らなくても作成できるようにするためです。

オ．1週間の職員配置

図3-4は、A支援施設の平成30年6月3日㈰から6月9日㈯の勤務表をもとに1週間の職員配置をグラフ化したものです。表3-7の開所日365日のDに示しているように、必置職員は21.5人ですが支援のことを考え33名の職員配置としています。つまり、33名の職員配置を前提にしてはじめて、実際に勤務に入っている職員配置が21名

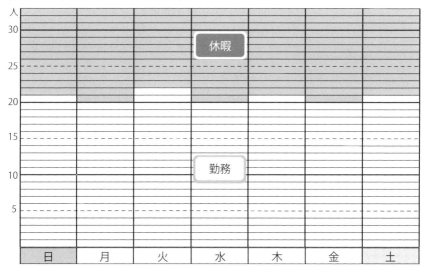

図3-4　A支援施設の1週間の勤怠

程度になるということです。

　A支援施設の職員数の目標は36名ですが、この間の雇用氷河期によって達成できていません。目標を36名とする理由は、男性2棟・女性2棟の計4棟に各々9人の職員配置をしたいと考えているからです。

　ここで、各棟に実際に勤務に入る職員数が毎日5人を確保することと職員配置数の関係を考えてみます（表3-9）。職員には、土日祝の休日に加えた特別休暇や有給休暇が必要ですから、それらの休暇取得との関係で計算していくと、職員配置数が9人の場合に、実際に勤務に入っている職員は1日5人程度となることがわかります。

　また、利用者への支援を第一に考慮する必要がありますから、支援量

表 3-9　職員配置数と実勤務職員数の計算

◇土日祝と勤務日数の計算
- 1年365日⇒7日×52週＋1日
（うるう年）1年366日　⇒　7日×52週＋2日
- 1月1日が土日以外の年　⇒　土日の日数は104日
1月1日が土日の年およびうるう年　⇒　土日の日数は105日
　注）年間休日を年起算ではなく、年度起算で計算する場合は、1月1日を4月1日と読み替えること。また、土曜日が祝日である場合は、振り替え休日はないので、土曜日と祝日が重複する場合は、結果として土・日＋祝日の日数は減る。
- 祝日日数は年間14日であるため、上記に示した土・日の日数を合計した土・日・祝の合計は、ほとんどの場合104または105日＋14日＝119日以下となる。
- したがって、勤務日数は365日－119日＝246日である。

◇職員の特別休暇7日と有休休暇20日を含めた職員の勤務実態の計算
- 休暇の総計日数146日＝土日祝119日＋特別休暇7日＋有給休暇20日
- 職員1人当たりの1週間単位の休暇と勤務
1週間単位の休暇2.8日＝休暇総計日数146日／52週（1人の職員は週に2.8日休暇するという意味）
1週間単位の勤務4.2日＝7日－2.8日（1人の職員は週に4.2日勤務するという意味）
- 毎日実際に勤務に入る職員が5人必要な場合の職員配置数の計算
職員配置数8.3人（2棟分では四捨五入して17人）＝5人×7日／4.2日
（勤務に入る職員が5名必要な場合は、休暇を取得する職員を考慮し、職員配置数は8人以上、つまり実質的に9人が必要になるという意味）

の変動は可能な限り少なくなるように、職員の休暇を平均的に消化することも考えなくてはなりません。土・日・祝を閉所日（休業日）にできる日中のみの事業所や一般企業等と比較すると、支援施設の職員は、早出勤務、遅出勤務、夜間勤務等による勤務形態の変則性とともに、休暇の取得も変則的にならざるを得ないのです。子育ての渦中にある施設職員にとって、子どもが学校に行かない土日祝に子どもと共に過ごせる保障はなく、「家族単位の休暇」を見通すことがとても難しい実態に置かれることがわかります。このような事情もまた、支援施設職員を雇用する際のマイナス材料となっているのです。

カ．1日の勤務状況

　図3-5は、A支援施設におけるある時期の勤務状況について、曜日ごと（日・木・土、月・水・金、火曜日）の、勤務形態の組み合わせから表したものです。

　ここで日・木・土について見ると、実勤務者数は21人で休暇者数（週休、祝休、特別休）は12人となり、これらの合計である職員配置数は33人となっています。表3-9「職員配置数と実勤務職員数の計算」によると、職員配置数33人＝実勤務職員数19.8人（四捨五入して20人）×7日／4.2日となりますから、図3-5に示される実勤務職員数21人は、職員1人分の有給休暇（以下「年休」）が消化されていないことを条件に成り立っているのです。いわば、現行の職員配置基準（含む、人員配置体制加算）を条件に一定の支援の量と質を確保することは、職員の年休取得状況へのしわ寄せにかかっていると言っても過言でなく、薄氷を踏む思いで勤務体制を作ることを余儀なくされているのです。

　図3-6は、図3-5を1日の時間の流れによって職員配置数をグラフ化したものです。勤務者数が最も多い13〜15時で14〜16人となっています。これが前述した開所日数を365日とし、職員配置率を1.1：1（表3-7のCに示す1日平均利用者数36.6人：職員数33人）とした

図 3‑5‑1　A支援施設の1週間の勤務表(1)

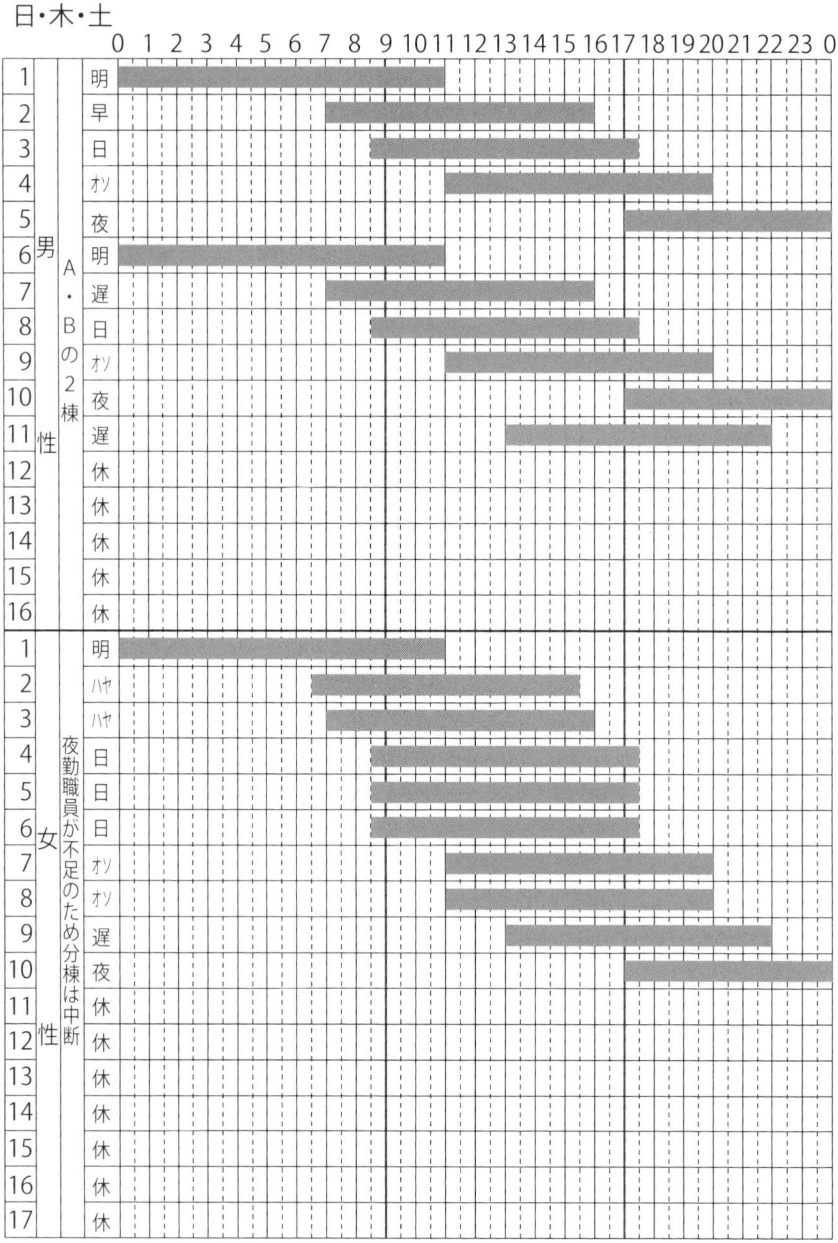

日・木・土

時間: 0 1 2 3 4 5 6 7 8 9 10 11 12 13 14 15 16 17 18 19 20 21 22 23 0

男性／A・Bの2棟

No.	勤務
1	明
2	早
3	日
4	ｵｿ
5	夜
6	明
7	遅
8	日
9	ｵｿ
10	夜
11	遅
12	休
13	休
14	休
15	休
16	休

女性／夜勤職員が不足のため分棟は中断

No.	勤務
1	明
2	ﾊﾔ
3	ﾊﾔ
4	日
5	日
6	日
7	ｵｿ
8	ｵｿ
9	遅
10	夜
11	休
12	休
13	休
14	休
15	休
16	休
17	休

図3-5-2 A支援施設の1週間の勤務表(2)

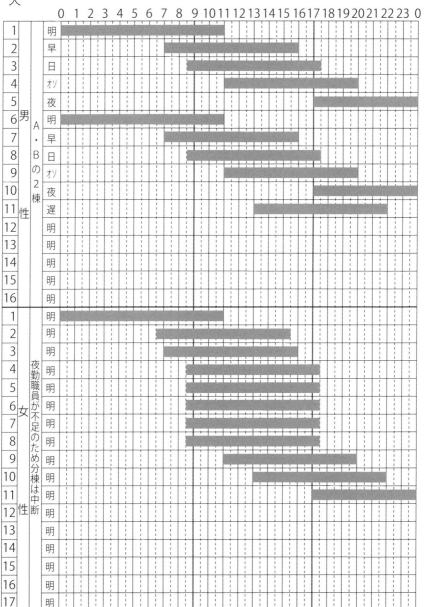

図3-5-3 A支援施設の1週間の勤務表(3)

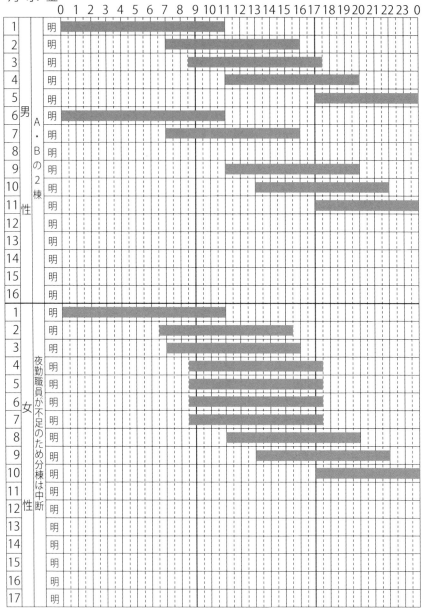

場合の現状です。表3-7で開所日数を269日とした場合の1.5：1（表3-7のCに示す1日平均利用者数49.7人：職員数33人）の職員配置率の1日の職員体制でもあります。

　図3-5に示したA・Bの2棟に分かれている男性棟の職員の勤務状況を見ると、実勤務職員数がいかに少ないものであるかがわかります。

　施設支援の実際から考えると次のようです。入浴支援には、脱衣場では、脱衣と体を拭き着衣を手伝う職員、浴室では、洗身を手伝い浴槽に入っている利用者の安全を確保する職員、浴室から出てきたところで、頭髪を乾かし整容の手伝いをする職員、他の利用者を看守る職員の、最低4人の職員が必要です。この職員配置を実行していなければ、毎日の入浴において、リスクの高い不十分な支援を続けていることになります。入浴時間帯に、入浴していない利用者のてんかん発作や利用者同士のトラブルがあると、それら利用者への対応が困難になる場合も発生します。

　それと比較し、現在の女性棟は、育児のために夜勤ができない職員や家庭の都合で変則勤務に入れない女性職員がいるため暫定的に1棟での運営をしており、同じ職員配置率でありながら1棟当たりの職員数が多いため、上記の例のような場合にも十分対応ができています。多くの利用者にとっては、男性棟のようなグループを小さく分けたユニット・ケアがよいかもしれませんが、現在の職員配置の制度的条件のもとでは、リスクが高くなる必然があることも知っておく必要があります。

　図3-6にあるとおり、22時から翌朝6時の夜間は3人の職員配置になっています。この時間帯について、「一般の人と同じように、支援施設の利用者も寝るだろう」と想定するのは間違っています。他の利用者の安眠を妨げる利用者、夜間でも排泄支援が必要な利用者、インフルエンザ等感染による病気が蔓延した時の看病など、多様な対応を同時に行わなければならない事態が多々発生する時間帯です。そのため、職員数の少ない夜間の時間帯に勤務する職員にとって、不安は大きいもので

す。

　24時間切れ目のない支援を行う支援施設では、生活介護と施設入所支援に障害福祉サービスを分けています。利用者への生活介護サービスは給付費支給決定が「8引き」であるにもかかわらず、実態としては365日ほぼ同じ支援を行っています。しかし、制度上は生活介護が「8引き」の8日間（1週間であれば2日間）は施設入所支援が行うとなっていますので、「8引き」どおり行うと職員の勤務（支援量）はどうなっているのか、また、8引き日数を生活介護と施設入所支援に分けた場合にどうなっているのかを調べてみました。なお、日中（生活介護）の開所時間（以下「営業時間」）は、各施設の運営規定に定めると規定されていますが、支援施設の指定基準第4条の六で「午後10時から翌日の午前5時までの時間を含めた連続する16時間」となっているので、必然的に8時間となります。

　図3-7は、A支援施設において直接支援員が、生活介護と施設入所支援のどちらの時間帯に勤務しているかを表したものです。平成30年

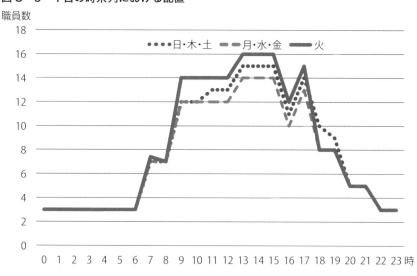

図3-6　1日の時系列における配置

6月3日(日)から9日(土)を調査対象日としました。たとえば、遅出職員は13：00〜22：00の勤務（図3-3参照）ですが、A支援施設の生活介護営業時間は「8引き」にかかわらず9：00〜17：00（8時間）ですので、生活介護勤務時間は13：00から17：00の4時間で、施設入所支援の勤務時間は17：00から22：00の5時間となります。「8引き」に相当する2日間（土・日）の24時間をすべて施設入所支援で行った場合（グラフA）と2日間（土・日）も月〜金と同じく生活介護と施設入所支援に分けた場合（グラフB）で比較しました。なお、休憩時間を日中時間帯にとるか夜間時間帯にとるかは、利用者の状況によって日々変わりますので、グラフのAとBは休憩時間を含んだ拘束時間で計算したものです。

「8引き」に相当する2日間（土・日）の24時間をすべて施設入所支援で行ったとして計算した左グラフAから、施設入所支援（夜間時間帯）の職員勤務時間47,550分／週は、生活介護（日中時間帯）30,750分／週の約1.5倍となっていることがわかります。このグラフは、生活介護の「8引き」分を施設入所支援でカバーすることによって、日中の生活介護と夜間の施設入所支援の双方に、支援の質と量の両面に大きな制約

図3-7　日中と夜間との勤務時間割合

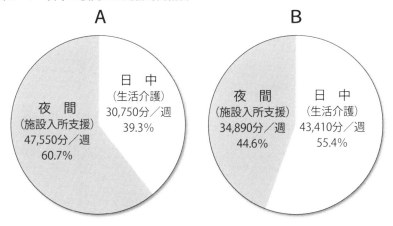

をもたらしていることを表しています。

それに対して、「8引き」に相当する2日間（土日）も月～金と同じく生活介護と施設入所支援に分けた右のグラフBから、施設入所支援（夜間）の職員勤務時間34,890分／週は、生活介護（日中）43,410分／週の0.8倍と夜間勤務時間数を下げていることがわかります。これは、日中の生活介護に対して実態にふさわしい勤務時間数を当てた場合、夜間の施設入所支援の質と量に厚みを確保することができないことを表しています。

このようにみてくると、グラフAとBはともに、生活介護に配置された直接支援員を融通すれば、施設入所支援の支援は何とかなるという実態にはないことを示すものです。

なお、以上の実態は平成29年度の1年間でもほぼ同様でした。これらは、22時から翌日6時まで8時間を除く時間は可能な限り支援量の変動がないように職員数を配置した結果です。支援現場では夜間時間や「8引き」の8日間については職員数が少なくてもいいなどと考えることはできません。目の前にいる利用者が必要としている支援に、曜日や時間によって多い少ないという変動はありません。しかし、このことは前述したとおり営業時間8時間の生活介護に配置された生活支援員が、営業時間16時間の施設入所支援も行うため、通所事業所の生活介護の支援と比較すると、支援施設の生活介護の支援は縮減することを宿命づけられていることを証しているのです。

支援施設が通所生活介護にない入浴支援や朝食・夕食の2回の食事支援のために集中して職員を多く必要とする時間帯があること、それに月の8日間が24時間の支援であることを考えれば、日中に比べ夜間の支援が少ないなどありえないことで、日中は通所生活介護と同じ職員数を配置し、併せて施設入所支援も生活介護と同じ職員数を配置しなければならないはずです。

直接支援職員の配置数については、指定基準と人員配置体制加算基準

の2つがあることを説明しましたが、一番重要なのは利用者に対してどのような支援をするのかという視点で職員配置をすることです。少なくとも、現行の方法で算出された職員数の中でできる範囲の支援にとどまらず、利用者が障害者権利条約に定める権利行使の主体として、自らの幸福追求権を実現するために必要な支援を行う観点から、必要な職員配置数を担保できる制度への見直しが必要です。

キ．通所の生活介護の職員配置

すでに述べたように、支援施設の職員数は日中に実施する生活介護から算定します。それでは、A支援施設の職員数を参考に通所事業所の生活介護に置き換えた場合、職員勤務の実態がどのようになるのかを明らかにしたものが、図3-8と図3-9です。

図3-8は、月～金曜日までの年休は1年間の平均日数に示したもので、勤務者数は30～31人であり、曜日による職員数の差はほとんどない状態です。

図3-8 生活介護事業所（通所）の1週間の勤怠

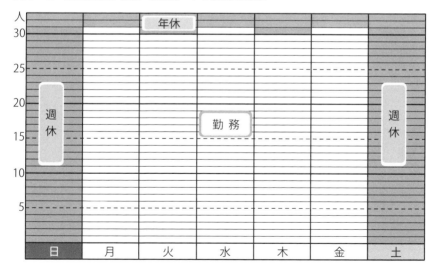

図3-9は、図3-8の月・水・金曜日の1日の勤務状態を示したものです。年休取得職員を除いて営業時間中は31人の支援提供体制となります。時系列で見ても時間によって少なかったり多かったりはなく、8時30分〜17時30分の間は一定の職員配置がされ、支援施設のように時間によって支援提供体制が変化することはありません。

　このように見てくると、利用日数上限269日の日中に実施する生活介護の職員数を24時間365日実施する支援施設に当てはめる職員数の問題は、支援施設が行う支援に大きく影響をしていると言わなければなりません。前述したように指定基準では、夜間の施設入所支援に生活介護とは別に人員配置を要しないとなっていますが、生活介護と施設入所支援の合計給付額の構成は、生活介護の給付費が約70％、施設入所支援が約30％となります。つまり、支援施設には生活介護だけを提供している通所事業所にはない、施設入所支援の給付費による報酬があることになります。この報酬分は、人員配置を手厚くすることに使うことも

図3-9　生活介護事業所（通所）における1日の勤務表

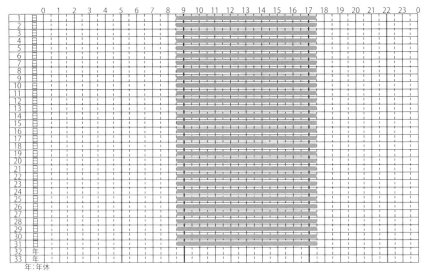

できれば、職員一人当たりの給料を高くすることに使うこともできるはずです。全体報酬の３割を占める施設入所支援の給付費が、どのような使途になっているのかの点検は重要です。

③ 支援について

　支援施設は、障害のある利用者が生活を営むところです。この生活の営みに求められる支援の内容は、従来から直接支援と間接支援に分けて考えられてきました。障害のある利用者に直接関与して支援を行う直接支援と、事務や調理にかかわる栄養士・調理士などの間接支援の２つです。

　このような分け方の中で、見過されがちな支援業務がありはしないでしょうか。それは、直接支援職員が行う浴室の掃除や入浴の準備、トイレの掃除、創作活動等の準備、居室・廊下の掃除、衣類等の洗濯などであり、清潔で品のある日常生活を担保するために必要な、生活上の段取り・環境整備・家事行為（以下、「環境整備的支援」とします）を指します。このような環境整備的支援の中で、それぞれの障害特性に配慮して実施される支援は、合理的配慮に該当します。

　直接支援職員が利用者に直接関与して行う支援と環境整備的支援は表裏一体のものであり、支援施設における利用者の生活の質を規定します。

(1) 環境整備的支援

　利用者が快適な生活を享受するためには、悪臭がなく、衣服や室内が

清潔で、美味しい食事が食べられることが最低限必要なのですが、多くの支援施設ではこのことがずっと解決できない課題として残っています。しかし、このような環境整備的支援をおろそかにしたままで、直接支援が上手くできるはずはないのです。言い換えれば、環境整備的支援が十分できていれば、直接支援は自ずとよくなっていくものと確信しています。と言うのは、環境整備的支援が十分にできるということは、直接支援職員が利用者に保障すべき生活の質を見通していることが前提条件になるからです。

「施設臭」という悪臭は、主にトイレ臭と利用者の体臭と衣服の臭いが混じり合ったものです。支援施設のように24時間人の密度が高い生活の場では悪臭が発生しやすくなるので、支援施設は臭いに敏感に反応することが必要となります。施設臭を解決するためには、毎日の入浴、排泄失敗時に行う随時の洗身、口腔ケア、頻繁に行うトイレ掃除、毎日の洗濯の過程（洗い→脱水→すすぎ→脱水→乾燥）で必ず60度以上の熱処理を行うことなどが必要です。

悪臭はしばらくすると慣れてきて、徐々に強くなってもなかなか気づかないという厄介な性質を持っています。その対策として、たとえば、悪臭のない場所にいた事務職員等が定期的に回ることも早い悪臭の発見につながります。

屋内外に壊れた（壊された）箇所を発見したら、すぐに修繕することが大事です。剥がれて垂れ下がった壁紙（クロス）、ガムテープやベニヤ板での応急的処置が、そのまま何年間も放置されていることがあります。修理箇所が複数まとまってから修繕するという考え方もわからないでもありませんが、生活している利用者にとってはその箇所が気になり、結果的に修繕箇所は大きくなり、多くもなります。とくに、自閉症スペクトラムのある利用者によっては、壊れたところへのこだわりが増大し、より大きく壊してしまうことさえあるでしょう。

「トイレのロールペーパーを外す施設」の問題は、本書のコラム（26

〜30頁）で詳しく述べています。基本的人権の重大な侵害にもかかわらず、そのことに気づかない貧しい支援感覚や職員のご都合主義が、生活の質を保つことに必要不可欠な環境整備的支援の軽視に現れているのだと思います。ロールペーパー1個を1回の排泄に使ってトイレを詰まらせる、ペーパーホルダーを壊してしまうことなどを理由にロールペーパーを外してしまうのです。このような誤った支援の挙句の果てには、便座の上げ下げを頻繁にすることで、壊されないように便座を外して便器をむき出しにしてしまうという最悪の管理さえ起きています。

　上記のコラムで述べているように、支援施設で大切な営みは、今日的な当たり前の生活水準を担保した利用者の生活環境を作ることです。入浴については、職員のほぼ全員が毎日の入浴をしているにもかかわらず利用者は毎日入れない。また、2013年6月に行われたマーケティングリサーチ事業（株式会社バルク、2013年）の調査では76.4％の人が毎日入浴すると回答しています。入浴は清潔を保つだけでなく、体の健康や精神的な安定によい結果を生むとともに、1日の生活の中の大きな楽しみでもあります。

　ところどころに活けられた花の香りが漂い、よく掃除され清潔で整頓された居室やリビング、綿ぼこりがなく磨き抜かれた廊下、トイレ臭がなくロールペーパーが備えられ磨かれた便器のトイレ、歌の一つも出てくる楽しい毎日の入浴、陶器に盛られた冷たいものは冷たく、温かいものは温かくおいしい食事、太陽の香りのあるお布団。同じ法制度のもとで運営されている支援施設でありながら、快適な生活環境を整えている支援施設と非人間的と言わざるを得ないような支援施設があるのは厳然たる事実です。

(2) 直接支援

　現代にふさわしい品のある生活を営むための環境整備的支援と一体の

ものとして、利用者に直接関与して行う支援が直接支援の仕事です。直接支援の仕事は、利用者本人がより快適で幸福に生きるための権利を適切に行使できるようにするための支援ということができます。

　美味しくものを食べる、排便をしてすっきりする、入浴してさっぱりする、おしゃれをして外に出かけるなどの日常生活の営みそのものにある、特別の支援ニーズに応えることのできる専門性が職員に問われます。

　保育士の給料がなぜ上がらないのかについて、ある著名人は「誰でもできる仕事だからです」とツイートしました。このような低俗な見解が出てくる背景には、「子どもを保育する」という営みに分け入って考えたことがなければ、専門的な勉強をして国家資格を取得した保育士のしている保育と、子どもとの応答循環に持ち前のすばらしさのある母親の子育てとの間に、質的な違いがあるようには見えてこない事情があるのでしょう。しかし、就学前における大きな発達の個人差やつまずきへの対処と支援、子ども虐待ケースへの迅速で的確な対応、障害のある子どもに関する保護者支援と連携など、多様な支援課題にかかわる保育士の専門性は、専門的な学習を積んでいない母親とは次元を異にする内容を担保していることは間違いありません。

　一方、障害福祉分野では、直接支援職員の中で看護師、理学療法士、作業療法士等（以下、「任用資格者」）を除けば、義務教育を卒業していれば誰でもが支援を行えるとなっています。国家資格を必要とする保育士の仕事よりも、「誰でもできる」仕事だという社会的位置づけのいい加減さがあります。支援施設に従事する直接支援職員のうち介護福祉士、社会福祉士、精神保健福祉士、いわゆる三福祉士の資格取得者は、33.7％（図3‐10）であり、未だ有資格者は少ないのが現状です。しかし、必ずしも有資格者がよい支援を行えるとは言えず、支援現場では無資格者の方がよい支援を行っていることも多々あることも現実です。それは、福祉に関連する現行の資格制度の中身が、支援施設における支援

の方法技術に求められる専門性とは軸足の置き方にいささかギャップがあるためではないかと考えています。実際、利用者とその家族から、現行の有資格者を増やしてほしいという声は、ほとんど聞こえてこないのです。

　このような事情を踏まえて、それぞれの支援施設がよい支援が行える職員集団にしようとすれば、施設・法人で企画を立て座学形式（集団研修）での基礎的知識・専門的知識の取得と並行して、OJT（現任訓練）による具体的な支援技術の訓練がたいへん重要となります。しかし、そのOJTの指導ができる適任者が少ない、いないという現実が今日の支援現場における大きな問題となっています。

　指導的立場になる支援者の多くは、『門前の小僧習わぬ経を読む』ごとして先輩職員の支援を見よう見まねで得てきた支援方法が多く、個々の支援自体が適切で適正であるか否かの科学的検証をすることなく現在に至っています。このような支援現場の現実は、この間急速に発展して

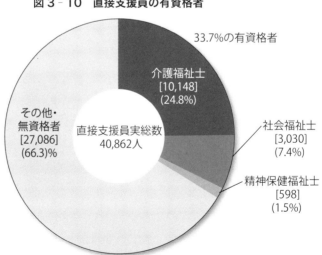

図3-10　直接支援員の有資格者

出典：平成29年度 全国知的障害児者施設・事業実態調査報告書
　　　公益財団法人日本知的障害者福祉協会

いる支援方法に関する科学的知見とのギャップをますます大きなものにしています。

たとえば、歯磨きの手助けは、職員として採用された初日から手際が悪くても拒否的行動がない利用者であれば「誰でもできる」ことです。先輩職員からの助言と共に経験を重ねれば、ある利用者にはなかなか口をあけてくれない特徴などがあることもわかりだし、ある程度まではそつなくできるようになっていきます。しかし、これでは単に歯を磨くということで終わっているのではないか、歯科医や歯科衛生士・口腔衛生士の助言・指導を受けた上での支援の水準に達しているのか、口腔内を清潔にすることが誤嚥性肺炎の防止に繋がっているという知識があるのか否かが曖昧なまま問われていないのであれば、職業的支援にふさわしい適正な水準の歯磨きを担保しているとは言い難いのです。これらのことに気づいていない指導者に、いくらOJTを受け続けても、支援に求められる今日的水準に接近することすらできないと言っても過言ではありません。

その他の例として、身体の機能の問題や加齢による身体機能の低下などによって自分で食事がとれない人に対して、嚥下機能が十分ある人と同じような食事の手助けをしている過ちを指摘することができます。

摂食嚥下のレベルのみならず、生活者として包括的に食べることを支援し、人生の最期まで口から食べることを推進している人たちがいます。小山珠美氏を中心にした「NPO法人口から食べる幸せを守る会（KTSM）」の活動の場は、科学的な根拠をもとに病院と介護施設や在宅介護が主なのですが、支援施設においても必要不可欠な多くの示唆を受けました。誤嚥をするから、また誤嚥性肺炎の可能性が高いからという理由で胃ろうとなり、この状態への対応が支援施設では困難と判断され、家族が引き取ることもできず長期入院となることが多いのですが、KTSMが提唱する技術を用いれば、かなりの人が誤嚥をすることなく安全に「口から食べる」ことが可能となります。A支援施設では、2年

前から小山珠美氏の指導を受け、訪問医の協力も得ながら一度も誤嚥性肺炎を発症せず安全に食事支援を続けています。

　40代の男性は、A支援施設の法人が運営する通所生活介護事業所を利用していましたが、2年前に誤嚥性肺炎を発症し入院しました。退院が間近に迫っては再発症をするという状態で、今後は誤嚥性肺炎が頻繁に起こる可能性が高いということになっていました。そのため、家族としては退院してからも食事をしているところを見ることさえ恐怖となりました。家族の強い希望と幼児期からの主治医の了承のもと、細心の注意をするけれども誤嚥性肺炎を発症する可能性を完全には否定できないことを理解していただいた上で、A支援施設に入所することになりました。小山珠美氏の指導をいただけたのは入所間もない頃でしたが、家族の「口から食べる」ことについての強い思いもあり、また、図3-11に示すKTバランスチャート（小山珠美『口から食べる幸せをサポートする包括的スキル』医学書院、2017年）や本人の嚥下力（飲み込む力）から判断を

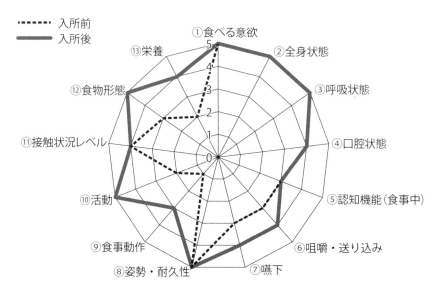

図3-11　KTバランスチャート

して、軟食から徐々に普通食に段階を上げ、現在は家族が本人の好物である寿司屋や鰻屋に連れていけるまでになっています。

いつかは食べられなくなる時が来るとしても、口から食べさせられる手助け（支援の方法技術）が存在し、職員がその技術を修得して口から食べさせられることができれば快適な生活を維持できます。このような支援の方法技術を修得することが食事支援の専門性を高めることではないでしょうか。

大便の後始末、着脱衣、食事等々の手助けを１つひとつ今一度検証するとともに支援全体を見直すことにより、「誰でも（専門性を持たなければ）できるわけではない仕事」の質に高めなければならないと考えます。

4 支援の専門性を阻むさまざまな要因

(1) 現場の苦悩

数年前のある会の懇親会でのこと、新しく施設長になった方から「支援の仕方を教えることの難しさ」に悩んでいることの相談がありました。彼は、支援現場でいわゆる"たたき上げ"の人で、多くの後輩を指導してきた経験を持っています。その彼からの相談であったので驚いたのですが、我々の現状を見事に言い表した内容でした。

彼は、旧法でいう「授産施設」と「更生施設」で知的障害者の支援に従事していたのですが、入職した頃は起床から着替え、移動、食事、トイレ、入浴など日常的に発生する日常生活動作（ADL）や日常的な動作の中でも、買い物や服薬管理、電話の応対など、より頭を使って判断す

ることが求められる手段的日常生活動作（IADL）が部分的に支援を必要とするか、まったく必要でない利用者がほとんどで、コミュニケーションがとりやすい利用者集団でした。支援のほとんどが農作業や木工作業などの生産作業の環境整備的支援である作業の手配や直接支援の作業の仕方を教えることでした。ADL・IADL への特別な支援技術を必要としない時代から昭和 54 年の養護学校の義務制を契機に ADL・IADL の全面的な支援と同時に行動障害を伴う利用者への支援に変わってきても"腕（知的障害者への慣れ）と度胸（経験から生み出された根拠のない自信）"で乗り切ってきました。多分に威圧的であるものの利用者集団をまとめる姿は管理者から見れば頼もしく、後輩からは支援員（その頃は指導員）のモデル的存在となっていきました。時折受ける研修などで、断片的な知識も得ることができ、日々の経験から得られる成功事例や失敗事例から学んでいきました。後輩への指導は"俺のやる姿を見て真似ろ。指導方法は盗んで得るものだ（俺もそうした）。"の職人的なものでしたが、彼の声掛けで催す"飲み会"はいつも大勢の同僚や後輩で"親分子分、家庭的な関係"の雰囲気で利用者への思いを熱く語るとてもよいチームワークが取れていました。

　その状態が長く続くのですが、今から思えばそれらが崩れはじめたのは、障害者自立支援法が開始された時からで、重度な障害を持つ利用者や行動障害を伴う利用者が徐々に増え始め、1 日中大声で奇声を上げる、口を固く閉ざし歯磨きができない、誤薬事故の頻発化（利用者が服薬する薬の種類と量の増大が背景にある）等の対応支援に困難度が高く、今までの研修や経験値では太刀打ちできない事案がたくさん起こってきました。高圧的に従わそうとすればするほど利用者の落ち着きはなくなり、試行錯誤の日々が続くのですが、後輩も同じ状態で利用者にどう接すればよいのかがわからず、ますます「力ずくの支援」が多くなり、宴席は以前のような楽しい場ではなく、利用者への思いが薄くなり愚痴ばかりが出る場に変わっていました。

障害者権利条約、それに伴う障害者虐待防止法施行が彼に言わせれば、"止め"だったそうです。自分たちが行っている支援を見直せば、虐待とは言わないまでも大部分が不適切な対応であり、権利擁護という観点から考えれば利用者の権利をまったく踏まえていなかったとわかったときでした。

　自分たちが"変わらなくては"、支援を"変えなくては"という思いが強くなって、徐々には変わったとしても利用者へは相変わらずの対応しかできない歯がゆさ、以前のように自信をもって"俺のやる姿を見て真似ろ"と言えない自分、一方、若い職員を中心とした離職の激しさ（図3‐12）、急速にやる気がなくなってきている同僚、声をかけても以前のように集まらない宴席、そのような状況が続いています。

　日常的に支援現場から離れた管理職となり"俺の姿を見て学べ"が使えなくなった今、自分が実践してきた支援が言語化できないもどかしさを聞かせていただきました。私を含め多くの管理職は彼と同じ思いを

図3‐12　同一法人内での勤務年数

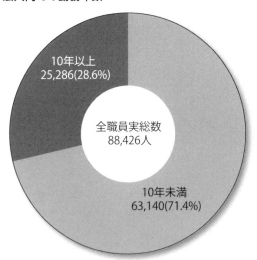

出典：平成29年度 全国知的障害児者施設・事業実態調査報告書
公益財団法人日本知的障害者福祉協会

持っていると思います。

　われわれは何をなすべき者であるかを考えたとき、めまぐるしく変わる制度を理解していくことも大事ですが、利用者の権利を守りながら行う具体的な支援技術の抜本的向上を真剣に考える必要があると思います。また、障害のある人の権利を守り切ることのできる専門的な支援技術の向上とそれらを習得した職員の雇用定着を制度的に担保できるような改善を抜きに、事業者報酬を猫の目のように毎年度変えて現場を振り回すような愚をやめていただきたいと思います。

(2) 支援と生活の質にある支援施設の格差

　入浴や食事等の生活の営みの基本を支える環境整備的支援と直接支援の重要性は、先に述べた通りです。ところが、入浴・洗髪、食事、排泄・排尿、歯磨き等々の日常生活上の営みに困難をもつ知的障害者に対する基本的な支援について、環境整備的支援と直接支援の両面から関係職員の研修が開かれたという話を、私はこれまで耳にしたことがありません。また、支援施設の業界の中で、これらの支援のあり方についての情報交換や話題に接することもほとんどありません。おそらく、それぞれの支援施設が独自に研修やOJTを行っているのでしょうが、支援施設の間にはかなりの支援格差が生まれてきているように思います。

　全施連の会合で、入浴が毎日行われている支援施設の紹介があった場で、家族の中から「それは特別な給付費をもらっているのでしょうか」という質問が飛び出します。「施設臭」がない、毎日入浴する、綿埃のない清掃の行き届いた居室に廊下、ロールペーパーを備えたトイレなど、施設支援における当たり前の生活を前提に議論をしていると、「そんな夢の話をされても……」などの不審と戸惑いに満ちた意見が続出します。

　このような質問や意見がそこかしこから出てくる背景には、同じ法制

度に基づく支援施設であるにもかかわらず、支援の質に容認することのできない大きな格差があるのです。障害者権利条約の締約国となった現在においても、支援施設が日常的な支援を積み重ねて実現すべきディーセント・ライフ（障害のある利用者がそれぞれの幸福追求権を行使できるような、品のある現代的な生活標準）の具体像を明らかにできていません。指定基準に違反していなければ「セーフ」という考え方が、根底にあるのではないでしょうか。たしかに、1回の排泄でロールペーパーをなくなるまで使う利用者がトイレを詰まらせてしまう、ペーパーホルダーを壊されると壁まで壊れてしまう、夕食前後に入浴のための職員配置を毎日することに困難があるという、それぞれに言い訳が出てくるとしても、このような弁解には、利用者の人権を守りどのような生活を保障するかという確固たる信念が見えてきませんし、「そんな理想を言っても無理だよ」という反論さえ聞こえてきそうです。しかし、ほぼ同じような報酬（給付費）額を受けている他の支援施設の中には、ロールペーパーは常時備え付けられ、毎日入浴を行っているところがあることを、支援施設関係者には直視する社会的責任があります。「ほぼ同じ報酬額」ということは、他の支援施設でも障害の軽重や問題行動の程度・頻度・組み合わせの多様性はあるとしても、「ほぼ同じような行動特徴を持つ利用者」がいることになります。つまり、当たり前の生活を実現するための支援ができないという言い訳は成り立たないのではありませんか。

⑶ 支援の向上を阻む制度的制約

　職員数が多ければ多いほど、厚い支援体制を作ることができることは言うまでもありません。しかし、現行の報酬告示では職員配置率を高くすればするほど職員の給料が少なくなる構造的な問題があることは、指摘しなければなりません。

　表3‐10は、A施設の前年度利用実績をもとに代表的な加算報酬を

④ 支援の専門性を阻むさまざまな要因

表3-10　A支援施設の報酬表

平成30年度報酬告示
上記表の基準報酬Aの「単価」は、医師未配置減算（120円）した額。「人員配置体制」は人員配置体制加算（1.7.1）、「福祉専門職員」は福祉専門職員配置等加算（Ⅱ）

生活介護

障害支援区分	人数	前年度利用日数	基準報酬A 単価	基準報酬A 基準額	加算報酬B 人員配置体制 単価	加算報酬B 人員配置体制 加算額	加算報酬B 福祉専門職員 単価	加算報酬B 福祉専門職員 加算額	小計 A+B=①
区分6	32	7,850	10,920	85,727,416	2,120	16,643,052	100	785,050	103,155,517
区分5	19	4,559	8,070	36,791,227	2,120	9,665,105	100	455,901	46,912,233
区分4	2	478	5,580	2,668,814	2,120	1,013,958	100	47,828	3,730,600
区分3	2	473	4,920	2,326,678	2,120	1,002,552	100	47,290	3,376,520
経過者	0	0	4,490	0	—	—	100	0	0
小計	55	13,361		127,514,135		28,324,667		1,336,069	157,174,871

合計

区分	合計 ①+②
区分6	158,848,617
区分5	72,577,484
区分4	5,619,102
区分3	4,922,945
経過者	0
小計	241,968,148

施設入所支援

障害支援区分	人数	前年度利用日数	基準報酬C 単価	基準報酬C 基準額	加算報酬D 夜間職員配置体制 単価	加算報酬D 夜間職員配置体制 加算額	加算報酬D 福祉専門職員 単価	加算報酬D 福祉専門職員 加算額	加算報酬D 重度障害者支援 人数	加算報酬D 重度障害者支援 単価	加算報酬D 重度障害者支援 加算額	小計 C+D=②
区分6	32	10,652	3,570	38,028,210	480	5,113,037	70	745,651	6,559	1,800	11,806,200	55,693,099
区分5	19	6,186	2,980	18,434,340	480	2,969,290	70	433,021	2,127	1,800	3,828,600	25,665,251
区分4	2	649	2,360	1,531,569	480	311,506	70	45,428	0	1,800	0	1,888,503
区分3	2	642	1,860	1,193,506	480	308,002	70	44,917	0	1,800	0	1,546,425
経過者	0	0	1,470	0	480	0	70	0	0	1,800	0	0
小計	55	18,129		59,187,626		26,230,760		1,269,017	8,686		15,634,800	84,793,277

上記表の「夜間職員配置体制」は夜間職員配置体制加算（2）、「重度障害者支援」は重度障害者支援加算

加味して作成した報酬計算（単価は平成30年度）を、表3‐11に職員一人当たりの報酬として処理したものを、図3‐13は表3‐11をグラフ化したものをそれぞれ示しています。なお、個別加算の重度障害者支援加算Ⅱ‐2（1,800円）該当者の利用日数は8,686日でした。

表3‐11　職員配置率による職員1人当たりの報酬（年額）

配置率	職員数 A	生活介護			施設入所支援			合計※ B	職員1人当たり B÷A
		基本報酬	人員配置	福祉専門	基本報酬	夜勤職員	重度障害		
3:1	17.2	127,514 (140,894)	—	1,336 (1,480)	59,187 (65,445)	—	—	201,012 (222,158)	11,686 (12,008)
2.5:1	20.1	127,514 (140,894)	5,077 (5,622)	1,336 (1,480)	59,187 (65,445)	8,702 (9,636)	15,635 (17,040)	233,812 (256,684)	11,632 (11,828)
2:1	23.8	127,514 (140,894)	18,171 (20,121)	1,336 (1,480)	59,187 (65,445)	8,702 (9,636)	15,635 (17,040)	247,809 (272,183)	10,412 (10,590)
1.7:1	27.0	127,514 (140,894)	28,325 (31,365)	1,336 (1,480)	59,187 (65,445)	8,702 (9,636)	15,635 (17,040)	258,664 (284,204)	9,580 (9,699)
現状	37.0	127,514	28,325	1,336	59,187	8,702	15,635	258,664	6,991

※合計は処遇改善加算を加味した額

職員数は直接処遇職員と管理者1人、サビ管1人、管理栄養士1人、事務員3人、（　）内は参考資料として利用率100%の報酬額

職員配置率を 1.7：1 に近づけると報酬総額は多くなりますが、その分職員数は多くなります。その結果、単純計算で報酬÷職員数（含む管理者1人・サビ管1人・管理栄養士1人・事務職員2人。ただし、調理員は業務委託であるため除く）の計算では、職員1人当たりの報酬は逆に少なくなります。もちろん、この計算により算出された額がすべて人件費に充てられるわけではありませんが、指定基準配置の3：1よりも人員配置体制加算の方が少なくなることは歴然で、その上に、1.7：1よりも職員を厚く配置すれば、職員1人当たりの報酬は急激に少なくなっていきます（図3‐13の「現状」）。

　このような事情から、収支差額を考える経営者は職員を多く配置することに消極的になり、職員も給料が少なくなることに抵抗感をもつことによって、人員配置体制加算は経営の観点から言えば、人員（支援）を厚くするためのインセンティヴ（誘因、意欲をもたらす刺激）にはまったくなっていないことになります。要するに、現行制度の報酬構造は支援体

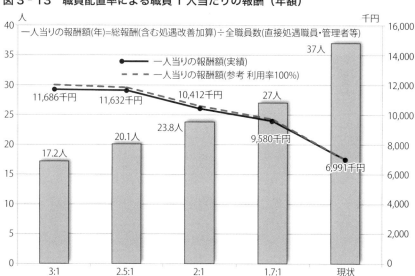

図3‐13　職員配置率による職員1人当たりの報酬（年額）

制を厚くする方向ではなく、薄くする方向性を持っているのです。ここに、今日の施設が直面している未曾有の雇用氷河期の状況を重ねてみれば、ただでさえ職員配置を厚くする制度的条件がない中で、他の業種業態と遜色のない待遇を提示することは不可能であるため、職員の確保の困難はますます絶望的な状況に陥ると考えます。

　支援施設は、どんな状況下でも絶対的に守らなければならない利用者の生命・身体の安全を配慮する義務（以下「安全配慮義務」）を24時間365日負っています。それでも、他の障害福祉事業より経営的にも運営的にも危機的な状況に追い込まれているのです。24時間365日という切れ目のない長時間にわたる安全配慮義務の徹底は、週に長くても40時間の安全配慮義務を負っている通所系の事業所とは比較にならない緊張を強いられます。その安全配慮義務に社会的責任を負う職員は、労働に見合わない低賃金等の理由による退職・定着率の低さに加え、夜勤を含む変則勤務や土日祝に休暇は取れない勤務条件から入口で敬遠されてしまいます。今日の雇用氷河期による職員補充の困難によって、支援の質と量の両面で低下していく事態が、否応なく襲ってきているのです。

5　障害者支援施設の制度的限界を直視した事態の改善を

　社会福祉基礎構造改革によって、表面的には利用者と事業者が対等な関係となり、利用者は契約により障害福祉サービスを利用する「消費者」であり、障害福祉サービスを提供する施設・事業者からは「顧客」としての位置づけになりました。従来の措置費制度の時代のように、措置決定による行政からの委託を受けて援護する側に立つ施設・事業者と、反射的利益[5]として支援を受ける側の障害当事者という関係は、

サービスを提供する施設・事業者が障害のある「顧客」のニーズを尊重して、「利用者主体のサービス」を実現していく仕組みに替わったのだと言われてきました。

しかし、障害福祉サービス（支援）の対価は給付費で支払う形であるため、利用者は何が対価の範囲（権利）として主張できるか、何がそうでないのかがわかりづらい事情が作られています。また、このことを背景に、自分たちのニーズに対応する支援を権利として要求するための話し合いが、サービス利用契約を結ぶときに論点として浮上しない構造に帰結しているのです。一方、支援施設側は日々の支援が対価（給付費）に相当するのかどうかを考えているわけでないため、対価と支援内容の妥当性やコストパフォーマンスを明らかにすることもありません。これらを全体として総括すれば、福祉サービスにおける契約利用制は、実質的には何も機能していないということになります。

強度行動障害のある利用者（以下「強度行動障害者」）の家族からは、個別支援計画を作成するときに安全を確保するためのマンツーマンの支援を求められることがあります。就寝時間を除いた 16 時間にマンツーマンで直接支援員を配置すると、1 日当たり実勤務職員 2 人を 1 人の利用者に張り付けることになります。すると、表 3-9 の計算式に示した職員配置数と実勤務職員数の関係から、2 人の実勤務職員の確保には 3.3 人の職員配置（2 人×7 日／4.2 日）が必要であることになります。

そして、図 3-5 に示した実際の勤務表から、マンツーマンに必要な 2〜3 人を除いてみると、他の利用者への支援にしわ寄せが必ず起こることが容易に理解できます。図 3-2 にある土日の支援体制が薄い凸型勤務体制であれば、土日にマンツーマン支援を実現することはとても無理なこともわかります。入院の付き添いの場合にもマンツーマンの必要

---

5) 反射的利益：障害のある国民の側に福祉サービスを請求する権利があるのではなく、国・地方自治体が福祉サービスの受給を認定した場合（＝措置）、その認定に照り返された利益としてサービスを受給する権利が生じるという考え方です。

性が生じるときがあり、この時にも同じようなことが起こります。医療は完全看護となっており、通常だと入院時の付き添いは不要ですが、入院中のルールを守れる人が対象ですので、重度の知的障害者は病院から付き添いを求められることがほとんどです。同じマンツーマンの支援であっても入院は一定の期間だということと、利用者全員が入院の可能性があるということもあって、利用者やその家族から理解を得やすいのですが、強度行動障害等は行動障害の軽減のための取り組みを進めるとしても、かなりの長期間を必要とすることが多く、他の利用者はその間ずっとしわ寄せを受け続けることになります。

　他の利用者と同じ生活空間での強度行動障害者への支援について、改善への行動変容が起こるまでの間、「職員は頑張る、他の利用者は我慢する」という事態が続いたままでいいわけがありません。他の利用者の安眠を妨害する行動、石鹸を食べる異食があるため他の利用者の手洗いに不便をかける行動、暴力を避けるため逃げ惑う利用者など、他の利用者の不安と苛立ちを招くような事例を上げれば枚挙に暇がありません。

　強度行動障害者には行動変容のためのさまざまなアプローチをしています。しかし、四六時中のマンツーマンは、安全配慮義務との関係において、職員による行動抑制、職員の抑止力による拘束状態を作ることにつながりかねない問題さえ発生します。たとえば、強度行動障害者が怪我をする、他の利用者に怪我を負わす、自傷行為により身体を傷つけることなどは、司法判断においては「予見できたかどうか」が大きな論点となり、「予見できる」事象であれば安全配慮義務違反になる可能性が高く、場合によっては直接支援員が過失傷害に問われる場合もあることが、最近の刑事訴訟で明らかになりました。

　また、強度行動障害のある利用者を取り巻いて発生する怪我を未然に防げなかった責任は、支援施設に生じます。利用者の活発な動きの自由さを保証しながら、すべての利用者にいかなる事故も発生しないようにすることは、至難の業と言わざるを得ません。運営責任者や直接支援員

には重圧がかかります。

　一方、職員が利用者から暴力や悪態をつかれることは決して珍しくありません。強度行動障害のアセスメントを行って、職員全体が課題認識の共有を図って行動変容のための取り組みを進めているさ中でも、感情労働につきまとう極限のストレスに職員はさらされています。虐待防止の取り組みとされるアンガーコントロールやストレスマネジメントは、支援施設の「平時」の取り組みには有効でも、強度行動障害等の処遇困難ケースが重なる場合には、十分な職員数で手厚い支援を進めるための制度的条件はないのですから、個々の職員の忍耐も限界を超えてしまうのは当たり前ではないでしょうか。

　これまでの強度行動障害者支援者養成研修の取り組みの範囲内で、支援施設における強度行動障害への適切な対応を実現することは不可能です。日本精神科救急学会監修『精神科救急医療ガイドライン2015年版』の「第3章　興奮・攻撃性への対応」に示された対応が、支援施設に

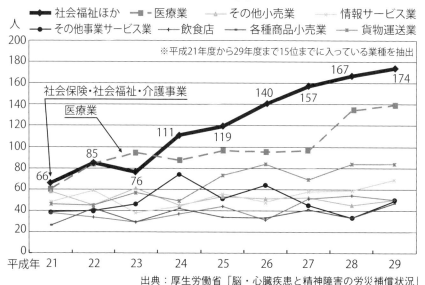

図3-14　労働災害の精神障害の請求件数の推移

出典：厚生労働省「脳・心臓疾患と精神障害の労災補償状況」

⑤ 障害者支援施設の制度的限界を直視した事態の改善を

おいても可能となるような職員数と専門職の配置を制度的に条件整備するか、支援施設における取り組みにはどうしても限界があるケースについては、強度行動障害の軽減と行動変容のための支援を実施する専門施設を制度的に整備するかのいずれかが必要不可欠であると考えます。

　図3-14は労働災害の精神障害の申請件数を表すものですが、社会保険・社会福祉・介護事業の領域が、平成23年を除く21年から29年までの間、連続して申請件数がトップであることを明らかにしています。このような事態を招く要因は複雑だと思いますが、本章で述べてきた支援施設の現状—職員数を増やすことができない、職員配置を手厚くすると待遇を下げなければならない、支援の困難度の高い利用者の増加、抜本的な制度改善が行われることのない閉塞感等—が、絡んでいることは間違いありません。

　どうして支援施設における生活介護は、365日の開所日数であるにもかかわらず給付費支給対象日の上限から「8引き」を余儀なくされ、通所型の生活介護よりも劣悪な支援を余儀なくされているのか。このような事態は、支援施設を利用する障害のある人への制度的差別であり、到底許されることではありません。

　私たちは、障害のあるなしにかかわらず、すべての人たちの権利擁護と共生共存を実現することを心から願っています。しかし、あらゆる障害の状態像に支援対応しきれないさまざまな制度的制約があり、未曾有の雇用氷河期によって職員の補充がままならない現状のもとでは、すべての利用者の幸福追求権を保障するための取り組みの追求は、もはやただならぬ限界に直面していることを正視しなければなりません。

第 **4** 章

地域共生ホームの施設長のあり方

1 社会福祉法人制度改革と社会福祉法人・施設長のあり方

(1) 施設長のあり方は社会福祉法人制度改革と一体の課題

　今日の障害者支援施設の施設長は、障害のある人の地域生活をゆたかにしていく多様な支援事業とその経営管理に関する高い専門性が求められています。

　措置費制度時代の施設長の役割は、行政からの措置委託を受けた施設の管理運営が中心でした。行政とは異なる自主性と特性を発揮して、福祉サービスの質的向上と社会福祉事業の公共性を地域社会とともに高めていくという社会福祉法人とその障害者施設の役割について、いささか無頓着になっていた傾向は否めません。措置費制度から契約利用制にサービス利用の仕組みが変化した今日、施設長のあり方は、社会福祉法人と障害者支援施設の公共性を高めていく取り組みと密接不可分の課題です。

　このような問題意識を共有するものとして、『「福祉施設長のあり方に関する検討会」報告書』(全国社会福祉協議会、2015年)があります。

　この報告書は、社会福祉基礎構造改革(2000年～)や「アクションプラン2015」(全国社会福祉法人経営者協議会、2011年)等が指摘してきた社会福祉法人の改革課題(図4-1、表4-1)に十分に応えきれていない法人の現状を指摘し、今後の施設長には社会福祉事業の実施主体である法人の経営管理の責任者として、表4-2に示される役割があるとします。

　そして、2017年度以降、改正社会福祉法の施行により、社会福祉法人制度改革を次の5点から実行することが求められています。それは、①経営組織のガバナンスの強化、②事業運営の透明性の向上、③財政

❶ 社会福祉法人制度改革と社会福祉法人・施設長のあり方

図4-1 社会福祉基礎構造改革における社会福祉法人にかかる規制の見直しについて（全体像）

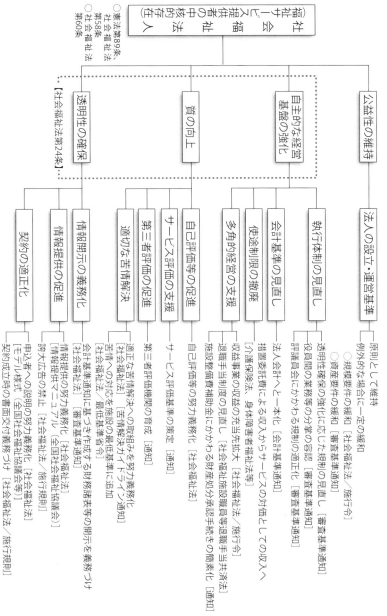

（社会福祉法令研究会『社会福祉法の解説』156頁, 中央法規出版, 2001年）

表 4‑1　アクションプラン 2015・社会福祉法人の 10 の「経営原則」

○**非営利性** 持ち分がなく配当は認められていない。事業で得たすべての金銭的成果は社会福祉事業に充てるか、地域の生活課題の福祉需要に還元すること
○**継続性** 解散時の手続きや残余財産の処分等に関する規定によって、制度的にサービスの継続性が確保されていること
○**効率性** 税、社会保険料等公的な財源を使用することから、より効果的で効率性の高い経営をめざすこと
○**透明性** 公的な負担によって行われる事業であるとともに利用制度化がすすむなか、公益法人としてより積極的な情報開示、情報提供を通じた高い透明性が求められること
○**倫理性** 公正、誠実な倫理観に基づく法人経営を行うこと
○**先駆性** 地域の福祉需要、要援護者に対し、他機関・団体等に先立って援助を行うこと
○**開拓性** 表出しにくい生活課題、福祉需要の掘り起こしや、制度の狭間にあるもしくは制度化されていない福祉需要等に新しい領域として対応するとともに、制度化に向けた働きかけを行うこと
○**組織性** 高い信頼性が求められる法人にふさわしい組織統治の確立、人材育成等、組織マネジメントに取り組むこと
○**主体性** 民間の社会福祉事業経営者としての自主性および自律性を発揮し、自らの意志、判断によって事業に取り組むこと
○**安定性** 経営基盤の強化を図り、良質な福祉サービスを安定して提供すること

（全国社会福祉法人経営者協議会 2011 年）

表 4-2　福祉施設長の役割

〈役割の概要〉 福祉施設の経営管理の責任者として、ヒト・モノ・カネ・トキ・シラセといった経営資源の状況を把握し、関係法令、法人理念や使命、社会からの要請との整合性を保つ適切な事業計画・予算を策定、その内容を組織の末端まで方針として展開させ、職員を指揮して計画の達成を担い、実績を適切な手段をもって地域に浸透させる役割を担う
〈利用者に関して〉 ① 利用者のいのちの尊厳を守り、権利擁護を基礎として安全・安心な生活を確保する ② 施設の提供する福祉サービスの質の向上をはかる
〈職員に関して〉 ③ 働きやすい、魅力ある職場づくりに取り組む ④ 質の高いサービスを安定的に供給するため、人材を確保し育成する
〈地域福祉の推進に関して〉 ⑤ 他法人や関係機関を含む地域との積極的な交流から、連携・協働のネットワーク化に取り組み、法人として取り組む課題を設定し、実施体制を整える ⑥ 制度で対応できない地域の様々な生活・福祉課題への先駆的・開拓的な取り組みを行う ⑦ 課題によっては必要な事業の普及や制度構築に向けたソーシャルアクションを行う ⑧ 課題解決のための地域の人材の育成に取り組む
〈法人経営に関して〉 ⑨ 法人の方針等を、管理職を通して組織の末端まで浸透させる ⑩ 事業計画の進捗状況のみならず、利用者、職員、地域福祉推進といった主要業務で明らかになった課題を法人へ的確に報告するとともに、その課題を事業計画に反映させて解決していく ⑪ 予算の執行状況を的確に把握し、法人に対して補正予算等の措置を提言する ⑫ 財務情報にとどまらず、事業計画の達成状況や課題への取り組み状況に関する積極的な情報公開・発信を法人とともに行う

（全国社会福祉協議会「福祉施設長のあり方に関する検討会」報告書 2015 年）

❶
社会福祉法人制度改革と社会福祉法人・施設長のあり方

規律の強化、④地域における公益的な取り組みを実施する責務、⑤行政関与のあり方、です。これらはいずれも、地域社会とともに社会福祉事業の増進に責任を負う社会福祉法人にとっては重要な課題であり、①〜④の遂行にかかわる責任者が施設長ということになります。

(2) 社会福祉法人制度改革と一部の社会福祉法人のバックラッシュ

　ただし、この改革は前述したの5点にとどまるものではありません。最終的には、社会福祉における民間事業主体のイコールフッティング（事業経営を同一条件のもとで対等に競争できるようにすること）の実現にあることは明白です（厚労省「第6回社会福祉法人の在り方等に関する検討会」2014（平成26）年2月20日資料1、社会福祉法人経営研究会編『社会福祉法人経営の現状と課題』全社協、2006年）。すると、この社会福祉法人制度改革が実際にどのような方向に進むのかについては、予断を許さない状況にあるのではないでしょうか。

　これまでに指摘されてきた社会福祉法人の改革課題には、多くの根深い問題が複雑に錯綜しています。経営の近代化と他の民間事業主体とのイコールフッティングを性急に目指した場合、社会福祉法人本来の役割である公益性をないがしろにしたまま、法人内部の権力集中と経営体力の強化を急ぐ法人が出てくる心配はないのでしょうか。

　まず、この間の社会福祉法人制度改革は、障害者の入所型施設のほとんどがどうして社会福祉法人の施設だったのかという問題を等閑に付しています。日中の職員配置を中心に運営することのできる保育所の多くが、措置制度の時代に自治体直営で過半数を占めていた事実とはまことに対照的です。24時間の職員配置に伴う人件費を含む待遇の確保と、生活施設の運営に必要な経費の抑制を目的として、全国の自治体は社会福祉法人に障害者施設を措置委託する政策手法を積極的に採用してきた

のです。

　つまり、職員の待遇を低水準に抑え、施設の最低基準が常に「最高基準」であった措置制度の時代は、それぞれの社会福祉法人が経営戦略を立てるだけの財政基盤は剝奪されていました。このような「行政の下請け」構造を温床に、同族経営の「個人商店型社会福祉法人」や「天下り先社会福祉法人」を増殖させてきたという一面のあることは否定できません。

　もう１つは、限られた利害関係者のもとで、地域社会に開かれた討議を尽くす文化が育まれてこなかった問題です。社会福祉法人経営が障害者施設の経営管理にほとんど限られていた事実は、施設の経営管理にかかわる実質的なステークホルダーも限られた範囲の人たちだったことを意味しています。すなわち、施設利用者・家族と施設職員が中心であり、理事会は「お飾り」に過ぎないか、理事長が施設長を兼務してほとんど全権を握っているかのいずれかで大半を占めていました。成人施設においては利用者の新陳代謝が活発ではありませんから、障害者施設の経営管理の実態は、法人を中心的に支配する一部幹部職員のもとでの「身内の利害調整」に終始しがちだったでしょう。そうして、外部に対する透明性の確保や地域の福祉ニーズに目を向ける必要性について、法人関係者の多くは自覚をもつ契機を喪失していったのです。もちろん、地域に開かれた事業展開を志向する社会福祉法人もたくさんありますが、「施設福祉に対する在宅福祉サービス」の位置づけにあった時代の在宅福祉事業につきまとう補助金の貧しさは経営の苦心惨憺を招き、内向きの姿勢との悪循環を構成していきました。

　このような問題構造のもとで、経営の近代化と経営体力をつける方向での社会福祉法人制度改革を実行すれば、さまざまな弊害が表面化し、社会福祉法人「改革」に対する実質的な「バックラッシュ（跳ね返り）」の生じる恐れがあります。社会福祉法人の「公益性」は形骸化し、規模のメリット等の経営効率の合理性を優先した統廃合だけが進行し、施設

利用者と地域の障害のある人への支援の充実が二の次にされていく懸念を払拭することはできません。

　措置費制度時代の古い体質が染みついた社会福祉法人においては、理事長や施設長の地位にある人たちの中に、今日切実に求められている経営管理の刷新よりも、「私たちの法人を守る」などと言いながら「自分の身を守る」ことにしがみつく動きが出ることは容易に想像できます。実際、奈良県の某社会福祉法人では、評議員会の過半数を奈良からは遠隔地にあたる他県（北海道美唄市、神奈川県秦野市、岐阜県恵那市、長崎県諫早市等）の社会福祉法人の理事長らで、しかも法人理事と何らかの利害関係にある者で構成し、理事長と理事会への権力集中をチェックする機能を形骸化する方向で「改革」を実行しました。このような形で遠方の社会福祉法人の理事長らが、評議員としての協力を惜しまないという事実は、評議員会の機能を空洞化する目標を共有した社会福祉法人理事長たちの本音を露骨に示しているのではありませんか。実際、この事案にかかわる大阪高等裁判所の判決文（平成30年（ネ）第859号損害賠償請求控訴事件）は、「新たに選任された評議員の多くは、社会福祉法第39号に定める『社会福祉法人の適正な運営に必要な識見』を有していない」と明確に指摘しているのです。

　社会福祉法人制度改革の求める経営管理の構造において、理事長は最高経営責任者CEO（Chief Executive Officer）であり、施設長は最高執行責任者COO（Chief Operating Officer）に位置する役職です。同族経営や天下り組織としての社会福祉法人を「守ろう」とすれば、理事長CEOと施設長COOを兼務する体制を固め、かつてよりも権力の集中を図る法人が増加するかもしれません。

　次に、社会福祉事業の経営管理に経営資源の合理的な配分が実行されるのかどうかについてです。

　従来の措置費は、事務費と事業費から構成され、行政監察を通じて使途が管理されていたため、法人内部で会計上の不正を働くことには限界

がありました。これに対し、今日の事業者報酬は規制緩和によって法人内部の会計相互間を移動させる自由度が高くなり、内部留保の問題のほか、一部の理事長や施設長が高級車を乗り回したり、法外ともいうべき報酬をひとり占めしている事実が、以前にも増して散見されるようになっています。

このように見てくると、今日の社会福祉法人制度改革の中では、利用者と地域の福祉ニーズと向き合うことを法人改革の出発点に位置づけることなく、権力の集中と経営体力の強化に走る傾向的事実が発生していると見るべきではないでしょうか。「事業の透明性」や「地域社会における社会福祉事業の公益性」の追求を二の次に追いやっていることは明らかです。

(3) 私たちが目指す地域共生ホームの長

私たちがめざす地域共生ホームの「施設長」（地域共生ホームの「長」のことですが、「ホーム長」と表現するとグループホームの長と誤解を招く恐れがあるため、行論との関係で以下「施設長」とします）を考えるにあたり、まず、今日の社会福祉事業の礎を築き、生活困難をめぐる福祉ニーズの発見から新たな支援サービスを切り拓く役割を果たしてきた民間組織の取り組みから基本的な歴史的教訓を確認しておきたいと思います。

たとえば、トインビー・ホールのソーシャル・セツルメント運動は民衆自身が問題解決に取り組んでいく支援の思想と方法を明らかにしましたし、「多問題家族」への支援を開発したFSU（Family Service Units）は家族内部に複数の困難が錯綜する状況から「接近困難なクライエント」が産出される問題構造を解き明かしています。わが国における障害者支援においては、1891（明治24）年に発生した濃尾地震の被災女児を支援する孤女学園の取り組みの中で、知的に遅れのある子どもたちを発見して、滝乃川学園の取り組みを発展させていった石井亮一の業績が有名で

す。『福祉の思想』(NHK出版、1968年) を著した糸賀一雄も戦災浮浪児への支援に取り組む中で知的障害のある子どもたちを発見し、近江学園の取り組みを発展させています。

これらの取り組みはいずれも、新たな困難や福祉ニーズを発見し、それに対応する支援方法を編み出しながら、困難なニーズを抱える人たちとともに幸福追求への歩みを進める道を切り拓いています。これからの社会福祉法人が倫理性・先駆性・開拓性・公益性を体現するためには、このような支援を不断に創造する専門性のあり方が、施設長の資質として改めて問われなければならないと言えるでしょう。

施設長は施設の経営管理にかかわる多様な役割を果たさなければなりませんが、施設利用者だけでなく、地域に住まうすべての障害のある人とその家族にかかわる福祉ニーズを日常的に把握し、新たな支援を編み出していくという営みに、高い専門性をもったイニシアティヴを発揮できなければ、福祉サービスを提供する組織の長であるとは言えません。小中学校の学校長は、自ら公開研究授業を経験して高めてきた専門性にもとづいて、学校経営と若い教師への指導を行いますし、外科病院の院長は数々の手術経験を経て培ってきた外科医としての識見と専門性にもとづいて若い研修医を指導するとともに病院経営を行います。これと同様に、障害者支援施設の施設長は、障害のある人への支援に関する高い専門性にもとづいて、人材育成と施設の経営管理を遂行できることが絶対的な資格要件となるはずです。

ところが、『「施設長の在り方に関する検討会」報告書』(全国社会福祉協議会、2015年) をはじめとする社会福祉法人制度改革の中で問われる施設長のあり方は、障害者支援に関する方法論的領域の専門性については不鮮明なまま、経営管理に多様な役割を負う姿が描かれています。実際、同報告書の提示する12点の施設長のあり方の内容 (表4-2) は、12の役割が羅列されているだけで、利用者・職員・地域福祉・経営の全体に目配りのできる「経営執行責任者」としての資質を問うているだ

けなのです。

　言うなら、一般の民間企業の社長に求められる資質と何も変わりません。たとえば、カメラメーカーの社長（COO）のあり方から考えてみましょう。この企業の社長は、カメラメーカーのモノづくりの核心部分である撮像素子・精密機械工学・レンズ光学・画像処理技術等の専門性をもつかどうかではなく、最高経営責任者（CEO）が定めた経営戦略方針に従った事業を遂行して業績を上げることを役割とします。ユーザーのニーズを把握し、従業員を管理し、新たな画像ニーズを持つコンシューマーの動向を把握し、事業運営の実際から必要に応じて経営方針そのものに対しても問題提起します。このような社長の役割は、先に示した施設長のあり方に求められる 12 点と何ら変わるところはなく、イコールフッティングの行き着く先にある施設長の姿を端的に表しています。つまり、『「施設長の在り方に関する検討会」報告書』は、障害福祉サービスの事業主体に求められる経営管理の特質をまったく見失っているのです。

　これでは、社会福祉事業本来の役割を果たすことはできません。障害のある人の新たなニーズの発見と支援サービスの質的向上を図る専門性が、施設長のあり方の核心にしっかりと錨を降ろしていなければなりません。

　これまでの社会福祉施設における施設長の資格要件は、表 4‑3 のとおりです。この中で、障害者支援施設の長にかかわる要件を見ると、①社会福祉主事任用資格の要件を有する者、②社会福祉事業に 2 年以上従事した者、③全国社会福祉協議会が実施する「社会福祉施設長資格認定講習課程」を修了した者とあります。①は従来から「3 科目主事」と揶揄されてきたとても専門性があるとは言えない任用資格ですし、②についても、素人に「支援者のメッキ」をつけた程度のものです。③については、社会福祉士の一般的な養成講座に近いもので、障害者支援に関する管理職の高い専門性にはほど遠い内容です。

表 4 - 3　社会福祉施設長の資格要件一覧

施設種別		必要な資格要件 (1)〜(4)については、次のいずれかに該当すること、 (6)については、次のいずれかに該当し、かつ厚生労働大臣が指定する者が行う研修を受けた者
(1)	救護施設、更生施設	① 社会福祉主事任用資格の要件*1 を満たす者 ② 社会福祉事業に 2 年以上従事した者 ③ ①②と同等以上の能力を有する者*2
(2)	障害児入所施設（福祉型、医療型）	① 社会福祉主事任用資格の要件を満たす者 ② 社会福祉事業に 2 年以上従事した者 ※医療型については医師であること
(3)	養護老人ホーム、特別養護老人ホーム、軽費老人ホーム	① 社会福祉主事任用資格の要件を有する者 ② 社会福祉事業に 2 年以上従事した者 ③ ①②と同等以上の能力を有する者*2
(4)	障害者支援施設	① 社会福祉主事任用資格の要件を有する者 ② 社会福祉事業に 2 年以上従事した者 ③ ①②と同等以上の能力を有する者*2
(5)	保育所	小規模保育所及び夜間保育所の長は保育士有資格者を配置するよう努めることとされている。一般の保育所においては明解な資格要件はない。自治体では、独自に設置認可の取り扱いを示す中で保育所長の資格を定めている。（以下は東京都の取扱要綱より一部抜粋） イ）　児童福祉事業に 2 年以上従事した者 ロ）　保育士有資格者で 1 年以上の実務経験がある者 ハ）　社会福祉士もしくは社会福祉主事任用資格を有して社会福祉事業に 2 年以上従事し、国または保育団体が実施する保育所長研修の修了者 ニ）　イ）から ハ）に準じるもので知事が適当と認定し、国または保育団体が実施する保育所長研修の修了者

(6)	乳児院、児童養護施設、児童心理（情緒障害児短期）治療施設、母子生活支援施設、児童自立支援施設*3	① 精神保健又は小児保健（乳児院については、小児保健）に関して学識経験を有する医師
		② 社会福祉士
		③ 勤務する施設と同じ種別の施設に3年以上勤務した者
		④ ①から③までと同等以上の能力を有する者であると都道府県知事等が認める者であって、かつ、次のイからハまでの期間の合計が3年以上のもの又は『厚生労働大臣が指定する講習会』を修了したもの
		イ）児童福祉司となる資格を有する者にあっては、児童福祉事業（国、都道府県又は市町村の内部組織における児童福祉に関する事務を含む。）に従事した期間
		ロ）社会福祉主事となる資格を有する者にあっては、社会福祉事業に従事した期間
		ハ）社会福祉施設に勤務した期間（イ又はロの期間を除く）
(7)	生計困難者のために、無料または低額な料金で診療を行う事業	事業の実施が病院・診療所で行われることから医師であること

*1 社会福祉主事任用資格は、以下の要件を満たすものとされている。（社会福祉法第19条）
20歳以上の者であって、人格が高潔で、思慮が円熟し、社会福祉の増進に熱意があり、かつ、次のいずれかに該当する者
　① 大学において厚生労働大臣の指定する社会福祉に関する科目を修めて卒業した者
　② 厚生労働大臣の指定する養成機関又は講習会の課程を修了した者
　③ 社会福祉士
　④ 厚生労働大臣の指定する社会福祉事業従事者試験に合格した者（ただしこれまでに同試験は実施されていない）
　⑤ 前の①〜④と同等以上の能力を有すると認められる者として厚生労働省令で定める者（＝精神保健福祉士、①で指定された科目を修めて大学院への入学を認められた者：社会福祉法施行規則第1条の2）

*2 全国社会福祉協議会の実施する「社会福祉施設長資格認定講習課程」を修了した者

*3 乳児院、母子生活支援施設、児童養護施設、児童心理（情緒障害児短期）治療施設、児童自立支援施設の長は2年に1回以上の研修受講が義務付けられている

【根拠法令・通知】
「社会福祉施設の長の資格要件について」（昭和53年2月20日付社庶第13号厚生省社会局長・児童家庭局長通知）
「児童福祉施設最低基準及び児童福祉法施行規則の一部を改正する省令等の施行について」（平成23年9月1日付雇児0901第1号厚生労働省雇用均等・児童家庭局長通知）
「特別養護老人ホームの設備及び運営に関する基準」（平成24年3月30日付厚生労働省令第53号）
「障害者の日常生活及び社会生活を総合的に支援するための法律に基づく障害者支援施設の設備及び運営に関する基準」（平成25年11月22日付厚生労働省令第124号）
「就学前の子どもに関する教育、保育等の総合的な提供の推進に関する法律施行規則」（平成26年7月2日付内閣府／文部科学省／厚生労働省／令第2号）

(全国社会福祉協議会「福祉施設長のあり方に関する検討会」報告書より)

これらが現行制度における障害者支援施設の「施設長」の資格要件のすべてです。これでは、障害者支援に関する高い専門性は皆無に等しいと言っていいでしょう。さまざまな生活困難と障害特性のある人たちに専門性のある支援サービスを実施することを柱に、施設と法人の経営管理に責任を持つことのできる「施設長の人材養成」は、放置されています。今日の社会福祉法人制度改革が求める施設長は、支援に関する専門性を高める課題を素通りしたまま、「経営管理の専門性」を高めるという形になっているのではありませんか。

「全施連」PT会議が実施した調査結果（本書196〜246頁）には、個別支援計画と支援サービスの質的向上に対する利用者・家族のあきらめとも言うべき切実な声が明らかになっています。現に障害者支援施設を利用している障害のある人とその家族のニーズにも応えきれていないような施設と法人に、公益性のある地域の社会福祉事業を実施する力を発揮することができるとでも言うのでしょうか。施設長が障害のある人のニーズ把握と支援サービスに関する高い専門性をもっていることこそ、施設利用者と地域の障害のある人たちすべての願いであり、地域共生ホームの長に求められる絶対的要件です。

2 これからの社会福祉法人に自治と討議に基づく福祉文化を創造する

社会福祉法人とその施設・事業所に求められる経営管理の実際は、どのような姿になるのでしょうか。ここでは、社会福祉法人ささの会の事業運営を通して、入所施設のあり方と管理者に求められる役割について考えます。ただ、ささの会と障害者支援施設の歴史は浅い上に、社会福祉法人制度改革に伴う取り組みを始めたばかりのため、試論的な考察で

ある点をあらかじめお断りしておきます。

(1) 地域と共に歩んできた社会福祉法人「ささの会」

①ささの会の歩み

　社会福祉法人ささの会は、埼玉県さいたま市岩槻区で 2005（平成 17）年から障害者支援施設「どうかん」を運営し、2007（平成 19）年にグループホームを、2012（平成 24）年にさいたま市からの委託による相談支援事業をそれぞれ開始し、居宅介護事業所、多機能型通所事業所などを整備してきました。

　ささの会は当初、「わが子が安心して一生暮らせる場を」という地元の親たちの願いと 30 年間にもおよぶ活動から設立されました。障害者支援施設の開所は、障害者自立支援法の施行されるタイミングであり、国は入所施設の新設は今後行わないという政策方針を示していました。

　しかし、地域の現実は深刻です。障害者支援施設は埼玉県内に 63 か所あり、入所定員の 5,076 名に対して入所施設の待機者（入所調整会議の登録者）は、2018（平成 30）年 11 月現在、1,622 人（知的障害者 1,268 人、身体障害者 354 人）となっています。こうした状況から、埼玉県では入所施設を利用することはかなり難しく、特に人口密集地であるさいたま市や県南部では待機者が 100 人を超えている入所施設が多くあります。

　そこで、障害者支援施設どうかんの開所当時は、入所施設を必要な時に利用できるよう、「希望される方はできる限り断らずに受け入れる」ことを方針としました。困った時にはいつでも施設を利用できるという安心さえあれば、もっと親宅・自宅を根拠地とする生活を続けることができたはずなのに、というご家族の声を聴くこともあります。逆に、今まさに入所したいという切実な状況でも、「空床がない」「待機者がいっぱい」という理由で、話を聞いてもくれない施設が多いという、ご家族や行政の方のお話も聞きます。施設入所を希望する待機者があふれてい

2 これからの社会福祉法人に自治と討議に基づく福祉文化を創造する

るのですから、利用者の必要なタイミングではなく、入所できる状況を逃さずに入所してしまわないと、金輪際、入所できない事態がずっと続いてきたのです。障害のある人とその家族が生活上の困難に直面したとき、多様な支援サービスを必要即応で選択できる状況がほとんどないのが実情でした。

②多様な支援ニーズと向き合って

障害者支援施設どうかんは、精神科に入院中の方や入退院を繰り返している方、どこにも通う場所のない中・軽度の知的障害、発達障害のある方の利用が続きました。当時、これらの方には利用できる資源が限られていました。それでも、障害のある利用者本人の中には「いつ出られるのかわからないところには行きたくない」というお気持ちを表明される方も多く、グループホーム等への移行を個別支援計画に盛り込んだ有期限での入所受け入れも実施しました。

有期限で施設を利用する方の大半は「就労したい」という希望がはっきりしていたため、就労移行支援、就労継続支援B型、そして生活スキル獲得を希望される方のための自立訓練事業（生活訓練）を日中活動に取り入れました。入所施設で日中活動の充実にエネルギーを注ぐことは体制的に大変なことから、就労移行や生活訓練は残念ながら現在休止しています。しかし、1人ひとりのニーズにもとづいた支援を充実させるためには、多様なサービスメニューが必要でした。

障害者支援施設への入所を「できる限り断らない」方針を持つだけでは、地域の切実な支援ニーズに応えきることはできません。施設入所を利用している障害のある人で地域での暮らしを望む人に対しては、グループホームに移行できるための「出口」作りをしっかりしておくことも大切ですし、施設入所に至る前段階における「地域生活を継続するための支援」も必要です。たとえ、施設入所の暮らしをしている方であったとしても、施設の内側だけの生活支援を考えるのではなく、それぞれ

のニーズと向き合って地域生活の枠組みの中で支援を組み立てていく視野が求められています。

そこで、社会福祉法人ささの会と障害者支援施設どうかんには、「地域に暮らす支援」の必要性が浮上し、さいたま市からの委託相談支援事業を受けて、「さいたま市岩槻区障害者生活支援センター（以下、支援センター）」を設置運営することになりました。

③地域連携による支援体制の充実

ささの会が多様な支援サービスを提供する事業所を増やしても、それだけでは常に限界を感じ、「点の支援」でしかないのではという自問自答が続きました。地域に目をやると、さまざまな支援の機関、事業所があります。福祉サービスの事業所には、就労支援に実績のある事業所、医療的ケアの受け入れに積極的な事業所、児童発達支援の専門性が高い事業所、触法や生活困窮者支援に取り組んでいる事業所等があり、その他も医療・保健・教育・労働・司法等に関する機関もあります。それぞれの事業所・機関の特徴を活かした連携を進めていくことによって、地域にある障害のある方の切実なニーズに対する包括的な支援が実現していくと考えるようになりました。

支援センターでは、さいたま市岩槻区で以前から任意で開催されていた「さいたま市岩槻区顔の見えるネットワーク会議」の運営を引き継ぎ、岩槻区（公）と協同して、より多くの人が参加できるよう、ネットワークづくりを進めてきました。2014（平成26）年度からは、さいたま市岩槻区の事業として実施されるまでになっています。現在、地域の事業所を中心に、毎回70名〜80名の参加者が集まっています。高齢者や児童の分野、弁護士や消防署の参加など、「顔の見えるネットワーク」をプラットホームとして、さまざまな業種、領域の人が集まり、出会える場となっています。

この活動の効果は、「顔の見える関係作り」から「互いに関心を寄せ

あう関係作り」となり、地域の多様な支援ニーズに目を向けて応えていく取り組みに「協働できる関係」を培うところにあります。「顔の見えるネットワーク会議」をプラットホームとする取り組みは、関係機関が少しずつ自らのサービス提供の枠を広げ、支援の隙間をみんなで埋め、時には新たなサービスが生まれるきっかけを作り、ひいては地域社会の新たな協働を創出する人材育成にもつながる営みです。地域のネットワーク作りとその一員としての地歩を固める中で、社会福祉法人ささの会の公益性は高められ、「地域で暮らす支援」という課題意識をもって新たな支援と協働を生み出すことのできる支援者の人材育成にもつながっています。

図4-2 顔の見えるネットワークの成果

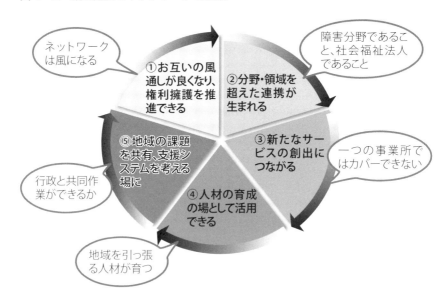

(2) 新しい社会福祉法人をつくる

①利用者の声を起点に据える

2017（平成29）年の改正社会福祉法の施行により、社会福祉法人のあり方が改めて問われることになりました。社会福祉法人への信頼が揺らいでいる背景には、なくならない不正請求、膨れる余剰金、偏った役員報酬、同族経営と理事会の形骸化、施設・事業所都合による利用者の選別、施設従事者等による虐待の発生と隠蔽等、深刻な問題があります。

これらに通底する問題は、支援サービスの利用者と地域の障害のある人の「声」が社会福祉法人の施設・事業所の経営管理の出発点に位置づけられていないことにあります。社会福祉法人の魂は支援サービスの質に宿り、その質的向上をはかる起点に障害のある人の「声」が据えられていなければなりません。ここで、障害のある人の「ニーズ」と言わずに、あえて「声」と表現するのは、障害のある人を前に支援者が一方通行でアセスメントしたものでも「ニーズ」と言い張る支援する側の「上から目線」を排する意味を持たせています。合理的配慮の課題として言い換えると、意思決定支援における意思形成と意思決定を起点に据えて、意思実現のための支援サービスと法人の経営管理であるということになります。

そこでまず、障害者支援施設の利用者である障害のある人たちが苦情や声を遠慮なく出せるようにする取り組みから始めました。

障害者支援施設を入所利用する人には、苦情は言ってはいけないものだと思い込んでいる方が少なくありません。「あの職員は嫌いなことをするけれど、怖くてものが言えない」と打ち明ける声や、「絶対に他の職員には言わないで」とこっそりと話を打ち明けてくる声を直接聞いたことがあります。「こんなこと言うと、わがままって思われるよね」「お世話になっているし」という遠慮ばかりが先立つ声もよく聞きます。施設に入所している利用者は、施設職員の他に相談するところがないため

に、職員に要望や苦情が言いにくい環境に暮らしていると言ってよいでしょう。

　ささの会では、苦情が少ないことを良しとせず、むしろ「苦情を増やそう」と取り組んできました。利用者には「苦情にしていただけますか」と声をかけるようにし、「苦情」と位置づけることによって苦情解決システム等の組織的な対応を原則とするようにしました。2009（平成21）年度から取り組みを始めると、5年後には苦情件数が倍に増えました。

　こうした取り組みを重ねる中で、障害者支援施設の利用者からは自然に率直な意見が出るようになりました。お互いに意見を出し合える場として利用者自治会の活動が利用者に広がり、活発になりました。障害者支援施設どうかんに続いて、グループホームや通所事業所でも自治会が始まりました。

　もちろん、自治会で利用者が自然に発言できるようになるまでには時間がかかります。その背景には、周囲に遠慮して言いづらいという心情があるだけでなく、自分で選んだり、決めたりする経験の少なさや、意思形成と意思決定に必要な情報を得る機会の少なさもあります。ささの会では利用者向けの虐待防止研修を 2014（平成26）年から毎年実施していますが、研修の後には苦情が増える傾向のあることがわかっています。研修を通して「もしかしたら、あの時の職員の対応は虐待かもしれない」と気づくことができるようになるとともに、「嫌なことはがまんしなくてよい」というメッセージが伝わったことから声が出せるようになったのだと思います。

②ささの会運営協議会の立ち上げ

　利用者が声を出せるようにする取り組みから利用者自治会の活動が活性化したことを基盤として、社会福祉法人ささの会運営協議会の立ち上げを目指すことになりました。その準備会として、利用者部会、家族部

図4-3 新しい運営協議会を利用者に説明するスライド

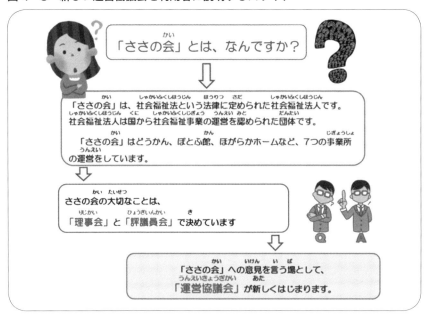

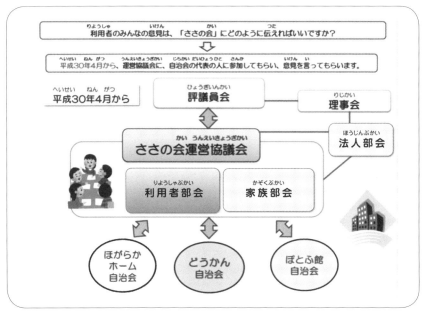

２ これからの社会福祉法人に自治と討議に基づく福祉文化を創造する

会、法人部会を開催し、2018（平成30）年度から本格実施しました（図4‐3参照）。

運営協議会は、利用者らの声を直接、法人と施設・事業所の経営管理に反映させ、支援サービスを不断に改善していくことを目的にしています。利用者部会には、各事業所の自治会代表が集まり、サービスを改善してほしいこと、やっていきたいことなどを話し合っています。この協議会の取り組みは、障害のある人自身が、自らの権利を考え、選択するための経験や手段をゆたかにする営みであり、その総体が重要な支援サービスの一つであると考えています。

③話し合いと相互点検から合意形成を図るシステム作りを

そして、社会福祉法人に必要なガバナンスの特質を考慮する必要があります。営利企業のガバナンスは、意思決定のスピードや効率が求められます。それに対して、社会福祉法人のそれは、障害のある人たちの「声」を法人と施設・事業者の経営管理に反映し、よりよい支援サービスを実現していくために必要不可欠な関係者の合意形成を図る営みです。そのためには、利用者の自治に立脚した法人運営のシステムを構築し、すべての関係者が納得できる話し合いの文化を創り、評議員会・理事会・運営協議会がそれぞれの立ち位置から相互点検していくことが大切です。この新しい法人の体制を図4‐4に示しておきます。

(3) 施設長等管理者の役割

①地域社会の中での役割を自覚する

「できる限り断らない」ように努力することからはじまったささの会の歩みの中で、もっとも大切にしてきたことは、目の前の困っている人に向き合うことでした。その施設と営みは、社会福祉法人だからこそ求められる公益性・非営利性の担保につながることだと考えます。

2 これからの社会福祉法人に自治と討議に基づく福祉文化を創造する

図4-4 社会福祉法人ささの会の新体制
〈ささの会法人新体制〉

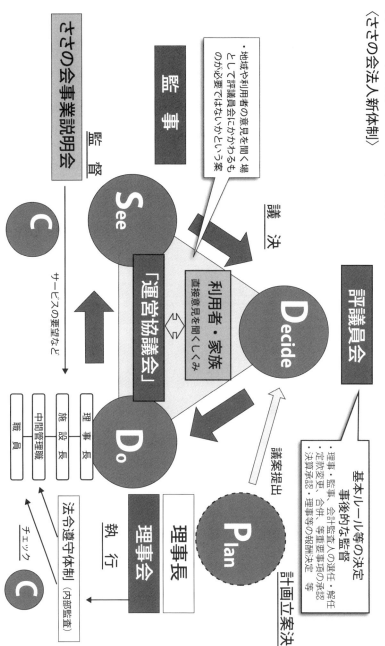

出典：全国社会福祉法人会議資料

たとえば、ささの会で運営する居宅介護事業所は、他の事業所につながりにくい「処遇困難ケース」を優先してお受けするという方針のもとで始まりました。長期間の引きこもりがあるためにサービス利用までのいろんな配慮が必要な方、キャンセルが多い方、身寄りがなくて通院では医師との打ち合わせが必要な方などは、人件費と報酬との兼ね合いで事業所の利益につながりにくく、利用を断られやすい方たちです。事業者には「応諾義務」はありますが、サービスにつながるかどうかについては「事業者都合の選択」が働いている現実のあることは明白です。そのような現実に対して、社会福祉法人こそが公益性を体現し、困難度の高い人たちから積極的に受けとめていく責務があります。

障害者支援施設は社会福祉法の第一種社会福祉事業ですから、なおのこと、公益性を意識した事業所運営が求められています。障害のある人が地域の中でサービスを利用できないまま孤立しているとすれば、地域に必要なサービスがないか、不足しているか、または制度の谷間に陥っているかのいずれかを意味します。このような人たちこそ最も支援を必要としているのであり、そこに支援サービスを届けていく取り組みは、手間だけがかかり、収益につながりにくいことも事実でしょう。しかし、このような現実があるからこそ、社会福祉法人が積極的に取り組むべきなのです。

入所施設は外を見ないで自己完結しようと思えばできる仕組みかもしれません。しかし、障害者支援施設に真に求められている機能は、自らの強みや弱みを自覚し、地域社会と連動し、地域の多様な支援事業所・機関との連携を強める中でこそ発揮されるのです。2019（令和元）年度からは、さいたま市の行政区としてはじめて、岩槻区を単位とする地域自立支援協議会が立ち上がります。この試みを通じて、地域連携の改善と強化を図り、必要に応じて新しいサービスや社会資源の開発を地域社会の一員として取り組んでいきたいと考えています。

施設長・管理者は、施設の中から地域を見るのではなく、地域の中か

ら施設を見る努力が必要です。地域の一員であるという謙虚さは、社会福祉法人の公益性を表すものの一つです。

②公平で透明な法人運営

法人の経営管理における公平性、透明性を担保するために、2つの方針を立てました。

1つは、利用者や家族の声を運営に反映できるような運営協議会を作ることであり、もう1つは、評議員、評議員選任解任委員、監事に外部の委員に入ってもらうことによって、「内輪だけの利害調整」「馴れ合い」を排除し、客観的な自己評価を確保することです。実際には、2016（平成28）年の社会福祉法改正を機に、評議員等のメンバーを一新して、8名の外部法人職員を中心に、弁護士、有識者等に参加してもらいました。これらの法人外メンバーはすべて埼玉県内の人たちで、必要に応じて法人としてのささの会と施設・事業所の実情にアプローチすることが可能です。

監事は4人で、そのうちの3人はさいたま市内の交流の多い法人に協力していただき、選任しています。理事会が民主的に機能するためには、監事の牽制機能は重要です。特に、法人運営のコアな部分を身近な他法人にオープンにしていく機会となり、事業運営の透明性の確保と地域社会への説明責任の重さを常に意識するようになりました。

また、一部の役員や管理者による法人の私物化が発生しないように、理事長やそれに近い立場の1人に権限が集中しないこと、そのような事態があってもシステムとして抑止できることが重要です。そこで、評議員は①特定の役員と利害関係がない人、②社会福祉もしくは関連する分野のスペシャリストであること、③科学的なエビデンスをもとに公平で客観的な発言ができる人、を要件とする選考となりました。これは地縁・血縁、天下りなどのあて職ではなく、あくまでもその人個人の評議員の役割を実質的に果たすことのできる資質を基準として選任する仕組

みにしたということです。

　1人の独善的な判断、強引なリーダーシップでは法人の民主的な合意形成と事業運営は維持できません。多数決で物事を進めないため、派閥や多数派工作も可能な限り排除しなければなりません。役員の入れ替わりが極端に少ない体制は安定感があるのかもしれませんが、自己浄化する機能が低下するリスクも生じます。社会福祉法人とその施設・事業所が継続的に発展するための世代交代の進め方についても、法人の課題として追求したいと考えています。

　障害者支援施設のよりよい経営管理と支援サービスの質的向上は、社会福祉法人の経営管理と一体の課題です。その営みは、施設・事業所のサービス利用者のためのものであると同時に、高い公共性を体現する地域の社会福祉事業です。そのためには、非営利組織であることの自覚に立って、困難ケースに積極的にアプローチすることが必要です。今日の障害者支援事業をめぐる政策環境はとても厳しいために、度重なる事業者報酬の改定に振り回され、利用者の利益と法人の利益の板挟みになることもしばしばです。しかし、社会福祉法人の障害者支援施設の管理者には、障害のある人たちの利益を最優先に受けとめ続ける社会的責務があります。このような社会的使命を地域とともに、地域の社会福祉事業として発展させ続ける経営管理の基盤を築く営みが、社会福祉法人ささの会の歩みであると考えます。

第 **5** 章

施設経営と運営の
あり方について

1 給付費と報酬について

(1) 給付費とは

　ほとんどの社会福祉法人の支援施設（以下「支援施設」）および事業所の経営と運営に要する費用は、「障害者の日常生活及び社会生活を総合的に支援するための法律」（以下、「総合支援法」と略）の第6条にある「自立支援給付は、介護給付費、特例介護給付費、訓練等給付費、特例訓練等給付費、特定障害者特別給付費、特例特定障害者特別給付費、地域相談支援給付費、特例地域相談支援給付費、計画相談支援給付費、特例計画相談支援給付費、自立支援医療費、療養介護医療費、基準該当療養介護医療費、補装具費及び高額障害福祉サービス等給付費の支給とする。」により、市町村から支給をうける支給決定障害者（以下「支給決定者」）から上に掲げる介護給付費等を障害福祉サービス提供の対価（特定費用[1]を除く）として受け取ることにより賄われています。給付費は、国が2分の1、都道府県および市町村が4分の1の割合で負担しています。その中で支援施設の給付費の種類は、生活介護・施設入所支援の介護給付費（特例介護給付費）と自立訓練・就労移行支援・就労継続支援B型の訓練等給付費となります。

　商品を購入した客は、通常、店舗からの請求に応じて直接代金を支払います。ところが、総合支援法の規定する障害福祉サービスの「購入」とその対価支払いの仕組みは、社会通念とは異なります。商品（食事の手助けなどの障害福祉サービス）を販売した店舗（支援施設）は、商品を購入

1）特定費用：食事の提供に要する費用、居住若しくは滞在に要する費用その他の日常生活に要する費用又は創作的活動若しくは生産活動に要する費用のうち厚生労働省令で定める費用

した客（支給決定者）に請求書にて請求し、客はその請求書をもって窓口である市町村で介護給付費等を受け取り、店舗に代金として支払う形式になっています。そして、実際はさらに異なります。総合支援法第29条第6項及び第8項[2]により、店舗（支援施設）が客（利用者）に代わり市町村に請求（代理請求といいます）し、同条第4項及び第5項[2]によって店舗が客に代わって代金を受け取ることができることになっています（代理受領といいます）。この代理請求・代理受領を行ったというお知らせを領収書に代えて、2か月後に本人（家族）に渡すことになっています。

　市町村が交付する受給者証（第3章図3-1を参照）には、サービス種別として生活介護の利用できる日数（月日数-8日（以下「8引き」と略）に、同じく夜間は施設入所支援の利用できる日数（月日数）を受給できると記載されており、生活介護・自立訓練（機能訓練・生活訓練）・就労移行支援・就労継続支援B型（以下、「生活介護等」と略）と施設入所支援の利用できる日数をもって支給量を表しているため、支給決定者は自分の

---

2) 総合支援法第29条
　（代理受領）
　4　支給決定障害者等が指定障害福祉サービス事業者等から指定障害福祉サービス等を受けたときは、市町村は、当該支給決定障害者等が当該指定障害福祉サービス事業者等に支払うべき当該指定障害福祉サービス等に要した費用（特定費用を除く。）について、介護給付費又は訓練等給付費として当該支給決定障害者等に支給すべき額の限度において、当該支給決定障害者等に代わり、当該指定障害福祉サービス事業者等に支払うことができる。
　5　前項の規定による支払があったときは、支給決定障害者等に対し介護給付費又は訓練等給付費の支給があったものとみなす。
　（代理請求）
　6　市町村は、指定障害福祉サービス事業者等から介護給付費又は訓練等給付費の請求があったときは、第3項第1号の厚生労働大臣が定める基準及び第43条第2項の都道府県の条例で定める指定障害福祉サービスの事業の設備及び運営に関する基準（指定障害福祉サービスの取扱いに関する部分に限る。）又は第44条第2項の都道府県の条例で定める指定支援施設等の設備及び運営に関する基準（施設障害福祉サービスの取扱いに関する部分に限る。）に照らして審査の上、支払うものとする。
　8　前各項に定めるもののほか、介護給付費及び訓練等給付費の支給並びに指定障害福祉サービス事業者等の介護給付費及び訓練等給付費の請求に関し必要な事項は、厚生労働省令で定める。

給付費額がいくらなのかは、直接的にはわからない形式になっています。給付費額がわかるのは、サービスを利用した2か月後に渡される代理受領のお知らせになっています。支給量の表記形式は、一見すれば障害福祉の質量ともに全国一律の障害福祉サービスを給付するように受け取れますが、法の基本は給付費という現金給付の形ですので、本来であれば、支給決定された給付額そのものを表示すべきではないでしょうか。

障害支援区分と利用日数が同じであれば、どこの支援施設を利用していても障害福祉サービスは同じであり、給付額も同じでなければならないはずなのですが、実際は給付額に差がありそれに伴って障害福祉サービスの質量が違うのです。

この違いについて、表5-1から生活介護と施設入所支援で考えてみましょう。

表5-1は、利用定員60人の障害支援区分5の給付費を比較したものです。職員配置率1.7:1の職員体制で職員数も多く介護福祉士等の職員も多いB支援施設と職員配置率3:1のA支援施設の1か月の生活介護の給付費です。1か月22日の利用日数で生活介護だけで約5万

表5-1 給付費の比較

平成30年度報酬告知

生活介護	支援施設	職員配置	基準単価	加算報酬		月額A
				人員配置	福祉専門	22日利用
	A	3:1	8,190	0	0	180,180
	B	1.7:1	8,190	2,120	150	230,120

※人員配置とは人員配置体制加算、福祉専門とは福祉専門職員配置等加算

入所支援	支援施設	基準単価	加算報酬		月額B	合計
			夜勤職員	重度障害	30日利用	A＋B
	A	2,980	0	0	89,400	269,580
	B	2,980	480	1,870	159,900	390,020

※夜勤職員とは夜勤職員配置体制加算、重度障害とは重度障害者支援加算（Ⅱ・1Ⅱ・2）

円弱の差が出ています（上段右端の「月額A」）。ここでさらに、施設入所支援で夜勤職員配置体制を手厚くすることによる加算と重度障害者支援加算による給付費の違いが加わることによって、約12万円もの差になっています（下段右端の「A＋B」）。B支援施設の利用者はA施設の利用者よりも12万円ほどの給付費を多く受給することになります。言い換えれば、B支援施設の利用者は毎月12万円に相当する障害福祉サービスを、A支援施設の利用者より充実して利用していることになるのです。

「報酬」という視点で見れば直接支援職員数も多く福祉専門の有資格職員をそろえているB支援施設が加算という報酬で評価されるのは、経営者としては至極当然であるし、支援施設は加算報酬金額も明確にわかっています。しかし、サービスの利用者は、「受給者証」にサービスを利用できる「日数」だけが記載され、給付費額はサービスを利用した2か月後の「代理受領のお知らせ」でしかわからないため、あらかじめ支援施設を選択するために必要な参考資料にはなりません。

3年ごとに行われる報酬改定は、事業が継続できるか否か、事業者の収支差額（利益）が多すぎないかという事業者への報酬という観点で議論され、事業が成り立てば利用者の障害福祉サービスは過不足なく享受できているという考え方に立っているように思えて仕方ありません。これが、「利用者主体のサービス」という制度の実態です。

その証拠に、事業者報酬のあり方について、支援施設・事業所の障害福祉サービスを利用する当事者とその家族の意見を反映する参画の仕組みがまったくありません。総合支援法は「給付費」という位置づけをするものが、実質的には「報酬」として取り扱われているため、表5‐1のように同じ支援区分でありながら利用する支援施設によって、障害福祉サービスに差が出るという現象が必然的に現れるのです。

A支援施設の利用者は、B支援施設と同等の障害福祉サービスを受けたいと考えるのは当然のことですし、そのように要求することはA支

援施設利用者の権利です。しかし、A支援施設とB支援施設の支援サービスの違いを生み出す給付額の差は、利用者からすぐにはわからない形になっていることに加え、支援施設の取り組みによって給付費の多寡が生じている現実は、利用者から見れば障害福祉サービスの利用につきまとう容認すべからざる不平等ではないでしょうか。

(2) 障害福祉サービスは事業所ごとに違っている

　支援施設は、総合支援法における障害福祉サービスとしては位置づけられていません[3]（図5-1）。あくまでも支援施設は、障害福祉サービスである生活介護等と施設入所支援との組み合わせによって成立する仕組みのため、たとえば、1日の食事の内容や支援のあり方は、朝食と夕食は施設入所支援の障害福祉サービスで、昼食は生活介護の障害福祉サービスとなる日があるほかに、月の8日間（生活介護の給付費対象日上限に伴う「8引き」に該当する日）は、3食ともに施設入所支援の障害福祉サービスとなる日があるというように、利用者には決して理解できない非常に複雑な形になっています。

　そこで、日中に生活介護等を組み合わせている支援施設を例に、支援

3）総合支援法
　　第5条　この法律において「障害福祉サービス」とは、居宅介護、重度訪問介護、同行援護、行動援護、療養介護、生活介護、短期入所、重度障害者等包括支援、施設入所支援、自立訓練、就労移行支援、就労継続支援、就労定着支援、自立生活援助及び共同生活援助をいい、「障害福祉サービス事業」とは、障害福祉サービス（支援施設、独立行政法人国立重度知的障害者総合施設のぞみの園法（平成14年法律第167号）第11条第1号の規定により独立行政法人国立重度知的障害者総合施設のぞみの園が設置する施設（以下「のぞみの園」という。）その他厚生労働省令で定める施設[*1]において行われる施設障害福祉サービス[*2]（施設入所支援及び厚生労働省令で定める障害福祉サービスをいう。以下同じ。）を除く。）を行う事業をいう。

　　　＊1：法第5条第1項に規定する厚生労働省令で定める障害福祉サービスは、生活介護、自立訓練、就労移行支援及び第6条の10第2号の就労継続支援B型とする。
　　　＊2：施設障害福祉サービスとは、支援施設の施設入所支援、生活介護、自立訓練、就労移行支援、就労継続支援B型

施設ごとに違ってくる事情を考えてみましょう。

果物屋さんでリンゴを購入するとしましょう。あるお店では青森の「完熟リンゴ」とともに、「傷っこリンゴ」をお値打ち価格で販売しています。また別のお店では、長野の蜜入りリンゴを販売しています。このような違いは、両方のお店がともにきちんとした「果物屋」の範囲に入ることを前提にした、顧客を得るための競い合いと言っていいでしょう。しかし、支援施設の世界は、果物屋さんにたとえて言うと、美味しいリンゴを提供している施設があるかと思えば、青く未熟で酸っぱいだけのリンゴを提供している施設があるような塩梅(あんばい)なのです。支援施設の

図5-1　障害者総合支援法第5条

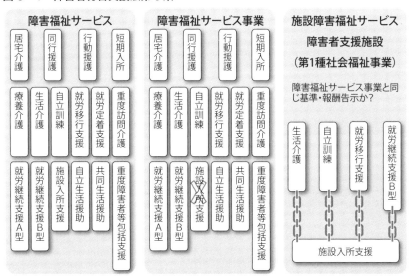

＊1つの事業所は、左囲みにある「障害福祉サービス」を組み合わせて提供することができるほか、中央囲みにある単一の障害福祉サービス（「障害福祉サービス事業」の1つ）を提供することもできることになっています。ただし、障害福祉サービスにある「施設入所支援」は、単一の障害福祉サービスを提供する障害福祉サービス事業として認められることはありません（×印の意味）。右囲みにあるように、施設入所支援は生活介護や自立訓練等の他の障害福祉サービスと組み合わせることによってはじめて成立する障害福祉サービスと位置づけられています。

提供する障害福祉サービスの違いには、同じ法制度のもとで運営されている支援施設としての範囲からの逸脱がある点に大きな問題があります。

　ある支援施設は、「ところどころに活けられた花の香りが漂い、よく掃除され清潔で整頓された居室、悪臭がなくロールペーパーが備えられ便器の磨かれたトイレ、歌の1つも出てくる毎日の楽しい入浴、陶製の器に盛られた温かくておいしい食事、太陽の香りがあるお布団と、優しく上手な生活の援助技術で接してくれる職員が揃っている」という実態です。ところが、別の支援施設では、「玄関を入ると"ウッ"と鼻をつまみたくなる強烈な施設臭、シミがありところどころ破れたままの壁紙、毎日は入らせてもらえないお風呂、トイレのロールペーパーは外したまま、温かさをなくして冷きったおかず、盛られてから時間がたってしまい表面の干からびたご飯、眉間にしわを寄せて威圧的な指示が蔓延する職員集団」という実態です。同じ報酬額であっても、支援施設の業界ではこんな状況が存在します。これは、それぞれの支援施設の「特徴」と言えるレベルをはるかに超えた不平等です。

2 支援施設と通所生活介護

(1) 職員配置

　施設入所支援（夜間）の職員配置は、次頁に示すとおり、指定障害者支援施設基準省令および解釈通知で規定されています。

　この基準省令と解釈通知を要約すると、次の通りです。施設入所支援は生活介護で算出された職員数とは別に職員を配置する必要がないとさ

指定障害者支援施設　基準省令第4条第1項	
基準省令	解釈通知
六　施設入所支援を行う場合 イ　施設入所支援を行うために置くべき従業者及びその員数は、次のとおりとする。 　（1）　生活支援員　施設入所支援の単位ごとに、（一）又は（二）に掲げる利用者の数の区分に応じ、それぞれ（一）又は（二）に掲げる数とする。ただし、自立訓練（機能訓練）、自立訓練（生活訓練）、就労移行支援又は就労継続支援B型を受ける利用者又は厚生労働大臣が定める者に対してのみその提供が行われる単位にあっては、宿直勤務を行う生活支援員を一以上とする。 　　（一）　利用者の数が60以下1以上 　　（二）　利用者の数が61以上1に、利用者の数が60を超えて40又はその端数を増すごとに1を加えて得た数以上	ア　生活支援員 　施設入所支援については、夜間の時間帯（午後10時から翌日の午前5時までの時間を含めた連続する16時間をいい、原則として、指定障害者支援施設等ごとに設定するものとする。）において、入浴、排せつ又は食事の介護等を適切に提供する必要があることから、当該夜間の時間帯を通じて、施設入所支援の単位ごとに、利用定員の規模に応じ、夜勤を行う生活支援員を必要数配置するものである。 　　ただし、生活介護以外の昼間実施サービスを利用する利用者に対してのみその提供が行われる施設入所支援の単位にあっては、利用者の障害の程度や当該利用者に対する夜間の時間帯に必要となる支援の内容等を踏まえ、宿直勤務を行う生活支援員を1以上確保すれば足りることとしたものである。 ⑦　昼間実施サービスの従業者と施設入所支援の生活支援員との兼務について昼間実施サービスの従業者が施設入所支援の生活支援員を兼務する場合については、当該昼間実施サービスの従業者の員数の算定に当たって、夜間の時間帯において当該施設入所支援の生活支援員が勤務すべき時間も含めて差し支えない。 　　したがって、昼間実施サービスとして必要とされる従業者の員数とは別に、施設入所支援の生活支援員を確保する必要はないこと。 例　昼間、生活介護（平均障害支援区分は4）を行う指定障害者支援施設であって、利用定員が50人の場合（常勤職員が1日に勤務すべき時間が8時間であることとした場合） 　　この場合に必要となる指定障害者支援施設における従業者の1日の勤務延べ時間数は、 　　• 生活介護の従業者50÷5＝10人　10人×8時間＝80時間 　　• 施設入所支援の生活支援員1人×16時間＝16時間 合計96時間が必要となるのではなく、夜間の時間帯を通じて1人の生活支援員を確保した上で、合計80時間が確保されれば足りるものであること。

2

支援施設と通所生活介護

図5-2　1週間における生活介護と施設入所支援の営業時間

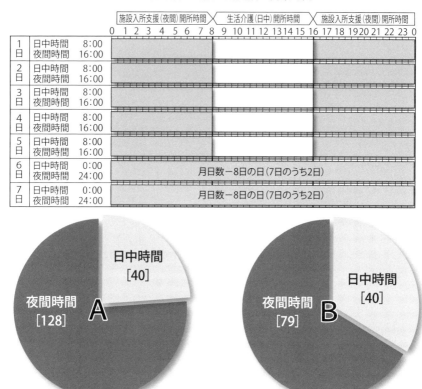

表5-2　直接支援員を支援施設に置き換えた場合の配置率

	配置率	支援施設に置き換えた場合（日中＋入所支援）	
		8時間	16時間
指定基準	6：1	12：1	18：1
	5：1	10：1	15：1
	3：1	6：1	9：1
加算基準	2.5：1	5：1	7.5：1
	2：1	4：1	6：1
	1.7：1	3.4：1	5.1：1

れ、その職員は生活支援員でなければならないと規定しています。生活
介護と施設入所支援の時間を比較すれば、1週間における延べ生活介
護営業時間は、8時間×5日＝40時間となる一方、延べ施設入所支援
時間は、16時間×5日＋24時間×2日（生活介護が営業していない日）＝
128時間となります。生活介護と施設入所支援の時間比率は、生活介護
を1とした場合に施設入所支援との時間比率は約1：3となります。こ
こで、施設入所支援の22時から翌日の5時までの7時間を就寝時間と
して支援に必要な時間から除いたとしても、9時間×5日＋17時間×2
日＝79時間となり、それでも時間的比率は約1：2となり、施設入所
支援の時間に圧倒的な比重があることには変わりありません（図5‐2参
照）。

　職員数の算出根拠である生活介護の営業時間の2倍から3倍の営業時
間である施設入所支援（表5‐2参照）に生活介護に配置される職員数を
用いるのですから、1日の平均職員数は、必然的に生活介護で算出され
た職員の2分の1から3分の1となる不合理が生まれます。

(2) 施設入所支援の特徴

　どのような支援が行われているかを時系列で表したものが、図5‐3
です。

　施設入所支援に何人の生活支援員を配置すれば過不足なく支援ができ
るのかを検討するために作成したものですが、今まで気づかなかった多
くのことがこの図から明らかになりました。

　まず、起床・着床、起床や着床時に行う体温、脈拍と酸素飽和度
(SpO2)、血圧等のバイタルチェック、起床時・着床時の着脱衣、朝食・
夕食と前後に行う与薬、口腔ケア（含む歯磨き）、整容（含む化粧）、入浴
等、施設入所支援独自の個別性の高い直接支援が多くあることに加え
て、洗濯や清掃などの生活環境整備に必要な支援にも時間と労力が取ら

図5-3　A支援施設の時系列で見る支援

	施設入所支援（夜間）営業時間								生活介護（日中）営業時間										施設入所支援（夜間）営業時間					
	0	1	2	3	4	5	6	7	8	9	10	11	12	13	14	15	16	17	18	19	20	21	22	23	0
①起床・着床							○	○	○															
②バイタルチェック								○	○	○				○			○							
③着脱衣								○	○										○	○				
④食事								○	○	○			○	○					○	○	○			
⑤与薬								○	○	○			○	○						○	○	○		
⑥口腔ケア(含む歯磨き)								○	○	○				○						○	○	○		
⑦整容								○	○															
⑧入浴																	○	○	○	○	○			
⑨排尿	△		△		△		△	△	△	△	△	△	△	△	△	△	△	△	△	△	△	△	△	△
⑩排便		△		△		△	△	△	△	△	△	△	△	△	△	△	△	△	△	△	△	△	△	△
⑪排泄失敗	△		△		△		△	△	△	△	△	△	△	△	△	△	△	△	△	△	△	△	△	△
⑫日中活動										◎	◎	◎		◎	◎	◎								
⑬受診・通院									△	△	△	△	△	△	△	△	△	△	△	△	△			
⑭洗濯								◇	◇	◇	◇	◇	◇						◇	◇				
⑮掃除								◇	◇	◇	◇	◇							◇	◇	◇			
⑯ベッドメイク									◇	◇									◇	◇	◇			
⑰私物管理							△	△	△	△	△	△	△	△	△	△	△	△	△	△	△	△		
⑱ケース記録							△	△	△	△	△	△	△	△	△	△	△	△	△	△	△	△	△	
⑲家族連絡等							△	△	△	△	△	△	△	△	△	△	△	△	△	△	△	△		
⑳送迎									☆	☆							☆	☆						

〈凡例〉

○→個別的で適宜・定型支援
△→個別的で適宜個別支援
◎→集団的（一部個別的）で定型支援
☆→日中のみの（通所）利用者への支援

・グレーの字（◇）は間接支援
・左欄①～⑳の支援の他に、土日祝祭日は社会的活動支援（娯楽・教養・ショッピング・理美容等）が入る
・ケース記録は随時であるが、実際は勤務終了後が多い

れるのです。このような施設入所支援に固有の直接支援に認められる特徴は、その多くがマンツーマン対応となる個別性の高さにあります。しかも、経営および運営者にとって頭の痛い点は、この直接支援を行う時間帯が、職員数の少ない時にピークを迎える傾向があるということです。この図5-3と第3章の図3-7・図3-8を重ね合わせて見ていただくと、職員数の少ない時間帯にマンツーマン対応を要する多くの支援業務が集中していることがわかります。そのため、職員数が多くいる時間帯に夕食や入浴を行う傾向が生まれてしまいます。本来であれば、利用者の生活を中心にして職員配置をすべきなのですが、特に第3章で指摘した土日に職員数を減らす凸型の職員配置や、日中の生活介護の時間帯に多くの職員を配置するなど、施設入所支援の時間帯に職員数を少なくした勤務表では、自ずと午後3時には入浴が、午後5時30分には夕食が終わることになります。

　施設入所支援の時間帯（夜間から早朝）は、職員数は少なく、長時間の緊張の中で、個別性の高い、またリスクのつきまとう支援が続くため、フラストレーションやストレスが高まります。周りに仲間がいればまだしも、1人体制になる夜勤者の緊張と不安はその最たるものと言えます。当たり前のことかもしれませんが、施設入所支援の時間帯には管理職が不在となるのが通常ですので、この状況を管理職が日常的に共有することは困難です。夜間の実情を共有するための管理職の特別の努力があるのかどうかも点検されるべきです。

3 職員を育む

　A支援施設を運営する社会福祉法人の直接支援職員は39人、そのう

ち看護師は1人、育児休暇は1人、7時間勤務者は2人です。図5‐4はその年齢構成を、図5‐5は勤続年数をそれぞれ表したものです。法人設立は平成7年で、最初の第1期採用者は13人です。そのうち4人が直接支援員を続けている他に、施設長兼サビ管2人、相談支援員1人が勤務を続けていますから、トータルで7人となって、第1期者の50％強が残っていることになります。

　これらの職員は、これまでの支援をめぐる試行錯誤や積み上げてきた支援の形成史の「語り部」として非常に大切な役割を担っています。措置費制度から支援費支給制度を経て障害者自立支援法へと、目まぐるしく制度が変わるたびに支援のあり方の変容を余儀なくされた歴史的事実を新しい世代の職員に伝えていく重要な立ち位置を占めています。

　たとえば、毎日の入浴についてのエピソードです。その「語り部」は、ボイラーの釜が割れて入浴ができなくなったことが2度あったときにも、誰1人として"今日1日ぐらいは入浴がなくてもいいのでは"

図5‐4　A法人の直接処遇職員年齢構成

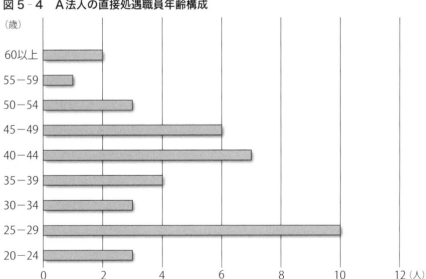

という発想ではなく、バスをはじめ数台の車を連ね休暇の職員も合流して「かんぽの湯」に行ったことなど、利用者にとっての貴重な意味を伝えてくれます。その他、個別支援計画の作成を機に個別的な暮らしを検討している中で、3食の時間帯だけを残して日課表をなくしたことや、利用者ごとの担当者制を取らない理由などを新人の支援員等に日常的に話してくれる本当に貴重な職員となっています。

図5-5の勤続年数10〜14年、15〜19年の人数が少ないのは、急激に変化する制度のもとで支援の質・量の向上を目指したため、午後6時ごろから頻繁に職員研修を行った時期です。研修さえすれば質の向上が図れると考え、極端に言えば旗を振りさえすればなんとかなるとの稚拙な考えに対して、退職という強烈なリバウンドの起きた事実が刻み込まれています。"研修をしない施設はしりすぼみ、やればやったで辞める（逃げる）職員"が7〜8年続きました。支援力は高まったのは確かなのですが、業務と研修で職員が疲弊していたことに気づかなかった

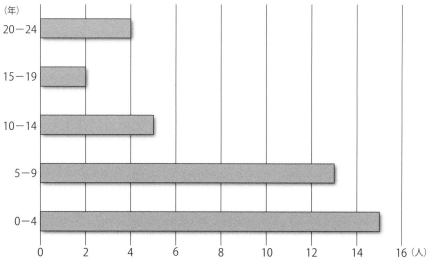

図5-5　A法人の直接支援職員勤続年数

のです。

なかなか解決策が見つからないまま採用と退職のイタチごっこが続き、その中で何人かが腰を落ち着けてくれました。第3章で述べたように職員数を厚くしても報酬は連動してくれませんので、雇用環境面で職員との関係がぎくしゃくした時期もありました。第1期者の中で孫ができるのが遠くない者もいます。今もなお、本当に試行錯誤の連続ですが、利用者の家族の老いと職員の生活と職業人としての成長が、ともに支援施設の歴史を刻み続けていることは確かです。

座学研修の依存から脱却を図り、OJTに研修を切り替えていきましたが、そのために必要なOJTの指導者の養成が急務となりました。指導者の最大の使命は職員を「門前の小僧習わぬ経を読む」の小僧にしないこと、指導の仕方は「俺の背を見て学べ」的な経験に頼ることがない、「やって見せ、言って聞かせて、させてみせ、誉めてやらねば、人は動かじ」の心境で、やり方を実際に見せて、"なぜこうするのか"のエビデンスを示しながら、手取り足取りで実際に経験させ、ポジティブに評価する方法を用いるようにしています。新人にはプリセプターシップ[4]を用いて、深刻なリアリティショック[5]を体験することがないよう支援をしながら成長を促していこうと考えています。

---

4) もともとは看護職員の養成に用いられる考え方です。プリセプターシップとは1人の新人職員（プリセプティ）に1人の先輩職員（プリセプター）がついて、仕事と職場にスムーズに馴染めるように、技術的な指導とメンタル面のサポートを行う教育システムです。深刻なリアリティショックを体験することなく、支援が実践できるように支えます。

5) 入職前の理想と職場の現実とのギャップを目の当たりにし、精神的なショックを受けることです。支援の仕事は、理想や目標がなければ支援者として成長できませんが、新人職員にとっては、その理想や目標が最初の障害になってしまうこともあると指摘されています。

第 **6** 章

家族の役割と
法的位置を明らかに

① 親・家族の生活実態

(1) 障害のある子どもの成長・発達と親の苦闘

乳幼児期

　わが子が生まれ、子どもの将来の夢を見つつ、若いながらも親としての自覚が私に芽生えた頃のことです。当時は、生まれてすぐに、あるいは5歳くらいまでには「この子は障害を持っています」と、医師から告知されるケースが多かったように思います。ところが、告知を受けても、障害の意味や将来の展望についての情報を得る手段にとても乏しい時代でした。この子とこれからどう生きていけばよいのか、ただただ不安が募り途方に暮れるばかりでした。親によっては、絶望のどん底に落とされたような気持に陥る方も多いのではないかと思います。

　歩きはじめや発語の遅れだけでなく、泣いたりわめいたり、感情面でも安定しない日常が続きます。乳幼児期の発達が遅く、障害のない子と比べて明らかに違いがあることに気づきます。子どもと親の意思疎通がスムーズにできないもどかしさに悩まされ、家族生活がギクシャクして混乱し、親として障害のある子をどう育てればよいのか、困り果て天を仰ぐ毎日でした。

　この子はこれからどのように育つのか見通しの立たない不安の中で、知的障害のある子を産んでしまった罪悪感に苛まれ、親子で死んだ方が楽なのではないかとの思いが胸をよぎった経験は、多くの親御さんの身に覚えがあるのではないでしょうか。この子は「病気」だから治療すれば治ると考えて小児科に、あるいは精神科にと、いろいろな医師の診察を受けて相談してみるのですが、問題の解決につながることはありません。

親の障害受容に関する情報がないために、親はしばしばドクター・ショッピングを繰り返しました。なかには宗教に依存して心のバランスをとろうとする親もいました。医師からはっきりと障害の告知を受けているにもかかわらず、どうしても認めたくない、なにかで治るのではないかと、なんとか現実をひっくり返そうとします。わが子の障害を「治す」ことのできない親のもどかしさ、無力感、無念の想いなどが、堂々巡りしてしまうのです。

　医師から知的障害の告知を受けた後、どのように親がわが子の成長・発達にかかわっていけばいいのかについて、当時は公的なサービスによる相談支援はまったくありませんでした。ですから、手さぐりで親子ともども生きていくほかはなかったのです。言うなら、親子の狭い世界で「共依存」することを社会的に「宿命」づけられたのだと考えています。もし、子どもの成長と、ライフステージに応じた適切な支援サービスを選択し、利用できる社会制度が整っていたとすれば、障害のある子どもを持つことで親が苛まされることなく、また後悔することもなく、もっと前向きに親子の生活と人生を創っていく、大きな可能性を拓くことができのではないかと思っています。つまり、障害のある子どもが生まれた時点から、社会福祉サービスの貧しさによって、親子の幸福追求権は抑圧されていました。

学童期

　わが子の乳幼児期に親としての悪戦苦闘を続けていたとき、義務教育の年齢が目前に近づいていることに気づきました。1979（昭54）年の養護学校の義務制以前でしたから、就学猶予・免除制度を盾に、小学校に来なくてもよい、障害ある子どもに教育は必要ないと、子どもの教育を受ける権利が当時の教育政策によって奪われていました。この子を学校に行けるようにするにはどこに相談すればよいのかさえわかりません。しかも、当時の特殊学級や養護学校は、障害のある子どもの教育に

関する専門知識を持った教師が十分に配置されていませんでした。ですから、小学校に入学できたとしても、知的障害のある子どもにふさわしい適切な教育を受けられる保障がなかったのです。実際、1979（昭和54）年に始まった養護学校教育義務制の最終年度である2006（平成18）年の段階でさえ、養護学校教諭免許状の保有率は61.1％に過ぎず、現在の特別支援学校においても特別支援学校教諭免許状の保有率は2017（平成29）年で77.7％です（『平成29年度特別支援学校教員の特別支援学校教諭等免許状保有状況等調査結果の概要』文部科学省）。

　私が10年ほど前にデンマークを訪れて、現地の幼児施設を視察して知った発達支援の実態は日本とは大違いでした。たとえば、3歳から7歳までの知的障害児12名がいるクラスに教師、看護師、心理療法士等の国家資格を持つ12名の専門家が障害の軽減と発達支援の取り組みを行っていて、重度を含む知的障害のある子どもたちみんながいきいきしている現実を目の当たりにして、大きな衝撃を受けました。この体験は、今でも忘れることができません。子ども期における適切で手厚い発達支援を社会的に保障することは、本人と家族が安心できるだけでなく、長期的に見れば、社会全体のゆたかさを作り、国・地方自治体の財政的な負担の軽減にさえつながると考えます。

卒業を控えて

　学校を卒業した後、社会に巣立つ時期を迎えます。この大きな節目について、中軽度の知的障害の人は進路選択を一般就労から考えるのに対し、重度の知的障害の人は福祉サービスの通所または入所施設を選択肢の中心に置いて考えるのが、それぞれの一般的な傾向でした。いずれの場合も、親子が進路目標を定めたからといって希望通りになるわけではありませんが、親はどういう進路がわが子の生きる力を伸ばすことになるのか、これから先の長い人生をいきいき過ごすことにつながるのかについて、とても悩みます。

現在の制度では、学校卒業後の進路として就労継続支援や生活介護が望ましいとの見立てがあっても、すぐにはそのような福祉サービスを利用することができない仕組みになっています。まずは、一般就労にチャレンジしなければならないことを義務づけているのです。学校卒業後の多様な「自立」のあり方を障害のある人のニーズから構想しようとするのではなく、「一般就労による自立」への方向づけを制度的に強制するのは、障害者権利条約の考え方から言っても、障害のある人の進路の実態から言っても間違っているのではないでしょうか。

(2) 親・家族の生活困難

　障害の告知から子どもを育てていくライフステージには、さまざまな生活困難が家族につきまといます。通常であれば、子どもを出産して、育児休暇を取り、保育所利用につながることができれば、両親は正規雇用のままなんとか共働きを続けることが可能です。就学前に母親が仕事を辞めて家事・育児に専念する時期があったとしても、子どもが小学校や中学校に入って、ある程度親の手から離れる節目を境に、お母さんが再び就労することは以前からありました。いわゆる、わが国における女性の子育てを挟んだ「M型就労」です。

　しかし、障害のある子どもがいる家庭は、多くの場合、子どもの養育・介護に特別の手間と時間を要し、子どもの養育を中心的に担うために母親が仕事に就くことができないか、せいぜいパート等の短時間就労で養育・介護の役割とを両立させることが精一杯です。母親の正規雇用で働く道が実質的に阻まれる現実のもとでは、家族全体の生計に普段からゆとりが乏しくなり、突然の出費を余儀なくされるアクシデント（親の入院、被災、失業等）が家族を襲うと、経済的困窮に直結する家計構造になっているのです。障害のある子のきょうだいが大学に進学するために必要な教育費の捻出も、ふつうの家庭以上に苦心を強いられる場合が

多いのです。

　障害のある子どもを育てる親のほとんどは、子どもへの愛情と子育てへの情熱をちゃんと持っています。はじめから障害に関する専門的知識を持っている親は基本的にはいませんから、子どもへの愛情を子育てに活かすことができるように、障害や発達支援に関する学習努力をしたいとも思っています。それでも、自分は何を学習すべきなのかの情報を得ることや、学習の機会と時間を作り出すことは、仕事・家事・育児に追われる「時間貧乏」の親にはとても難しいことです。

　こうして障害のある子を持つ家族は、子どもが生まれたときから、一所懸命子どもと向き合い、経済的困窮への不安にさらされながら、苦心惨憺を重ねています。このような家族のさまざまな困難を地域の中で社会的に支援する仕組みが本来の地域福祉です。

　ところが、1980～90年代におけるわが国の地域福祉は、「施設福祉に対する在宅福祉」でした。これが、「施設」と「在宅または地域」を対抗的な2項関係でとらえる「入所施設からの地域生活移行」の原型であり、いつまでたっても地域福祉をトータルに創造できない政策的誤りの原点です。障害のある子どもと暮らす家族の困難を支えるための多様なサービス――子育て支援、障害受容の支援、進路相談、安心できる生活と生涯をつくる福祉サービス利用支援等――の実体は、当時の「地域福祉」にはほとんどなかった、というのが私の実感です。

　その上、高度経済成長から今日までの間、地域社会における住民同士の関係は疎遠になる一方でした。地縁血縁のつながりによる支え合いはなくなり、近隣同士の関係においても職業や家族構成さえ知らないし、就業時間の拡散は地域住民の生活時間もバラバラで地域住民が活動を共にすることは一段と難しくなりました。地域住民には「顔見知りの関係」が乏しく基礎的な信頼関係や支え合う関係に発展することがありません。高層マンションの増加は、このような傾向に拍車をかけました。そうした一方で、町内会が成り立たない地域が急速に拡大し、他方で

は、地域福祉の担い手としての「ボランティア」や「住民同士の支え合い」への期待を政策的に強めていきます。地域社会の現実においては、障害者施設を建設しようとすると、全国各地で反対運動が起きているのです。

　そこで、障害のある子どもとその家族は、地域の中でますます孤立する傾向を強めていきました。大きな奇声を発する、ドンドンと壁や床を叩くなどの子どもがいれば、ご近所からひんしゅくを買わないよう細心の注意を払わなければなりません。肩身の狭さが募るばかりで、「地域福祉」に何も期待することはできませんでした。「ボランティア」や「住民同士の支え合い」からは地域福祉を育めないことが明らかとなった現在、民間企業やNPO法人などのあらゆる団体を巻き込んでの「我が事・丸ごと」をキーワードとする政策方針に、私たちが望む地域福祉を創造するリアリティがあるとは到底思えません。

2 子どもの親からの自立困難と施設

(1) 子離れと親離れの困難

　親・家族は、知的障害のある子が親元から巣立ってほしいと願ってはいるのですが、障害のある子を自宅から離しづらいさまざまな事情が親・家族を苦しめてきました。もっとも基本的な問題は、知的障害のある人の生涯にわたる生活は、家族の養護・扶養責任を土台にしてはじめて成立するという、深刻な「家族依存」の構造が放置され続けていることにあります。子ども期は親・家族が養育責任を果たすことを前提にした支援サービスですし、成人期の支援サービスの実体も家族による養

護・扶養責任を前提にしてはじめて障害のある人の生活が成り立つ水準にとどまっています。

　厚生労働省の2016（平成28）年「生活のしづらさなどに関する調査」によると、18歳以上65歳未満の在宅知的障害者数は58万人であり、同居者のいる人の内訳（重複回答）は、「親と暮らしている」が92.0％を占める一方で、「夫婦で暮らしている」は4.3％、「子と暮らしている」は3.1％となっています。これらの事実は、知的障害のある人が独力で結婚し、自ら家庭を築くことはとても難しく、成年期においても親・家族に依存した生活を続けなければならない現状を端的に示しています。

　子どもが親元から自立していくプロセスには、親子関係の質的変化があります。一般に、青年期の親子関係の分離のプロセスには、子どもの親離れと親の子離れという双方向の動きがあり、子の側からの分離しようとする作用が先だと言われています。障害のない子どもは、思春期から成年になるプロセスに恋愛や就職があり、子どもの側からいずれ親元を離れていくさまざまな契機がありますが、知的障害のある子どもの場合はそうはいきません。知的障害のある子どもの側から親元を離れていこうとする力の顕在化は弱いのです。思春期の成りゆきの中でも自然発生的には親子分離が進まない関係を取り巻いて、成年期に達しても家族の扶養責任を前提にした支援システムになっているとすれば、親元から子どもを離して路頭に迷わせるよりも、子どもを保護し続けようとするのは当然です。

　そうして、親・家族は「子どものことは親がいつまでも見てやらないとかわいそう」と考えるようになってしまうのです。障害のある人の成年期の自立を安心して見通せない間に親の加齢は進んでいきますから、「子どもよりも一日でもいいから長生きしたい」といった言葉が口をついて出てくるようになっていきます。挙句の果てには、「この子のために一日でも長生きして頑張り続ける」ことが自分のレーゾン・デートル（存在理由）や「生きがい」になってしまい、閉塞した親子関係の中に根

深い共依存ができてしまうこともめずらしくありません。

　親の想いには、障害者の面倒は親・家族がみるべきだという古い社会規範のもとで生じる責任感に、障害のあるわが子に対して抱き続けてきた親の愛情が転じた「子離れの難しさ」が重なっています。そして、知的障害のある子の親にとって、わが子の長期的な将来を見通すことのできる唯一の「親子分離」の手立ては、「施設入所」という道しかありませんでした。したがって、このような親の選択の本質は、「施設をよしとする」というよりも、それ以外に親子分離を図る手立てがないことに由来する「不本意な自己決定」や「迷いに迷った挙句の、渋々の自己決定」という一面を必ず持っているものだったのです。

(2)　親・家族はこれまでの入所施設をどのように見てきたか

　知的障害のある子が生を授かって以来の地域生活は、子どもの成長・発達と家族の生活困難を支えるために必要十分なサービスに乏しく、知的障害のある子を育てるそれぞれの家族が孤立と闘いながら、ギリギリのところで「親子分離」を果たすところが、入所型の生活施設だったことがわかります。これが、「親亡き後」の「施設」と叫ばれ続けてきた声の実体です。

　このように見てくると、障害のある子どもの誕生以来、本人と家族がゆたかな地域生活を創る（幸福追求する）ための地域福祉は貧しいまま、親・家族が養育・養護・扶養の責任を背負い続けなければならず、親が加齢した段階ではじめて「施設」という受け皿で最低限の帳尻を合わせるだけの「安上がり福祉」の象徴がこれまでの「施設福祉」だったと言えるのではありませんか。地域福祉にはお金をかけず、もっとも安易に知的障害のある人の生活を支える手立てとして「施設」が位置づけられていたということです。そして、地域福祉にはお金をかけずに「施設福

祉」だけで帳尻を合わせてきたところを、「ゆたかな地域生活を実現する施設福祉」にまで高めようとする声に応えるとすれば、お金がかかるから「地域生活移行」にしただけだと考えています。

それでは、どうしてのこのような構造が長期間にわたって続いてきたのでしょうか。国の政策の問題だけでなく、施設事業者が知的障害のある人・家族に対する優越的地位を持ち続けているという問題を指摘しなければなりません。

まず、施設を利用するニーズのある知的障害者は、待機者が溢れるほどいるために、施設サービスの「選択」はおろか、自分たちの要望を施設側に伝えることさえままならないような現実が続いています。措置制度から利用契約制に替わったと言っても、施設事業者の側に圧倒的な力の優位性があることは厳然たる事実です。親・家族にしてみれば障害者支援施設に「何とか入れてもらう」ことが精一杯のところで、障害のある本人に最適な施設を選択して入所できることはほとんどありません。むしろ、入所してはじめて施設の実態がわかり、退所して他の施設に替わりたいと思っても選べるだけの施設の絶対数がないのですから、言いたいことも我慢するしかないのです。その上、利用者本人も、知的障害や自閉症スペクトラムの障害特性によって、こだわりが強く、新しい環境への速やかな順応に困難が高いため、今利用している施設から他の施設に移動するとしても、本人が納得と同意をして、新しい環境に馴染んでいくには長い時間がかかります。つまり、施設サービスの利用をめぐる「選択」の余地は、利用者には事実上皆無と言ってよい状態が続いています。このような状態を改善するために、全施連は巻末にある「施設の暮らし点検シート」を用いて、現在利用している施設の支援と暮らしのあり方の点検調査を進めます。それは、既存の施設の支援と暮らしを改善するとともに、これから施設利用を考えている人たちの判断材料になるような形で公表していきたいと考えています。たとえば、障害者支援施設を「ミシュラン・ガイド」のような形で公表する方法です。星１

つから5つまで評価される他に、星がつかない施設、つまり、障害者支援施設に値しない施設や、点検調査を頑なに拒み続ける施設の公表も実施したいと考えています。

　次に、障害者支援施設の幹部職員や支援員の支援に関する専門性が、制度的に担保されていない深刻な問題です。これがまさに、施設従事者等による虐待の土壌です。今日の障害者支援施設の利用者の実態は、知的障害だけにとどまらず、自閉症スペクトラム、肢体不自由、視覚・聴覚の障害等をあわせもつ人や医療的ケアの必要な人が増大しています。平成に入って生活の格差が拡大し、厳しい家族環境や家族関係を強いられた生い立ちに由来して、二次障害を拡大してきた人も多く見受けられます。これらのすべての利用者の、それぞれにふさわしい個別支援計画を立てて PDCA サイクルの中で支援を向上させていくための高度な専門性をもっているかどうかが、制度的に問われることはまったくないのです。グループホームに至っては、素人である「普通のおばさん」（浅野史郎）でよいとさえしてきた経緯があります。専門知識や国家資格は支援員となる要件ではなく、支援経験さえ問われることはありません。施設長についても、障害分野の支援に関する経験や専門知識のあることが要件ではありません。簡単に言えば、制度的には支援の専門性をもたない「素人」でもよいのですから、支援サービスの質がなかなか向上することはないし、支援を向上させるための管理職による支援員への指導・管理もできていない実態があるのではないでしょうか。

　施設利用を希望する待機者は大勢いるのですから、支援の質を向上させる努力をしてまで利用者を確保する必要はないと考える施設事業者さえいるでしょう。施設事業者に利用者に対する優越的立場が続いてきた原因は、障害者支援施設の絶対数が不足していることにあります。大勢の待機者がいる状態が続いているにもかかわらず、「地域生活移行」の政策のもとで、障害者支援施設の施設数と定員を縮減してきたのですから、サービスを向上させていくための「事業者間の競争」など起こりよ

うはなく、ますます施設事業者の優位性が強くなったと言えるかも知れないのです。

このように、これまでの入所施設については、抜本的な改善が必要です。「親亡き後」の問題に直面するまでの、すべてのライフステージにおけるゆたかな地域生活を実現するために必要十分な地域福祉サービスを拡充するとともに、そのような地域福祉サービスの中で生活の質的向上が担保される「地域共生ホーム」として入所施設を蘇らせることが必要です。

③ 親・家族の幸福追求権の実現を ——民法第877条の廃止を求める

障害のある子どもが生まれて以来、長きに渡ってわが子の生活と権利を守るために活動してきた親たちは、自分自身のことは「二の次」にする習慣的態度が身についてしまっています。一個人として幸福追求権を主張することは「申し訳ない」ことのように感じられてしまう傾向を持っています。権利主張を差し控えることが、あたかも美徳としての「謙虚さ」であると思い込むまでに、親の人権が抑圧されてきたと思うことがしばしばあります。

自分の幸福を「二の次」にする「謙虚さ」に親たちが佇んでしまうのは、親・家族が障害のある子どもの生涯にわたる養育・養護・扶養の義務を負わされていることに起因しています。

子どもの障害が告知されると、日本の現状では、主に母親が仕事を諦めて育児に専念し、家族全体の稼働収入が減る分を、父親が残業を惜しまずに少しでも埋め合わせしなければならないという暮らしがはじまります。障害のある子どもを育てる家族だけが、男女共同参画の推進から

置いてきぼりにされています。子どもが成人して、親が親権者から扶養義務者に移行しても、親の養護・扶養に関する義務の実態は、生活の現実においてはほとんど何も変わりません。成人のライフステージにおける支援サービスのほとんどは、親・家族の扶養責任の履行を前提にして、障害のある人の暮らしがようやく成り立つ水準にとどまっているからです。

　つまり、公的な支援サービスを充実しない穴埋めに、民法において「含み資産」とされる家族の扶養義務を引っ張り出してくる構造が、わが国の障害福祉政策には岩盤のように埋め込まれています。成人した障害のある人に対する法定代理権を有していない親・家族が、「代理人」であるかのように振舞って、サービス利用契約に署名・捺印している事実が放置されているのは、このような契約のいい加減さを介して民法上の「含み資産」である家族の扶養義務を政策的に活用し続けたいからです。言うなら、障害のある子どもへの親の愛情をテコにした収奪ではないでしょうか。このような根深い問題を断ち切るためには、親族の扶養義務を定めた民法第877条を廃止するべきです。

　このような主張をすると、「家族本来の絆を解体することにつながる」という批判が起こるかも知れません。しかし、わが子が可愛い故に親の人生のすべてを子に捧げることが、本当に親の愛情と言えるのでしょうか。

　子どものことしか考えられなくなった親の「愛情」は共依存を生み出し、「わが子のことが一番」と考える親の、学習や訓練を通した「自立への過剰な思い」は、子どもへの「強迫的な愛情」となってのしかかり、結局子どもをダメにしてしまう事例は、そこかしこに見受けられます。民法上の扶養義務から障害のある人の養護・介護を親・家族にかぶせてしまう仕組みは、親・家族に多大な犠牲を強いるだけでなく、それぞれの家族の生活水準や家族関係の良し悪しを等閑に付しています。実際、経済的に困窮する階層における親子生活の継続は、養護者による経

済的虐待の発生関連要因の1つになっています。

　むしろ、子どもの発達とライフステージに応じた適切な支援を活用できることによって、親子がほっこりと安心して暮らすことができ、子どもが成人に達したらほどなく親元から自立するという、同年代の人と同じ生活を保障されることが、親子の真の愛情と絆を深く保ち続けることにつながるのではないでしょうか。親の子育ての苦労が子どもの障害のあるなしによって左右されてきた現実は、障害を理由とする政策的な差別です。障害のあるなしにかかわらず、親に趣味や旅行などにも時間を使えるゆとりがあるからこそ、子どもへの真の愛情にもとづく適切な子育てが行えるのです。障害のある子どものことだけに親が埋没するのではなく、大手を振って一人の市民として幸福追求権を行使し、親も子も、ゆたかな人生を歩むことが当たり前になってしかるべしです。

　このようにして、障害のある人とその親・家族が共に幸福追求権を行使できるようにするためには、民法上の扶養義務を公的サービスの貧しさを埋め合わせするための「含み資産」として活用する道を断ち切り、すべて国民の連帯によって成立する施策とサービスが、障害のある人とその家族を支える仕組みにならなければなりません。それが即ち本来の社会保障・社会福祉であるはずです。特定の人の、特定の人に対する（二人称の）私的扶養を支援に活用する仕組みは、「私とあなた」という特定の関係につきまとう好悪の感情や貧富の格差による不平等を放置することにつながります。すべての国民の連帯＝「非人称の連帯」（齋藤純一編著『福祉国家／社会的連帯の理由』271-308頁、ミネルヴァ書房、2004年）にもとづく支援サービスに支えられる仕組みを実現することによってはじめて、すべての人が大手を振って自らにふさわしい幸福追求権を行使できるようになるのです。

世代を超えた障害のある人と親の連帯を求めて

　私たちは、障害のある子どもと親・家族がそれぞれに頑張るのではなく、すべての障害児者とその家族がそれぞれの幸福追求権を行使できる道を共に切り拓いていきたいと願っています。わが国の障害者団体とその運動は障害種別によって分断されながら、それぞれの要求をバラバラに主張してきた歴史的な経緯がある上、一部の団体には、政策当局への協調を通じて自らの団体だけを利するような政策実現を追求する傾向さえみられました。

　知的障害のある人たちの地域生活と支援サービスの質を向上させていくための運動は、まず、これまで以上に、知的障害のある人たち自身が「主役を張る」ことができるようにしていかなければなりません。当事者の声と利益を活動の柱に据えることが、団体間の分断や政治的思惑に揺さぶられることのない組織的な取り組みを前に進めることができると考えています。

　知的障害のある人たちが独力で組織的な運動を構築して声を上げていくことは困難が高いため、これまでは通常、親・家族が代弁的な権利擁護の取り組みの中心になっていたと思います。ここでは、知的障害のある本人の「最善の利益」を追及することに力を注ごうとするあまり、ときとして親・家族・支援者による「代行意思決定」を優先させてきた現実がありました。知的障害のある人たちが独力で声を上げていくことには困難がつきまとうとは言え、運動の出発点であり主役でもあるのは、知的障害のある人たちです。障害者権利条約の締約国であるわが国においては、このことを理念や名目に終わらせるのではなく、合理的配慮である意思決定支援を徹底しながら、継続的で具体的な取り組みに発展させていかなければならないと思います。地域生活と福祉サービスに関す

る知的障害のある人たち自身の要望や苦情を今まで以上に鮮明にして、支援者や行政に届けていく取り組みです。本書第4章の社会福祉法人ささの会の取り組みにあるように、すべての障害者支援施設・事業者は、利用者自身が声を上げることができるようにするための、利用者の自治組織づくりとそのための支援に取り組むべきです。

次に、障害のある子どもに対して第一次養育責任（子どもの権利条約第18条）をもつ父母が、養育にかかわる多大な困難に直面している問題への取り組みが必要です。

その1つは、子どもの権利条約の締約国であるわが国が、父母が第一次養育責任を遂行できるために必要十分な支援を実施する義務を果たす（同第18条2項）ための取り組みです。子どもの成長・発達が子どもの幸福追求権の行使につながる形で保障されるためには、親・家族も自身の幸福追求権を行使できる暮らしが社会的に保障されるべきです。子どものための取り組みだけでなく、親・家族の生活困難を克服していく展望を切り拓いていくことが必要です。

第3に、現在の当事者・親の取り組みは、さまざまな施策の制度変容が激しいために、世代を超えて活動経験や知恵を共有することがとても難しくなっている点についてです。

障害のある子どもに対する社会的施策は、1979年養護学校義務制と2007年改正学校教育法施行による特別支援教育体制への移行が大きな節目となっています。1979年養護学校義務制の実施以前の時期には、特殊学級振興策が進む中で「全国特殊教育推進連盟（全特連）─全国手をつなぐ育成会」ブロックの恩恵を享受できた人と、就学猶予・免除を受けて「就学をなくす運動」から養護学校義務制への運動を進めた人たちがいます。養護学校義務制実施後の時期には、障害のある子どもたちの教育権保障そのものの運動というより、養護学校と通常学校における障害のある子どもへの教育のあり方に議論の争点が移行しました。2007年からの特別支援教育では、以前の「就学指導委員会」が「就学

支援委員会」に替わり、特別支援学校、特別支援学級および通常学級の
どこで学ぶのかは、原則として親子が選択できるようになりました。今
日の特別支援教育では、従来の障害のある子どもたちの教育が聴覚障
害、視覚障害、肢体不自由、知的障害、病弱の５領域に分けられてき
たところに、発達障害のある子どもたちへの教育が重要な課題として加
わっています。

　学校教育のこのような変遷の中で、当局との対し方や自身の権利行使
の経験値は世代によって大きく異なるだけでなく、これまで私たちが知
的障害に軸足を置いてその他の障害の重複した状態像を理解しようとし
てきた習慣も、若い親の世代にはもはや時代遅れに映ることもあるで
しょう。たとえば、これまで私たちはどちらかと言うと常に知的障害を
主障害に置いて「自閉症をあわせ持つ」と表現する習慣がありました。
このような表現は、自閉症スペクトラムの障害特性があたかも知的障害
に従属しているような誤解を生みやすく、軽度の知的障害に自閉症スペ
クトラムのある子どもの親御さんの反感を招くおそれがあるかも知れま
せん。

　社会福祉の領域では、社会福祉事業法が社会福祉法に替わり、社会福
祉事業法第５条第２項にあった公的責任原理が廃止され、日本型福祉
社会論にもとづく社会福祉の実施体制に移行しました。この大きな節目
に関連して、支援費支給制度から突然出たグランドデザインの提起、障
害者自立支援法をめぐる混乱と訴訟があり、障害者総合支援法にたどり
着きつつも、介護保険との統合問題が現在でも見え隠れしながら、事業
者報酬が毎年変更されるように、制度的な安定にはほど遠い状態が続い
ています。肝心な点は、障害当事者とその家族が未来に向かって生活設
計を描くための制度的条件がほとんどまったくないことです。2000 年
の社会福祉法の施行以来、障害当事者とその家族は目まぐるしく変更さ
れる制度に翻弄され続けているだけでなく、平成の時代に進行した非正
規雇用の増大と格差の拡大が家族単位のニーズを多様化させながら、そ

れぞれの生活防衛の営みに労力を割かなければならない困難が進行しています。そのため、何が政策課題であり、何を自分たちの要求項目とするのかについて共有を図ることそのものが、かつてなく難しくなっています。

さらに、どこに自分たちの要求を伝えていくのかの課題もあります。社会福祉事業法のもとで社会福祉の実施体制が中央集権型であった時代には、国に自分たちの声を集約して届けることがすべてでした。しかし、今日の実施体制は地方分権型に移行し、社会福祉の実施主体である市町村がプランニングの手法によって政策を進めていく仕組みになっています。制度の大本にかかわる国に自分の声を届けると同時に、基礎自治体である市町村への対応が求められているにもかかわらず、多くの障害者団体は中央組織と都道府県単位の組織活動に終始したままなのです。

そして、特別支援教育の実施前の学校教育をくぐった親の世代の多くは、親同士の関係や当事者同士の関係づくりを顔を突き合わせることからはじめてきたのに対し、若い世代の親御さんたちは「メル友」やSNSを通じて情報のやり取りをする関係へと変化しています。制度が相対的に安定していて、まだインターネットのなかった時代に、親が障害のある子どもの育て方や福祉・教育にかかわる情報を得るのは、先行世代の親からのものでした。それが、制度が目まぐるしく変容する時代に、リアルタイムの多様な情報がインターネットを通じてやり取りされるようになり、先行世代の経験値や知恵の陳腐化は以前とは比べることができないほど急速に進む時代になっています。

このように見てくると、当事者の組織と取り組みのあり方には抜本的刷新が必要であると考えます。その課題は、次の通りです。

①全世代参加型の組織的活動

年配者が当事者団体の幹部に居すわり続けるのではなく、すべての世

代が対等・平等に参加できる組織にしていくことです。先行世代は自らの経験や知恵を伝えようとする前に、若い世代に対するエンパワメントを心がける取り組みが重要です。その上で、それぞれの世代が、自分たちの経験値や知恵を相対化しながら、今の現実を共有することによって、現在の課題克服に向けたみんなの知恵と取り組みを紡ぎだしていくことが重要です。

②会員相互の支え合い

セルフ・ヘルプ・グループとして、会員相互の相談支援や励まし合いを続けていくことはもとより、専門性のある支援につなげる支援や、医師・弁護士・臨床発達心理士・ソーシャルワーカー等の専門家を交えた相談会活動を取り入れていくことも検討したいと思います。

③多様性の相互承認

親・家族や取り組みのあり方に1つのモデルやアイデンティティを設けてしまうのではなく、複数の多様なあり方を相互に認め合いながら、すべての人の幸福追求権の実現に協働できる活動を創ることです。北欧の高度な社会保障・社会福祉を創り出してきた力の源泉は、「妥協の文化」だと言われてきました。「妥協」＝「話し合いを重ねて折り合いをつけていく」という、討議と民主主義を基本に据えた組織的活動を大切にしたいと考えます。そのような取り組みこそ、民衆の力に支えられた本当の社会福祉を創ることになるからです。

④インターネットの活用

1970〜90年にかけて障害者施設を創ってきた世代は、顔を突き合わせた関係性の中で、議論を重ね、行政と交渉し、社会に働きかけていくというスタイルが取り組みの基本でした。このような取り組み方は、障害領域だけではなく、保育所や学童保育の父母会活動においても共通

にみられた親の姿でした。

しかし、今日ではインターネットの普及によって、「顔を突き合わせる」ことだけを基本とする親の取り組みは、保育所や学童保育の父母会においても、特別支援学校等のPTA活動においても、極端に縮小しています。このような事態のもとで、父母や家族のつながりがないのかというとそうではありません。先行世代とは異なる形での、密度の高い交流があります。これは、メールやSNSを活用したつながりです。

そこで、「顔を突き合わせる」機会の乏しくなってきたことをもって、関係当事者が「よそよそしい関係になってきた」といたずらに評価してしまうのではなく、新しい世代にふさわしい交流と組織的活動を高めていくツールとして、メールやSNSの活用を促進していく必要があります。「Change Org.」などの一部サイトの取り組みの中から、かつてのような取り組み方ではとても実現できなかった広範な人たちの支援や協働が生まれることも見られるようになりました。サイバー空間をどのように活用できるのかについては、未知数の部分もありますが、この点については専門家の協力を仰ぐことも含めて、速やかに取り組みを進めていきたいと考えています。

障害者権利条約を貫くスピリットは、"Nothing About Us Without Us"（われわれを抜きに、われわれのことを決めてはならない）です。障害のある人とその家族が誰1人として排除されることなく、それぞれの人にふさわしい権利行使ができる社会の実現を目標とする当事者・家族の団体であることを私たちの胸に留めて、未来に向けた取り組みを創っていきたいと考えます。

5 わが子が生まれ共に歩み過ごしてきたことへの感謝に代えて

　この子はどうして生まれてきたのか？　何のために、何をするために生まれてきたのか？　一所懸命に私は考えてきましたが、未だにはっきりとわかっているとは言えません。今のところ私にわかっているのは、この子は何かの必要性があって生まれてきた、ということです。そして、私は、この子の生を授かって共に生きることを懸命に考え続けてきたこれまでの歩みのかけがえのなさを感じています。

　岡田喜篤さんは、知的障害のある人の出現率は世界のどの国にも共通して人口の2％位だと明言していますし、その他の障害のある人たちを含めた割合は少なくとも人口の20％に達することになるでしょう。この人口の2割の人たちと共に生きることを真剣に考え、共に歩み続けることが、人間的価値の多様なあり方を相互に承認し、それぞれの人にふさわしい幸福追求権を行使することのできる社会の実現につながっているのだと思います（ハンナ・アーレント『人間の条件』、ちくま学芸文庫、1994年）。

　アインシュタインの名言に、「人の価値とは、その人が得たものではなく、その人が与えたもので測られる」とあります。障害のある子どもたちが若者となり成年になりゆく道程を、多くの人たちが歩みを共にする中に、人たるに値する真の幸福追求とは何かを考えつづける営みがあり、「就労による自立」や「地域生活移行」などの狭隘な一元的価値に束縛されることなく、多彩な人間の輝きを発見することのできる無限の贈物があるのではないでしょうか。このことへの気づきが、わが子が生まれてきたことへの感謝と、この子と共に深い親子の絆を保ち続けることへのはかりしれない意味を見出すことになりました。

第 **7** 章

国・地方公共団体の
社会福祉の増進にかかわる
役割と責任

1 すべての人の幸福追求権を 保障する国家責任

　かつて呉秀三は、日本の障害者は二重の不幸を背負わされていると指摘しました。不幸の1つは障害があること。もう1つは、「日本に生まれたることの不幸」と表現されたことで、わが国の近代化の中では生産効率が低く価値の低い者として、障害のある人の社会的処遇がおろそかにされてきたことです。

　障害者権利条約の締約国となった現在、障害のある人自身が「生命、自由及び幸福追求に対する権利」（日本国憲法第13条）を行使できる暮らしと人生の社会的な保障に国・地方自治体は責任を負わなければなりません。そのためには、呉秀三が指摘したわが国における障害のある人の二重の不幸を産み出してきた、障害を理由とする差別を克服する歩みに、多くの人たちが出会い、力を合わせることが必要です。「障害があることに起因して不幸が生まれる」という歪曲と誤解が生まれる理由は、障害のある人やLGBTなどのマイノリティが「社会的な弱者」と位置づけられてしまうように、多様な人間のあり方が例外なく尊重され、誰もが大切にされない仕組みが作られていることにあります。それは、職場で高い能力を発揮して高く評価されている人さえも、病気や事故をきっかけとした能力の低下によって職場や社会から疎んじられかねない仕組みです。障害を生み出す病気や事故そのものが職場と社会のあり方に深くかかわっていることへの注目を含めて、障害と能力のあるなしにかかわらず、すべての人たちの幸福追求権の行使が担保されなければならないのです。

　呉秀三の指摘した障害者問題の本質は、強い国づくりに役立つ能力の高さから人間を序列化したところで、多くの障害のある人の人間的価値そのものが切り捨てられ、「不幸であること」を社会的に宿命づけてし

まう差別です。国際的な競争を勝ち抜く強い国づくりとそれに資する高い能力から人間的価値を値踏みするのです。経済発展への貢献度の低さに対して、福祉や医療にはお金がかかり過ぎるという理由から、障害のある人への施策と支援サービスの充実が二の次にされてきたのです。

さらに、今日的な障害者差別には、装いも新たにした優生学的選別の論理が政策的に強められようとしています。

介護保険制度のキーワードが「介護の社会化」から「介護予防」に替わり、生活習慣病対策を強化して健康寿命を延ばすことによって「生涯現役」世代を経済政策として進めようとする経済産業省「2050年までの経済社会の構造変化と政策課題について」（2018年9月）など、「より健康である」ことや「健康であり続ける」ことに至上の価値を置いた国の政策が強力に進められています。このような政策のもとで、高齢期において病気にもならず要介護状態にもならないまま死を迎えることへの憧れが「ぴんぴんころり」という言葉とともに広まりをみせていることや、出生前診断の普及が障害のある恐れが高いとの診断によって9割もの人工妊娠中絶につながっている事実を、私たちは看過することができません。

優生思想のもとでナチス・ドイツが20万人を超える障害のある人の虐待を行ったと同時に、優秀なドイツ・アーリア民族の繁栄のために、世界ではじめて国家政策として人間の生の管理・統制を目的とした母体保護に取り組んだことは有名です。わが国においても、第二次世界大戦への戦事色が強まる1937（昭和12）年の保健所法と母子保護法の交付を皮切りに、38年に厚生省設置、39年にわが国初の乳幼児一斉健康診査の実施、40年に国民優生法制定と、「健兵健民」の目的のもとで優生思想にもとづく差別と選別を強化していきました。

このように「健康であること」に至上の価値を置く国家の政策は、ファシズムや軍国主義の占有物ではありません。ミシェル・フーコーが指摘したように、国家の「生命－権力」をテコにした差別・選別と強化

（生命や健康のあり方そのものに国家権力が介入して、人間を序列化する政策）は、20世紀における福祉国家施策においても、ソ連・東欧型の社会主義国家においても猛威を振るいました。アメリカの優生政策への着手はナチス・ドイツよりも早く、1907年インディアナ州で成立して全米32州に広まった断種法と連邦の絶対移民制限法（1924年）によって進められていきますが、ナチスのような「虐殺」の手法をとることはなく、強制避妊手術とバース・コントロール（妊娠調節）を中心に国民の「健康管理」を実行しようとする政策に軸足が置かれていました。

　全施連は、旧優生保護法による強制不妊手術の国家責任をはっきりと認めた上で、このような事態が二度と起きないための措置を取るとともに、「健康であること」に国家が至上の価値を置く政策のもとで、障害や疾患のある人に対する差別・選別が拡大しないための政策が必要であると主張します。すべての人の「健康でありたい」願いにつけいって、「健康であること」への国家的な価値づけを強化することは、国民に対する「健康への強迫」となり、ひいては「健康になりきれない人」や「健康でない人」に対する偏見と差別を拡大するおそれがあるからです。

　私たちは、障害のあるなしにかかわらず、人間に関するあらゆる差別選別の撤廃を求め、命あるすべての人たちが幸福とゆたかな暮らしと自らを創ることに必要十分な法制度と行財政を確保する責任は、国・地方自治体にあると考えます。無限に多様な人間性のあり方がかけがえのない価値として尊重される社会につくりかえていく協働を求め、その営みを支える法制度の整備と行財政の担保することを国と地方公共団体に求めます。

国際比較で見る日本の障害者政策

　国連が「世界幸福デー」と定める 2019 年 3 月 20 日、国連は世界幸福度ランキングを発表しました。それによると、国内総生産（GDP）は世界第 3 位である経済大国の日本は、世界幸福度ランキングでは 58 位で、2015 年の 46 位から 12 位下げていることになります。この世界幸福度ランキングは、人口当たりの GDP、社会的支援、健康な平均寿命、人生の選択をする自由、性の平等性、社会の腐敗度の 7 項目をポイント化したものをもとに作成されています。したがって、世界第 3 位の GDP を誇りながら幸福度が 58 位であるという事実は、わが国が国民の「健康で文化的な生活」と社会システムの公正さと公平さをいかに大切にできていないのかを明らかにするものです。

　勝又幸子「国際比較からみた日本の障害者政策の位置づけ」（『季刊・社会保障研究』第 44 巻 2 号、138 - 149 頁、図 7 - 1 と 7 - 2・表 7 - 1（一部改変）の出典も同様）は、政策上の障害者数と障害者への政策的支出の両方について、大きな問題のあることを明らかにしています。

　このような日本の全体的な状況のもとで、障害者施策の実態を国際比較でみるとどのような実態が見えてくるのでしょうか。

　図 7 - 1 によると、OECD の平均で 14.0％であるのに対し、日本は 5％弱といかにも障害者が少ないかのようにみえます。しかし、日本は政策の対象とすべき障害者数を少なく見積もっているだけなのです。勝又がわが国の政府資料に基づいて障害者人口の推計値をまとめている表 7 - 1 によると、知的障害のある人の人口に占める割合は 0.3％となっていますが、岡田喜篤は知的障害の出現率は国際的に人口の 2％であると明言しており（日本知的障害者福祉協会編『知的障害者施設の現状と展望』中央法規出版、2007 年）、国際的な出現率よりも著しく少ない割合となって

図7-1 20～64歳人口に占める障害者の割合

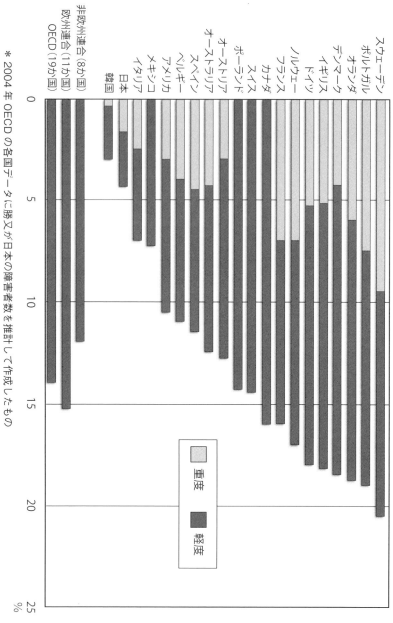

* 2004年OECDの各国データに勝又が日本の障害者数を推計して作成したもの

第7章 国・地方公共団体の社会福祉の増進にかかわる役割と責任

いる点は、どのように考えても合点のいくものではありません。

　障害があるということは生きていく上でさまざまな困難を抱えているということです。障害の程度や種類だけではなく、生活環境や社会環境によっても困難さの状態は異なってきます。実際、日本では医学的・心理学的検査にかたよった障害認定や障害支援区分を行い、障害の社会的要因を度外視しています。スウェーデンやデンマークでは日常生活を送る上で継続的に困難を有するかどうかの評価を行う際に、障害があることの医学的・心理学的証明は、サービス提供を受ける上での前提条件となっていません。医師の診断は当事者のニーズをより正確に把握するために必要なので求められますが、医師の診断がサービス受給のための前提条件とはなっていないのです。診断する医師は当事者のホームドクターでもあるため、ホームドクターもニーズ調査の際にはそのニーズ調査チームの一員となります。

　つまり、医学的な診断や心理検査から知的障害のあるなしを認定するのではなく、生活上の困難にかかわるアセスメントによって柔軟にニーズ調査とその把握をし、迅速に支援を提供しているのです。

　厚生労働省のホームページでは、「日本とWHO」という項を設けて、WHO加盟国としての世界に対する協力と貢献を謳っているのですから、一刻も早く医学的・心理学的な障害認定のあり方から脱却すべきです。WHOの国際生活機能分類（ICF）に従って、生活上の解決すべき課題や困難を把握し、障害のある人および家族の主訴に沿った支援を実施するべきではないでしょうか。障害のある人にとって必要とされてい

表7‑1　稼動年齢人口に占める障害者の割合（日本）

	重　度	軽　度	合　計
知的障害者	0.1%	0.2%	0.3%
身体障害者	1.0%	0.5%	1.6%
精神障害者	0.5%	2.0%	2.5%
合　　計	1.6%	2.7%	4.4%

＊勝又の表では、「重度」の合計が、「1.7％」となっているが、とりあえず「1.6％」と修正している。

ることは障害認定ではなく、生活の課題や困難を過不足なく把握し、それを解決する取り組みそのものなのです。実際、先進諸国は障害認定と障害者施策に資する障害概念のICFへの移行を果たしているのです。わが国もICFによる障害の把握をするようになれば、日本の障害者数が国際比較の上で妥当性のあるところまで増えることは間違いありません。

　次に、GDPに占める障害関係支出の割合の国際比較についてです。図7‐2に示された障害関係支出とは、年金や手当などの所得保障と社会サービスの提供に関する支出が計上されたものです。OECD平均で対GDP比3％であるのに対し、日本は公的0.673％と義務的私的0.11％の計0.783％に過ぎないことがわかります。勝又さんの指摘では、図7‐2に示された日本の支出の中に他国には含まれていない高齢障害者の年金給付が含まれているため、日本の障害者施策における実際の支出額よりも大きな額になっている可能性があるということです。この指摘に従えば、わが国における障害関係支出の対GDP比は、もっと下がるのです。

　障害者施策の拡充を求める声に対して、政府は長年にわたり厳しい財政事情を理由に、事業者報酬を毎年度いたずらにこねくり回すことしかしないようになっています。しかし、国際的に見れば、わが国におけるGDPを活かしきれていない財政政策に問題があり、とくに所得再分配の機能が骨抜きになっていることに起因して、貧しい障害関係支出となる構造が政策的に形作られてきたのではないかと考えます。この点についても、国が障害者施策の拡充にかかわる責任を果たす見地から、抜本的な改善を求めます。

2 国際比較で見る日本の障害者政策

図7-2 障害関係支出の構造（対GDP比）2003年

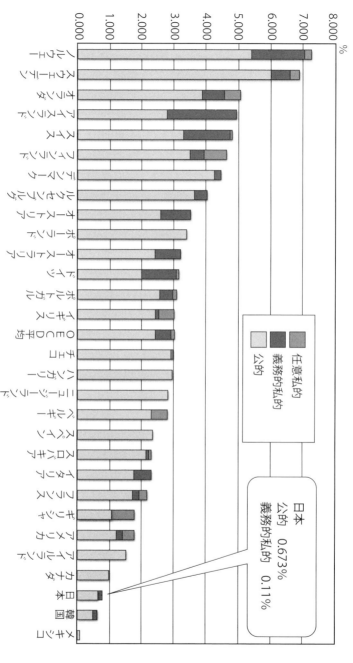

＊ OECD SOCX2007edition により勝又作成。「公的」は政府機関の支出，「義務的私的」は法的強制を伴う非政府機関の支出，「任意私的」は法的にも税制においても強制力をもたない非政府機関の支出。

3 切実な福祉ニーズに国が責任をもって応える仕組みを

　国は社会福祉基礎構造改革によって支援費制度を導入する際、次のような説明をしています。

①利用者が、自らのニーズに応じた福祉サービスを提供する事業者（施設や在宅サービス提供者の経営主体）を選択する。
②利用者は、福祉サービス提供事業者と締結する契約（以下、「サービス利用契約」という）にもとづいて、福祉サービスを購入する。
③行政は、福祉サービス提供事業者と契約を締結したサービス利用者に、その費用の自己負担にかかる部分を除いて、利用費用相当額を支給する。

　措置費制度に代わるこのようなサービス利用の仕組みにすることによって、①事業者と利用者との関係が対等となること、②契約に際しては、利用者が自らのニーズに適合した福祉サービスとその提供事業者を選択できること、③この利用者による選択が、福祉サービス提供事業者間の競争を生み出し、利用者本位のよりよいサービスの提供につながること、等の効果が期待されるとしていたのではありませんか。

　今日、このような契約利用制による効果はありません。この現実に対する説明責任は政府厚労省にあるのではないのでしょうか。全施連PT会議がサービス利用契約と個別支援計画の同意・捺印をめぐる調査を行った結果（本書196〜246頁）からは、利用者・家族へのサービス提供事業者の優越的地位は何も変わっておらず、利用者から声を上げ要望を出すことに大きな困難が続いていることがわかっています。

　社会福祉基礎構造改革によって導入された契約利用制が、利用者の権

利行使の保障につながらない原因は、まず、国民の福祉サービス利用権が法的に定められていない根本問題にあります。この点については、まことに重要な問題であるとともに歴史的な課題であると受け止めなければならないでしょう。

　2018（平成30）年11月現在の埼玉県における障害者支援施設入所の待機者が、同県の入所施設定員5,076人に対して1,622人（知的障害者1,268人、身体障害者354人）とある（本書119頁）ように、利用者によるサービス提供事業者の選択が絶望的である代わりに、サービス提供事業者による利用者の選択が生まれる状況となっているのです。今日の福祉行政は、社会福祉の実施主体である市町村が福祉ニーズの把握に基づいて障害者計画と障害福祉計画を策定する計画行政になっています。これだけ施設ニーズのあることが自治体によって把握されているにもかかわらず、そのニーズ量に対応するサービス提供が施策として実現されることがないのは、どうしてなのでしょうか。これでは、基礎自治体を実施主体とする計画行政にしている意味がないのではありませんか。端的に言えば、基礎自治体で把握された福祉ニーズを実現することに、国が責任を果たさなくてもいいような社会福祉の実施体制になっていることに、現行法制度上の最大の問題があるのです。

　社会福祉法による実施体制は、日本型福祉社会論に基づくものへと変更されました。ここでは、自助・共助・公助の組み合わせ（＝福祉ミックス）によって、支援サービスによる自立を実現していくビジョンが構想されていたのです。しかし、公助は「真にやむを得ない必要」に対応するものとの限定がある上に、丸投げ型地方分権の仕組みが福祉ミックスに覆いかぶさることによって、地域のニーズや実情は地方自治体で行き止まりとなる仕組みになっています。地方自治体は、障害当事者の声と要望を国の責任追及にまで至らせないための、いうならショックアブソーバー（緩衝装置、図7-3）としての役割を果たさせられていると言っていいでしょう。

国は、真の地方自治が成立する自治体の財政基盤に責任を負うとともに、地方自治体の把握する障害当事者とその家族の切実なニーズのすべてに、施策の拡充を通して対応する責任があります。国は第3章や第5章で指摘されたような、障害者支援施設のサービスの質的改善を阻む事業者報酬とグループホームの抜本的な制度改善を図り、地域生活の充実に資するあらゆる障害福祉サービスを質的に向上させなければなりません。本書が提唱する地域共生ホームにおけるゆたかな暮らしを実現させていく責任は、障害者権利条約の締約国である日本政府にあるからです。私たち全施連は、障害のある人とその家族が、安心してゆたかな地域生活を送ることのできる日本であることに誇りをもてる日が来ることを願っています。

図7-3　地域の実情が国に届きにくい仕組み

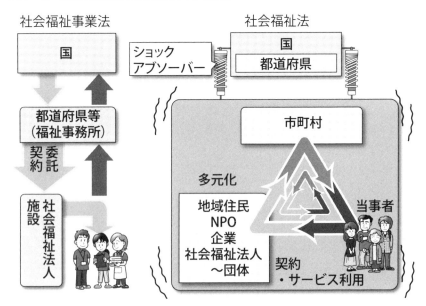

第 8 章

利用者の権利擁護

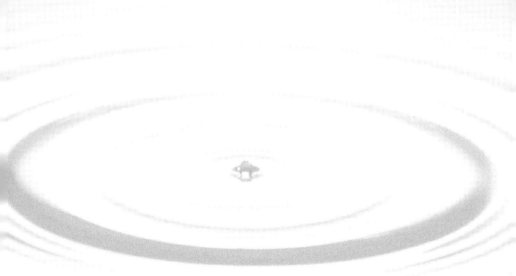

1 権利擁護の意味

　人間は生まれながらにして幸せに生きる基本的な権利を持っています。しかし最近使われている権利擁護という言葉は、判断能力が不十分な人々または判断能力があっても弱い立場にあって自分の権利をまともに行使できない人々を擁護する意味で使われています。

　一般に知的障害者は計算能力が衰えており、自分にとって何が得なのか損なのかの十分な判断ができないとされています。政治家をはじめとして多くの人々が自分の利益を追いかけてばかりいる時代にあって、美しい人たちだと思いますが、この人たちが悪い人たちによって酷い不利益を受けることを許すことはできません。権利擁護とは、この人たちの立場に立って悪い人たちから人格や財産などの権利を護るということと、国や地方公共団体によって定められた福祉制度の利用を十分に支援することなのです。

　それでは、実際にどのような権利擁護が行われているかですが、2000年の民法改正により禁治産制度が成年後見制度へと改められ、その後20年近くの実践により制度的には定着したと言えます。この制度が知的障害者の施設でどのような影響を与えたかについては、後で述べます。

2 知的障害者が支援施設へ入所すること

　知的障害者の支援施設は、利用者の基本的人権を護り、利用者が人間

として持っているさまざまな権利を擁護する"人権の砦"という役割を持っています。ですから、いささかも人権上の問題があってはなりません。

　まず利用者が施設に入所するときのことを考えてみましょう。今は施設に入所することは、主に利用者と施設を設置している法人など（社会福祉法人、一般社団法人など）との契約できまります。契約というのはお互いの約束です。契約書には施設で利用者のためにどういうことをするのか、費用はどれだけ必要なのかが書いてあり、さらに利用者それぞれに対する個別支援計画書という書類もついています。契約は民法という法律でお互いに守ることが決められており、契約に違反があれば、契約をやめたり損害賠償を請求することができます。だから、契約書はたいへん重要でお互いに署名押印することになっています。

　この署名押印は、契約書に書いてあることを了解したという証拠ですから、だれでもしっかり読みます。

　しかし、知的障害者が入所契約書の内容を全部理解するのはとても難しいことです。

　判断能力が不十分な人たちの権利を護るため「成年後見制度」があることは、今ではよく知られていますが、本来なら入所契約のように難しいことは、利用者の成年後見人が利用者に十分説明してからすることでしょう。

　ところが、実際の施設入所契約書の多くは利用者と並んで保護者が署名しています。保護者とは大変便利な言葉ですが、利用者の代理人ではありません。知的障害者福祉法第76条に「保護者」という用語が出てきますが、市町村が相談に応ずる人の中に入れているだけです。

　一方で、社会福祉法第76条は「社会福祉事業の経営者は、その提供する福祉サービスの利用を希望する者からの申込があった場合には、その者に対し当該サービスを利用するための契約内容およびその履行に関する事項について説明するよう努めなければならない」と定めていま

す。

　それでは、施設入所の際に施設側は利用者にどのような説明をしているのでしょうか。もとより、施設に入るか入らないかは利用者が決定することで、嫌なら入所しなければよいのです。保護者は利用者に説得はできても、施設に入ることを強制できません。厳密に言えば、判断能力を欠いている利用者の入所契約は無効です。入所させるかどうかを役所が決定していた時代（措置という名で役所が権限を行使していた時代）はこれでよかったのですが、1997 年に介護保険法が制定されたことを皮切りに、福祉の世界では当たり前だった制度が次々と改められ、いわゆる措置から契約への流れが大河のように押し寄せてきたのです。障害者福祉の分野でも、それは例外ではありませんでしたが、判断能力のない利用者が実際どうやって入所を決定しているのか疑問です。

3 施設と成年後見制度

　国は、知的障害者や認知症高齢者など判断能力がないか乏しい人たちのために、成年後見制度をつくりました。自分にとって何が利益で何が損かを判断する能力がないか乏しい人は、その判断能力の程度に応じて、後見、保佐、補助を開始する審判により後見人、保佐人、補助人がつけられます。これらの人は本人の権利を護るだけではなく、本人の生活の維持と向上をはかる目的を持つことが法に定められています。

　最近問題になっているのは、成年後見人がどこまで本人の意思決定について権限を持っているか、ということです。民法第 859 条 1 項には「財産に関する法律行為について被後見人を代表する」とありますが、被後見人のために何ができるのかについては、あいまいです。治療行為

に対し成年後見人に同意権がないとの実務は定着していますが、施設入所についても本人の同意が必要だと考えます。成年後見人が本当に本人の人権を護る立場で働いてくれればよいのですけれど、実際には財産上の代理権のみを行使して、施設や保護者を失望させた例が多くあります。

　全施連としては、成年後見人の選任とその後の後見事務について監視し、公に発言する機会を持ちたいものだと思います。

　ある障害者支援施設に、突然、「利用者の成年後見人になったから関係書類を自分宛に送れ、利用者は別の施設に入所させる」という成年後見人からの通知が来たことがあります。利用者には1回面会しただけなのに、利用者の生活を変えてしまうようなことを成年後見人は平気で主張したのです。施設側はこれに対して抵抗はしたのですが、結局利用者は成年後見人の指定する施設に入所しました。「保護者」には意見を述べる機会もありませんでした。

利用者の契約

　利用者の施設入所契約に際しては、施設側が「重要事項説明書」なるもったいぶった書類を作成し、保護者に対し押印を求めています。これには「個別支援計画」という利用者個々に対する支援計画が盛りこまれていることが多いのですが、例を挙げれば「利用者本人の希望により仕事を教えたりレクレーションを指導したりする」などのことが書かれており、より具体的に「絵や習字、楽器、体操を教える」と書いてあることがあります。しかし、保護者は施設の計画と実施内容を十分には知る機会がありません。それに、もし施設が重要事項説明書に書かれた支援

計画を実施しなかった場合に、保護者としてはなかなか施設側に苦情を言いにくいものです。

　ところで、全施連PT会議が行った「サービス利用契約、個別支援計画の同意に係わる説明不足や不利益に関する調査結果」（以下単に「アンケート調査結果」とします）によると、「個別支援計画への同意に関して、特に話し合いもなく、書類提出前の時間がないとの理由で、自宅に書類が送られ、記名押印の上返送して欲しいとのことで返信用の封筒とともに計画書が送られてきました。この経緯は一見、支援計画の押し付けであり……」や、「年に一度個別支援について話し合いをしますが、あまり親の意見は聞いてもらえず残念に思っています」などの苦情が見られます。

　これらの苦情を受けた施設では、「個別支援計画」を単に書類上備えておけばよい、と考えているのかもしれませんが大きな間違いです。「個別支援計画」は利用者個人に対するもので、利用者と施設側の約束が契約の中身になっています。だから、施設側が「個別支援計画書」に書いたことを実行しないならば、利用者は実行を求めて争うことができるのです。そのような実行を施設側にせまることは、事実上かなり困難ですが、放置しておくことではありません。契約違反のみならず、利用者に対する人権侵害を救済する方法について、後でまとめて書くことにします。

5 福祉が契約で実施される

　福祉が市場原理に支配されて金儲けの対象になってから、福祉の世界は大きく変わってしまいました。もともと福祉の実践は国家の責任で行

われることです。国民みんなで困っている国民を助け合うことは、当たり前のことでしょう。それなのに、たとえば知的障害者の施設でも、利用しようとする者は、そろばん片手の施設経営者と契約しなければ入所できません。国は自由に契約することにより、国民が施設を選べると言っていますが、そう簡単に選べるものではありません。障害者福祉の仕事は営利を目的とする株式会社などでも一般の法人でもできることになり、これらの者が利益を追求することになっても制度上仕方がないと言えます。

そして、その利益というのは、ほとんど国民の税金なのですから、とても割り切れない思いです。

実は、沖縄で通所授産施設の利用者が、障害者自立支援法の成立に伴う新事業体制に移行する際、施設側から利用の「契約」を拒否されたことがあります。驚くのは施設側が「契約」を断った理由で、それは①利用者の家族が「保護者の会」と仲が悪い、②県育成会に保護者が非協力的、③施設職員に苦情を言う、の３点でした。

こういう利用者の人権を無視した事件を放っておけば、ますます施設側の権威が強くなり利用者は泣き寝入りをしなければなりません。この事実を知った全施連では関係役所と強く交渉したところ、相手は民と民の契約だから何もできないと繰り返すばかりでした。

幸いというか、その利用者を受け入れるよい別の施設が見つかり、事件としては一応終わったわけですが、社会保障法上の大きな問題として論文に取り上げられています（神奈川法学第45巻第1号216ページ以下）。

ところが、2015年11月に大阪府下のある町で利用者が入居施設から追い出され、利用者と身の回り品が荷物のように一括して保護者宅に送り込まれた事件が起きました。利用契約の契約解除の条件に該当するとして、施設を経営する社会福祉法人の顧問弁護士から保護者に内容証明郵便が送られてきて、これに保護者が争う姿勢を示したところ、施設側がとった驚くべき処置です。

たしかに、利用者の施設入所に際しては、施設利用契約書にその契約を解除する条件が書かれており、利用時間も定められていますが、顧問弁護士の通知では、2015（平成27）年11月以降に契約を締結しない理由として「貴殿の言動が、当会による継続的な障害者福祉サービスの提供義務を困難にするほど重大な背信行為」と書いています。文書の宛名は保護者の代理人になっていますが、これに書かれた文面では保護者と代理人弁護士を非難しているように読めます。つまり利用者のことはまったく問題にしていません。この事件の背景には、施設経営者に対する保護者らの不満が大きく渦を巻いて澱んでおり、全施連は関係役所におもむいて真相の究明と利用者の保護を強く訴えました。そのかいあってか、ある公務員が精力的に動いて、とにもかくにも利用者が別の入所施設に入ることができました。しかし、施設を設置している社会福祉法人に対する公的な指導はないままです。

⑥ 施設利用は契約でよいのか

国が福祉の利用契約について、いい加減な態度を取ってきたため、利用者の人権や意思が無視されて「悪徳福祉業者」がのさばることにもなってしまいました。そこで福祉に関する契約を見直し、今まで国や地方公共団体の制度を通じて提供されてきた福祉の給付については、民営化により契約を通じての提供になった場合でも、利用者にとって平等で差別のない契約になることが求められている、という考えも出てきました。

たしかに、その考えは正しいと思いますが、それなら現実にはどうしたらよいのでしょうか。消費者保護に根拠を求める人は、消費者の権利

を擁護する視点での「福祉契約法」の制定を主張しているようですが、立法論で解決できる問題ではなく、福祉給付提供側に人権感覚を持たせなければ解決できないと思います。「社会福祉基礎構造改革」という名のもとに、国が福祉の商品化を進めたために、戦前の石井亮一、戦後は糸賀一雄ら先人が営々と築いてきた福祉の思想が崩落してしまいました。

　障害者の権利に関する条約第12条は、障害者が自ら意思決定をするための支援提供を求めている、と理解されています。

　前に述べたように、判断能力が不十分な人たちのために成年後見制度がありますが、その制度の利用は自由であり費用もかかるので、一部の人たちにしか利用されていません。また制度そのものに問題点がたくさんあります。

　「契約」の中心となるのは当事者の意思であることは疑いありません。それで、福祉利用契約をするにあたり判断能力が不十分な人の意思を実現できるかどうか、ということが課題となっています。最近よく「意思決定支援」という言葉が使われていますが、どういうことが「意思決定支援」なのか明らかではありません。契約の内容によって支援の中身を定めようとする考えもありますが、極端に判断能力が低い人の意思については、どのような「支援」が必要なのか困ってしまいます。

　知的障害者を護るため「福祉契約法」を立法論として主張する意義はあります。しかし、福祉利用契約の実態と問題性をより深く検討しなければ、表面的な「消費者保護」だけに終わってしまいます。利用者本人の意識や意思（日常的な意味での意志）について、利用者の立場で検証し報告できるのは全施連なのです。

7 施設利用者の権利

　知的障害者が社会福祉施設を利用しているのは、憲法第 25 条第 1 項第 2 項に定めている社会福祉権に基づくものです。単に、施設経営者と契約を結んでいるから、というだけではありません。法律上、知的障害者と言われる人たちは、障害のない人たちと比べると大きなハンディキャップがあります。国は、「障害者の権利条約」や「障害がある人に対する差別を禁止する法律」を護るための政治をしなければなりません。しかし、国は施設利用者がどのような権利を持っているかについて、具体的な法律を作ったわけではないので、国民の間で現状を見すえた提案をして知的障害者の権利を確立する必要があります。

　そこで、「権利擁護」の課題に関連させ広く施設利用者の権利について、河野正輝著『社会福祉法の新展開』（有斐閣、2006 年）を参考にして次のとおり列挙します。

①施設利用を自分で決定し、施設側から十分な説明を受ける権利。
②適切な基準を満たした福祉サービスを受ける権利。
③欺瞞、拘束、プライバシー侵害を受けないことの権利。
④一定の条件のもとで費用負担の免除を受ける権利。
⑤苦情解決を求める権利。
⑥年金・預金等を自己管理する権利。
⑦個人情報の保護を受ける権利。
⑧人格の尊厳を護る権利。

　以上に列挙した利用者の権利は、はたして護られているでしょうか。全施連が行った「アンケート調査結果」では、「人権を擁護するための

施設・事業所の努力はありましたか」という設問に対し、「あまりな
かった、なかった」という回答が全体の5.8％を占めていました。これ
を多いと見るか少ないと見るか、読者の判断するところですが、アン
ケートの中に下記のものがありました。

> 「人権なんて考えてない。32年間いて写真の1つもなく、退所の
> ときアルバムは空で渡される。ケガがたえず今もキズがたくさんあ
> ります。妹を引き取るときも、姉の住所を勝手に移転先に書き込み
> ました。個人情報であり、一言姉に連絡して、移転先にしていいか
> のプライバシーを持ち出す承認をとるべきではないでしょうか？
> 荷物を送っても領収書さえない。（中略）口に出せない、頼むとこ
> ろがないと感じている家族はたくさんいると思います。どうかそん
> な家族、利用者を助けてください。県も監査に入らず、二度目の電
> 話では出張に行くからとまともに話も聞かず」

8 人権を護る手だて

　利用者は施設側に対して利用契約に基づいた多くの要求をすることが
できます。しかし、施設側が実行しないときは施設側の契約違反とな
り、場合によっては民事訴訟の手続きでその履行や損害賠償を求めるこ
とはできます。
　裁判までしなくても、施設は「その提供する福祉サービスについて、
利用者からの苦情の適切な解決に努めなければならない」と、社会福祉
法第8条に定めてあるのですから、まず施設内の苦情解決委員会に苦
情を申し立てて問題を解決しましょう。また、都道府県の社会福祉協議

会には運営適正化委員会があって、苦情解決のため施設側に対し必要な助言または勧告を行います。この苦情申し出は「利用者等」ができることになっており、保護者からももちろんできます。施設側が運営適正化委員会の助言や勧告に従わず、利用者の処遇に不当な行為が行われているおそれがあると認められるときは、運営適正化委員会が都道府県知事に対し、速やかにその旨を通知しなければならない（社会福祉法第86条）のです。この苦情解決制度を使い、運営適正化委員会が正常な活動を続ければ、利用者への人権侵害はある程度抑えられるでしょう。ただし、各地の運営適正化委員会が必ずしも活発な活動をしているわけではありませんし、各地の社会福祉協議会に設置されているということもあって、利用者の人権救済を完全に保障するものとはなっていません。

　次に利用者の人権を護る機関としては、弁護士会の人権擁護委員会と法務局の人権擁護委員会を挙げます。

　弁護士会の人権擁護委員会は、人権侵害の疑いがある事案について、事実の有無を調査し人権侵害のあったときは、侵害者に対し必要な勧告などを行います。大阪弁護士会は、ある社会福祉法人が作業所での利益を、そこで働く利用者に分けなかったことについて、人権侵害であると勧告をしたことがあります。

　法務局の人権擁護委員会は、やはり人権侵害のおそれがある事件について調査し、人権侵害行為を排除するための措置や勧告などを行います。

　しかしながら、いずれも調査手段に決め手を欠き、確実に継続的に人権侵害をやめさせることはなかなか困難です。知的障害者福祉法や障害者総合支援法は市町村の障害者に対する情報提供や助言などの支援を定めていますが、より具体的な人権救済の法としては、「障害者虐待の防止・障害者の養護者に対する支援等に関する法律」や「障害を理由とする差別の解消の推進に関する法律」があります。これらの法律をどのように生かすかは、これからの課題です。

⑨ 利用者の人権を護るために

　2018年7月26日に発生した「津久井やまゆり園事件」は、障害者とその保護者にとって大きく激しく悲痛な出来事でした。障害者支援施設の元職員が、利用者を19人殺して27人負傷させたのです。そのとき事件を報道したマスメディアが被害者名を匿名にしたことも、議論を呼びました。その後の報道で、犯人が社会に不要な障害者は抹殺されるべき、という思想を持っていたことがわかり、さらに空恐ろしいものを、特に障害者の保護者たちは感じたと思います。

　犯人の思想は、かつて多くの障害者を虐殺したヒトラーの考えと共通のものがあります。「障害者は社会の役に立たないから生きる価値がない」という思想です。似たような考えを雑誌に発表した国会議員さえいます。驚くべきことに、障害を理由に子どもを持てなくなる手術が新憲法施行後も日本で行われていたことが、最近になって公にされました。

　でも、「役に立たない」とはどういうことですか。ひたすら息を調え懸命に生きているだけではいけませんか。地球はあらゆる人を乗せて静かにまわり、すべての人々に朝を迎えさせます。その人々の中で生きていることは人の役に立っているということです。

　怖いことに、役に立たないとされる人を排除する考えに同調する人が、かなり多いのです。それは政治や教育のせいでもありましょう。全施連は力をこめてこれらの人々と闘わなければなりません。

　「アンケート調査結果」では、施設側がいのちにつながる健康に関し配慮が足りない、との指摘がいくつかありました。たとえば、入所利用者が病気になっても人手不足などで職員が病院に行ってくれない、身体に痣があっても原因について納得のいく説明がない、抗精神薬を永年飲まされていた、などです。健康に関する利用者の権利は施設として最低

限護るべきですが、施設職員が利用者に性的虐待をしたことが、長野地方裁判所松本支部の 2018 年 7 月の判決で明らかになっています。

実際に、施設職員の利用者に対する暴行事件は後を断っていないようです。「ようです」と書いたのは、施設側がなかなか自分の施設に関しては事故の情報を隠しているので、新聞報道等に頼っているからです。

障害者福祉に関する監督官庁は、もっと利用者の人権を護る視点で、施設福祉の仕事を調査し監督指導してください。かの「サン・グループ事件」で大津地方裁判所は 2009 年 3 月 24 日の判決で、国や滋賀県が、障害者の人権を救済するためのことを何もしなかったとして、厳しく両者の責任を問いました。施設側の責任は事案によっては施設退所後も続くのだ、という画期的な判断もしています。

もちろん、知的障害者とその保護者も行政にすがっているばかりではありません。全施連の組織のもとに力を合わせ、知的障害者の権利を確立するための努力を続けています。

付　録

施設利用に伴うサービス利用契約と
個別支援計画に関する実態調査報告

宗澤忠雄

１．サービス利用契約と個別支援計画に関する実態調査の目的

　この調査は、施設利用に伴うサービス利用契約と個別支援計画の同意に関する実態を明らかにすることを目的として、全国知的障害者施設家族会連合会の PT 会議が会員である利用者本人・家族・利用者本人の成年後見人を対象に実施しました。

　2003（平成 15）年の支援費支給制度以降、福祉サービスを利用する仕組みは措置制度から契約利用制に移行しました。福祉サービスの利用には、サービスを提供する施設・事業所と障害のある利用者・家族の間で、「対等・平等な関係にもとづく契約」を結ぶことになっています。措置制度時代の問題とされた「サービスの画一性」やサービスを提供する側の「お仕着せ的な対応」は、対等・平等な関係による利用契約制と個別支援計画の策定と同意（これは法的義務です）によって克服されると国・自治体は説明してきました。施設関係者の多くは、契約利用制への制度変更にさまざまな努力を積み重ねてきたものと受け止めています。

　しかし、契約利用制に移行した後も、契約利用制度そのものの説明が十分にされていない（または理解が進んでいない）、契約に際して利用者の権利・義務に関する説明が丁寧にされていないのに「自動更新」を機械的に繰り返している（または更新ごとにいちいち説明を受けることが面倒で「自動更新」にしてしまっている）、個別支援計画の内容と説明が不十分なまま形式的に「捺印」しているような実態がある（または個別支援計画への同意捺印が法的義務であるほどの重要性を持っていることに十分な理解がない）などの声が、多くのご家族から寄せられていました。

そこで、契約利用制、個別支援計画の策定・同意、およびこれらをめぐる利用者・家族と施設との関係性についての現状を明らかにすることによって、施設利用者・家族と施設が未来に向かって共に歩みを進めるための具体的な指針を得るために、この調査を実施しました。

２．調査方法

◇調査主体
- 全国知的障害者施設家族会連合会 PT 会議

◇調査対象
- 全国知的障害者施設家族会連合会の本人・家族会員及び本人の成年後見人

◇調査方法
- 質問紙郵送法（一部にファクシミリによる回答を含む）

  なお、質問紙（調査票）は後にあります。調査票の内容と構成は、次の文献を参考に PT 会議が作成しました。

  1）柳澤亜希子「特別支援教育における教師と保護者の連携──保護者の役割と教師に求められる要件」（『国立特別支援教育総合研究所研究紀要』第 41 巻、77-87 頁、2014 年）

  2）宗澤忠雄『特別支援教育における学校と保護者の連携に関する研究』（埼玉大学紀要教育学部第 67 巻 (2)、31 - 48 頁、2018 年）

- 調査期間　2018 年 4 月 2 日〜 23 日

３．調査結果

⑴　有効回答数と回答者の属性

◇有効回答数 1,273 件（＝ n）
- 有効回答数 1,273 件のうち、利用契約や個別支援計画の説明を受ける際の施設職員（施設長、サービス管理責任者を含む）と本人・家族との関係

性について 5 件法で問うた部分の回答のみが 1,116 件、契約や個別支援計画の同意をめぐって不利益やその疑いについての記述欄に、何らかの記載のある回答が 157 件です。

- 不利益にかかわる記述欄に、何らかの記載のあった 157 件の内、「不利益はない」という趣旨だけを述べたものが 21 件、文章の意味不明なものが 4 件あり、これらを合わせた 25 件については、記述ケースの集計から除外しました。したがって、記述ケースとして集計した回答数は、132 件です。
- 記述ケースとして集計した 132 件のうち、記載が複数の内容にまたがる場合には、それぞれの内容にしたがって分類することとしたため、述べ回答数は 148 件です。

◇回答者の属性（図表 1）
- 回答者は、NA（無回答）を除き、ご家族 1,051 人（82.6％）、成年後見人 101 人（7.9％）、本人 7 人（0.5％）です。

図表 1　回答者の属性

No.	カテゴリ	件数	割合 (%)
1	障害のあるサービス利用者本人	7	0.5
2	ご家族	1051	82.6
3	成年後見人（補助・保佐・後見）	101	7.9
4	NA	140	11.0
	不明	0	0.0
	N (%ベース)	1273	100.0

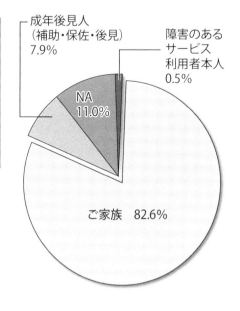

図表2　契約や個別支援計画の説明時の関係性

			合計	とても良い	やや良い	どちらでもない	やや悪い	とても悪い	NA（無回答）
関係性	信頼関係	回答数	1273	688	387	117	44	20	17
		割合%	100.0	54.0	30.4	9.2	3.5	1.6	1.3
	コミュニケーションのしやすさ	回答数	1273	628	465	126	31	11	12
		割合%	100.0	49.3	36.5	9.9	2.4	0.9	0.9
	職員の専門性	回答数	1273	495	482	161	85	23	27
		割合%	100.0	38.9	37.9	12.6	6.7	1.8	2.1
	基礎的な敬意	回答数	1273	607	340	181	65	60	20
		割合%	100.0	47.7	26.7	14.2	5.1	4.7	1.6
	献身的な姿勢	回答数	1273	570	454	154	64	15	16
		割合%	100.0	44.8	35.7	12.1	5.0	1.2	1.3
	対等性	回答数	1273	614	432	146	43	15	23
		割合%	100.0	48.2	33.9	11.5	3.4	1.2	1.8
	人権擁護	回答数	1273	582	402	191	51	23	24
		割合%	100.0	45.7	31.6	15.0	4.0	1.8	1.9

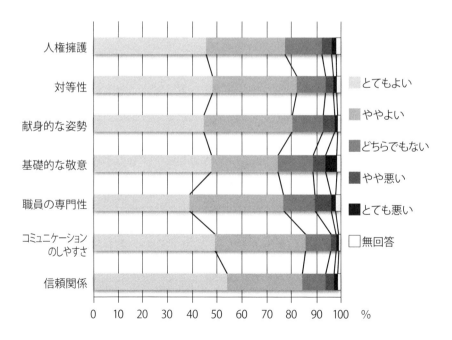

⑵　施設職員と本人・ご家族との関係性に関する調査結果

◇サービス利用契約を交わすときや個別支援計画への同意をするときの場面で、施設職員（施設長、サービス管理責任者、担当職員）と本人・ご家族との関係性を７つの点から質問した回答の結果は図表２に示すとおりです。

◇「コミュニケーションのしやすさ」と「信頼関係」については、「とても良好」「やや良好」を合わせた肯定的評価が多くなっています。

◇「職員の専門性」「基礎的な敬意」「人権擁護」の３点については、肯定的評価が低くなっています。とくに「職員の専門性」については、「とても良好」とする評価が全項目の中で最も低い結果となっています。

⑶　不利益を被った体験等の記述回答の調査結果

　サービス利用契約や個別支援計画への同意をめぐり、なんらかの不利益を被った体験やエピソードを記述していただいた欄の調査結果です。質問した内容は、サービス利用計画と個別支援計画をめぐる不利益についてですが、広範多岐にわたる記述内容の記載がありました。

　そこで、多様な記述内容を分類するために、さいたま市障害者相談支援指針のアセスメントシートを構成する上位項目を参考（さいたま市のホームページから「さいたま市障害者相談支援指針」を検索すると、このアセスメントシートにアクセスすることができます）に、11項目を設定して整理しました。それぞれの項目とその回答数は、次の通りです。（　　）内は回答数で、項目ごとに、施設にある問題の指摘、取り組みの報告などの簡単な内訳を示しました。すべての記述内容については、後に掲載しています。

◇記述欄の分類項目と回答状況

　〈１．生活基盤・居住環境にかかわる支援・配慮（3）〉

　　　例）　居室のあり方／プライバシーの確保／バリアフリー等

　　　・この項目の記述内容は、すべて施設にある問題の指摘でした。

〈２．健康・障害・疾病にかかわる支援・配慮（14）〉

　　例）　受診・通院／服薬管理／健康管理／施設内部の医療的ケア

　　・この項目の記述内容は、すべて施設にある問題の指摘でした。

〈３．コミュニケーション・情報保障にかかわる支援・配慮（17）〉

　　例）　人への意思決定支援（意思形成・意思表明・意思実現）／支援の内容・方法にかかわる説明

　　・この項目では、16件が施設にある問題の指摘で、1件は保護者会の取り組みを報告したものです。

〈４．日常の基本生活にかかわる支援・配慮（12）〉

　　例）　食事／排泄／入浴／整容／洗濯・掃除／送迎

　　・この項目の記述内容は、すべてが施設にある問題の指摘でした。

〈５．社会的な生活にかかわる支援・配慮（5）〉

　　例）　利用者同士の関係性／金銭管理／地域生活／趣味・レクリエーション／当事者活動

　　・この項目の記述内容は、すべてが施設にある問題の指摘でした。

〈６．日中活動・労働にかかわる支援・配慮（2）〉

　　例）　活動の質・内容／工賃

　　・この項目の記述内容は、すべてが施設にある問題の指摘でした。

〈７．施設・事業所の管理・運営（26）〉

　　例）　職員体制／職員の連携／指示系統

　　・この項目では、22件が施設にある問題の指摘で、4件は保護者会や施設の取り組みを報告したものです。

〈8．行動障害への対応（5）〉

- この項目では、4件が施設にある問題の指摘で、1件は支援を高く評価したものです。

〈9．サービス利用契約・個別支援計画そのもの（22）〉

- この項目では、施設にある問題の指摘が11件、個別支援計画の取り組みそのものに懐疑的または否定的な見解を述べるものが4件、現状や取り組みの報告であるものが7件です。

〈10．感謝（32）〉

例） 施設に感謝／大過ない日常だけを望む／自立、地域生活、生活の質よりも平穏な日々さえあればよい

- この項目の内訳はとくにありません。すべて感謝を基本とした記述です。

〈11．その他（10）〉

- この項目は、施設にある問題の指摘が5件、制度や取り組みのあり方についての提案が4件、取り組みの報告が1件です。

4．調査結果の考察

⑴　施設職員と本人・ご家族等との関係性

①7つの項目の関連性から

　施設職員と本人・ご家族との関係性を尋ねる7つの項目（信頼関係、コミュニケーションのしやすさ、職員の専門性、基礎的な経緯、献身的な姿勢、対等性、人権擁護）は、それぞれに異なる事象を指すものではありません。サービス利用契約や個別支援計画の説明時の関係性について、7つの視点（あるいは角度）から迫るために設定した項目です。

　このことについて解説すると次のようになります。

調査票では、各項目の具体的な内容を例示しています。「職員の専門性」は「施設長、サービス管理責任者、担当職員の支援に関する専門性」とあります。「人権擁護」は「障害の重さ・行動障害等を理由に支援が難しいとは言わない、すべての利用者とその家族に対する分け隔てのない態度、面会・通信・行動に制限を設けない、選挙権行使の取り組みがあること等」とあります。

　ここで、「人権擁護」にある「障害の重さ・行動障害等を理由に支援が難しいとは言わない」という内容は、「支援の専門性」がなければ担保できない内容として密接に関連していることがわかります。契約や個別支援計画の説明時に、この関連性がたとえば次のように表れます。契約書や重要事項説明書において「行動障害を理由に一方的な契約解除はしない」という福祉サービスの利用権を擁護するとともに、個別支援計画には「行動障害を軽減するための支援内容」が科学的根拠をもって記載されていることです。

　今回の調査結果において、「職員の専門性」と「人権擁護」の2項目に肯定的評価の低さが認められることは、施設支援における人権擁護は支援の専門性がなければ成り立たないという基本が、現在の障害者支援施設の課題であることを明らかにしています。

②肯定的評価（「とても良い」「やや良い」の合計）が8割前後を占める結果について

　関係性についての回答結果は、「とても良い」と「やや良い」を合わせた肯定的評価が8割前後となっています。すでに指摘したように、「職員の専門性（支援の専門性）」「基礎的な敬意」「人権擁護」の3項目については肯定的評価の低さは確認されていますが、これらの項目の肯定的回答も7割を超えています。

　しかし、この回答結果に分け入ってみると、項目間の回答傾向には間尺に合わない点があることがわかります。

　「基礎的な敬意」（ご家族のこれまでの養育・養護に対して敬意と尊重を払おうとする姿勢、上から目線で話しかけたり関与することのない態度）について低い評価がある

一方で、「対等性」（障害のある人の実態のとらえ方や支援方針について、職員が一方的に決めつけるのではなく、障害のある人や家族との対等な話し合いによって共通理解を作る努力をすること）には高い肯定的評価が出てきます。また、「職員の専門性」に低い評価があるのに、「コミュニケーションのしやすさ」（契約や個別支援計画についての話し合いで、コミュニケーションがしやすい）には高い肯定的評価が出てくる点は、いささかつじつまが合いません。「支援の専門性」や「人権擁護」については十分な信頼がないにもかかわらず、「信頼関係」と「コミュニケーションしやすい」という肯定的評価の多い点も矛盾しています。

　支援と生活の質を重視して、職員との関係性を評価するのであれば、「専門性」と「人権擁護」がもっとも重みのある項目となり、この２つの項目が他の項目の回答を規定するはずです。しかし、このような回答傾向を確認することはできません。全体的に８割前後もの肯定的評価が出てくる回答結果の傾向には、「専門性」や「人権擁護」とは異なる別の要因が介在している可能性を示唆しています。

　たとえば、特別支援教育を受けている障害のある子どもと親に、学校の教師との関係性や要望を尋ねた調査（宗澤忠雄『特別支援教育における学校と保護者の連携に関する研究』埼玉大学紀要教育学部第67巻(2)、31‐48頁、2018年）では、教師（担任だけでなく、校長・教頭を含む）に対する感謝だけでなく、「専門性」と「人権擁護」を柱とする意見や異論・批判が数多く出てきます。それに対して、今回の調査に示されるご家族等の回答は、施設に対する意見や批判はむしろ少ない点に特徴が認められます。

　学校教育は全国民を対象とする普遍的な制度であるために親は「要望が言いやすい」のに対し、障害福祉サービスは一部の人に対するサービスという点で「要望を言いにくい」のかもしれません。また、子どもが学校に通学しているライフステージと、学校を卒業してすでに成年に達し、自分の子どもも高齢化に向かっているようなライフステージとの間には、問題構造の相違があることも推測されます。この点については、最後に分け入った考察をすることとします。

⑵ 不利益を被った体験等の記述回答から

　自由記述欄の質問は、「サービス利用に関わる契約や個別支援計画への同意をめぐり、不利益を被ったご体験やエピソードについて、具体的に記入」することでした。

　しかし、契約や個別支援計画に直接関連する回答数は22件にとどまり、その内訳は、施設にある問題の指摘が11件、個別支援計画の取り組みそのものに懐疑的または否定的な見解を述べるものが4件、現状や取り組みの報告であるものが7件です。最も多い記述項目は、施設への「感謝」の32件となっています。その他の項目については、内容は分散しているものの、施設にある問題への指摘が合計95件ありました。

　契約と個別支援計画とは別の項目で95件もの問題指摘がある事実は、問題解決の主要な手立てとして契約と個別支援計画が必ずしも位置づいていないことを示しています。ここにはさまざまな背景事情があります。

　1つは、記述内容を分類する項目の「9.サービス利用契約・個別支援計画そのもの」の回答にある「個別支援計画の取り組みそのものに懐疑的または否定的な見解」がある点です。個別支援計画は、「ほとんど同じ内容を繰り返しているだけ」という指摘も多く、そのような中身のない個別支援計画の作成・説明・同意・捺印に時間と労力を使うことの無意味さが記述されています。個別支援計画の多くはほとんど毎年同じ内容の形骸化したものが作成されていて、これに合意して捺印をもらうことが法的義務であるために説明と捺印の手続きはあるのですが、ただ面倒なセレモニーに終始しているという悪循環があるのでしょう。個別支援計画がマネジメントサイクル〈PDCAサイクル：Plan（計画）⇒ Do（実行）⇒ Check（点検）⇒ Action（評価）〉に位置づいて、不断に更新され、支援を充実させていくことへの施設の自覚の不十分さにご家族の諦観さえ生まれている実態は、まことに深刻であると言わざるを得ません。

　さらに、サービス利用契約は、施設入所時の最初の契約や数年前の契約をした後は自動更新になっているようすがうかがえます。これらは、契約利用制と個別支援計画という障害者の権利擁護のための手立てがいかに形骸化し

ているのかを端的に示すものです。

2つ目は、95件におよぶ施設の問題指摘がありながら、契約書と個別支援計画書には必ずしも関連づけられていない点についてです。ここには、契約と個別支援計画が利用者の権利を守る手立てとして重要であることへの理解が十分ではない、あるいはまた、その点は重々承知しているのだが契約時と個別支援計画への同意捺印の際に、なかなか利用者からは意見を言いにくい等の問題が考えられます。施設に対して本当は言いたいことはあるのだが伝えきれていない問題があるとみるべきです。これらの声や不満を潜在化させず、施設や行政に対して声を上げられるように、家族会・利用者本人の会の活動のあり方を改善していく課題があります。

3つ目は、旧態依然とした問題のある点です。医療や健康にかかわる項目の中では、服薬で「眠らされる」ことへの疑問に対して、医療との連携を図りながら積極的に共通理解を作ろうとしない施設のあることがわかります。職員が定着しない、職員定数が埋まらない中で支援をやりくりしている、施設長がころころと変わるなど、支援を遂行する組織の基本的問題が、制度的な貧しさを背景に深刻化しているようすがうかがえます。

⑶ 全体考察

施設と本人・ご家族との関係性については、肯定的な評価が8割前後と高く、「専門性」と「人権擁護」が評価の重要な視点として位置づいておらず、その他の要因が介在している可能性を指摘しておきました。また、契約と個別支援計画をめぐる不利益を質問した記述については、施設への多様な問題の指摘があるにもかかわらず、契約と個別支援計画にそれらは関連づけられることが希薄で、むしろ施設への「感謝」が多く認められました。

このような回答結果には、どのような事情が働いているのでしょう。

障害のあるお子さんを育ててこられた海津敦子さんは、ライフステージが進む中で親が追い込まれていくプロセスについて、次のように指摘しています（海津敦子著『先生、親の目線でお願いします！』40‐69頁、学研教育出版、2012年）。

障害のある子どもが学校に通う時代は、先生から「まだできていない」課題の指摘が延々と続きます。たとえば、「まだお箸が使えませんね」「洋服の前後がまだわからず、着替えに時間がかかりますね」とさまざまな「できないこと」の指摘が続きます。ここで、専門性の高い先生であれば、1人ひとりの子どもにふさわしい手立てを具体的に考え、子どもが課題を1つひとつ達成していくための支援や指導を行います。しかし、専門性の乏しい教師も少なからずいるのが現実です。保護者が学校でどのように対応しているのかを尋ねると「本人ができるように手伝っています」と答え、子どもの成長と発達を促す専門性を放棄しているとしか言いようのない教師がいることがわかります。

　障害のある子どもの保護者は、わが子の「できないこと」をよく知っています。努力を重ねても簡単にはできるようにはならないところが、「障害がある」ゆえんであるのに、学校の教師から「できないこと」を指摘され続けると、一方では、保護者が「またか」とうんざりする心境になり、他方では、「どうにかしないといけない」と焦る気持ちを抱くのです。

　とりわけ、大人になってからの心配を絡ませた「できないこと」の指摘は強迫性を帯びます。たとえば、「おはようございます、と自分から言えるようにしないと、将来、社会に出てから困るので頑張りましょう」と教師から「熱心に」言われることです。特別支援学校の中学部から高等部にかけては、とくに「将来」と「困る」の二語をキーワードにたたみかけられることが多くなります。社会に出れば、学校にいた時代のようにはいかない、もっと厳しい世間が待っているという不安を煽られているようです。

　保護者は、一つできるようになっても、また次の「できないこと」が待っているようなわが子のことを、学校の先生が頑張って指導してくれているのだから、できる限り「家庭でも努力しなければ」と考えがちです。学校の教師の「将来」と「困る」をキーワードにした生徒指導に対する強迫性は、保護者のわが子に対する「ここまでできるようにならないと将来困る」という強迫性に転じて、場合によっては、子どもに「手を上げて厳しくしつけるように」なってしまう親まで出てきてしまうのです。

学校の教師が、子どもの将来を思って「できないこと」を1つでも減らし、「将来困らないように」指導していることは、「できないこと」が多くあればあるほど「将来、社会に迷惑をかける子として困るのですよ」というメッセージにもなります。それは、保護者に「このままでは将来、誰からも愛されずに困ると思うので、この子を残しては死ねない」という切迫した心境をもたらすことにもつながっていきます。

　そして、学校を卒業し社会に巣立つ年齢に達したとき、障害のある若者・成年たちは子ども時代よりもはるかに力をつけているにもかかわらず、やはり「できないこと」がたくさんあります。そして、障害者支援施設等の福祉サービスを利用するようになって、保護者は「こんなにもできないことばかりのたいへんな子を引き受けてもらっている」「他ではこんなたいへんな子を引き受けてもらえない」と自ら考えるようになっていくのです。もし、障害者施設で不適切な支援や虐待があったとしても、「職員の先生は一所懸命やり過ぎただけ」と受け止め、改善すべき施設の問題から目をそらしていくことさえあるでしょう。

　以上が、海津さんの指摘の要約です。この指摘から今回の調査結果を考察すると、次のような筋書きが考えられるのではないでしょうか。

　親は、自身の高齢化が進むにつれて、成年に達した障害のあるわが子の面倒をいつまでも見続けることは困難だと理解しています。「親亡き後」と言われる問題です。このような追い込まれた現実を前に、障害者支援施設に入所することができるようになると、「障害の重いたいへんな子の面倒を見てくれる」「他のところではこんなたいへんな子を引き受けてくれない」と親は考えるようになってしまいます。

　そして、「うちの子どものことでたいへんお世話になっている」負い目のようなものから、親の施設に対する「控え目さ」が前置きされるようになるのです。このような「控え目さ」は、さまざまな姿形となって表れます。たとえば、科学的なアセスメントに基づく個別支援計画をきちんと策定し、それに基づく支援サービスの充実によって生活の質を上げて欲しいというような「贅沢は言わない」ようになります。また、そこまでのことを期待しても

今の施設職員の専門性の水準から言えば実現できないし、「自分から要望を言って、施設との関係を気まずくするのは避けたい」。最後には、「日々の暮らしを大過なく送る」ことにまで縮めた親のせめてもの思いが、施設・施設職員との関係性を考慮する基軸に居据わるようになっていくのではないでしょうか。

　このように見てくると、施設と本人・ご家族との関係性には肯定的評価に全体的な高さがありながら、「専門性」と「人権擁護」については評価が低いこと、また多様な施設への問題指摘がありながら「施設への感謝」が多く語られることに、一貫したつながりのあることが理解できます。

　措置制度時代の画一的な処遇を克服し、それぞれの利用者のニーズにふさわしい支援と生活の質を向上させることは、サービス利用契約と個別支援計画への同意という仕組みを形式的に運用するだけでは決して実現しない問題であることが明らかになりました。高齢化の進む親と家族が障害のある人の権利を擁護するだけでなく、施設利用者の人権擁護に資する成年後見活動の拡充は必要不可欠です。また、千葉県袖ケ浦市の障害者虐待による死亡事件の反省から千葉県で一時導入が試みられた「パーソナル・サポーター制度」は、今後の取り組みに重要な示唆を与えています。施設職員と家族から独立した障害のある施設利用者の人権擁護にかかわるサポーターであり、このサポーターに意思決定支援の専門性を含めて制度化を目指す方向性は、全施連としても積極的に検討すべき重要課題です。

[資料] 記述回答一覧（分類済）

1. 生活基盤・居住環境にかかわる支援・配慮

〈1－1〉不穏を「迷惑」で片づけるように、人権なんて考えていない。32年間も入所していたのに写真の1枚もなく、退所時アルバムは空で渡される。ケガは絶えず、今でも傷跡がたくさんあります。弟を引き取るときには、兄の住所を勝手に移転先に書き込みました。施設は、前もって兄に連絡し、移転先にしていいかの同意をとることもしません。荷物を送っても受取証さえない。とんでもない施設です。他にも、口に出してものを言えない、頼むところがないと感じている家族はたくさんいると思います。どうかそんな家族、利用者を助けてください。県は監査にも入らず、2度目のTELでは県の担当者が出張に行くからと、まともに話を聞かずです!!

〈1－2〉特にありませんが、開所から20年目を迎える施設です。当初から2人部屋の状態ですので、施設側の方針もあるとは思いますが、多少ローテーションなどを考慮されてはと考えます。

〈1－3〉カメラの設置はいつ？　早くつけて!!

2. 健康・障害・疾病にかかわる支援・配慮

〈2－1〉病気になると、家族で病院に連れて行ってくださいと言われます。担当が不足しているからと言うのですが、とても困りました。その後、担当職員が決まりましたとの連絡を受けて、私と一緒に病院に行くことになりました。病院に行くと、予約を入れていなかったため、9時に行って13時過ぎまでかかり、とても疲れました。結果がわかる1週間後には、また人手が足りないので家族で行ってくださいと言ってきます。施設で毎日支援している人が通院に同道せず、私が行ってもどう対応していいものかとても困り、施設の方に爆発（八つ当たり）してしまいました。このようなこ

とは、他の施設でも起こっているのかな〜と思います。施設にはいつもお世話になっており感謝していますが、今回のようなことがあると不信が募ります。

〈2‐2〉以前は同じ施設の利用者の方からの噛みつきなどで、いつもアザができていました。職員の方は発作のときぶつかってできたアザと説明しましたが、証拠がないため何も言えませんでした。まだ、他にもあります。今後、全国の障害のある本人とご家族の方のご意見もぜひうかがいたいと思います。

〈2‐3〉私の子どもには反社会的行動があり、この問題を直して行動を改善する指導まで心がけていただきたい。このような支援を要望しても、「そこまではやらない、法規でそうなっている」と言い、この20年間、いっこうに行動が改善しないのは残念です。親は高齢化し、本人には悪いことはするなと言って聞かせても、よくはならない。投薬が多く、以前よりコミュニケーションがとれなくなっています。今後少しずつ減薬してもらいたいと考えています。

〈2‐4〉高齢障害者に対する支援サービスについては取り組みがまだ浅く、施設長やサービス責任者は、誤嚥リハビリや骨折予防、口腔ケア等に重点を置いて職員の教育を始めていますが、職員の移動や新任でその習熟度はバラツキがあります。特に看護体制の強化で看護師の増員をしていますが、障害者看護の経験者は少なくて手探りの状況にあります。

〈2‐5〉精神科で処方される薬を10年以上服薬してきました。落ち着きがないため、さらに「薬を増やしましょう」と施設から言われて増やしましたが（「こだわりが少なくなる薬」と説明された）、こだわりは取れず、1つひとつの行動に時間がかかるようになっただけです。施設では扱いやすくなったかもしれませんが、家ではむしろたいへんになったため、「すべての抗精

神薬をやめたい」と訴えたところ、もめました。親が言っているのに、すぐには聞いてもらえず話し合いになりました。

その結果、時間をかけて薬をすべてやめました。何も変わりません。よくはなりませんが、悪くもなっていません。薬はやめてよかったです。

〈2‐6〉 内服薬を常用していますが、できるだけ早く、飲まなくてもいい状態にしたいのに思うように進みません。かかりつけ医よりも、施設の看護師の意見に押された薬の処方になるところがあります。

〈2‐7〉 私のきょうだいは、今、施設にお世話になっています。もう40年近くになりますが、今までは何事もなく平和でした。ところが昨年、傷害事件がありビックリしました。

きょうだいが寝ている夜中に、他の利用者から、ラジカセや箒で頭や腕などを強打されたのです。普通なら、すぐに救急車を呼ぶとか夜間緊急病院に連れて行くと思うのですが、休日だったので、翌日に看護師が来てからようすを見て病院に連れて行くとのことでした。病院で検査して大丈夫だったとの報告を受けましたが、後日の面会日に行ったら、目は開いていない、傷だらけの痛々しい姿でした。加害者の方については、個人情報保護を理由に施設はなかなか教えてくれません。職員にこんな場合は違うと伝えて、やっと加害者側と連絡をとることができました。

相手の方は、さまざまな施設で事件を起こしてきた利用者だったと耳にしました。その親御さんは精神安定剤の服用を施設にお願いしているのに、担当職員が飲ませていなかったと言われました。

そのことを私は施設の職員に伝えましたが、「それについてはよくわからない」とお茶を濁し、きょうだいがケガをした事件についてもちゃんとした説明をしません。その後、「申し訳なかった、もう2度とこのようなことが起こらないようにします」と言いましたが、この後、別の利用者が被害にあい、今は車いすでの生活をされています。

私のきょうだいはその後、この事件が原因となって、○○を手術しまし

た。○○の部位は、日にちがたたないと症状が出てこないそうです。そして、すぐにまた再発して、もう1度手術をしました。いつ再発するかわからず、きょうだいも私もたいへんです。

　施設長は、加害者の利用者には出て行ってもらいましたからもう大丈夫ですと言われました。そんな問題じゃないと思います。ケガをしてもすぐに病院に連れて行かないのはおかしいし、事件が公になることを恐れて隠そうとしているとしか思えません。今では何事もなかったような態度です。

　きょうだいは、いつ再手術になるかわからない状態です。相談したくても、どこに言えばいいかわからずにいたところにこのアンケートが届いたので書かせてもらいました。きょうだいには、心の傷も負っているのがわかります。

〈2‐8〉 ケガをした場合に、どういった原因なのか、その経緯はどうだったのかなど、作成した報告書のコピーを家族に送付報告してもらいたい。電話で済ますことはやめて欲しい。

〈2‐9〉 私の子どもが、昨年、食欲不振になったとき、内科専門の病院に入院させようと考えました。その際、主治医の同意書が必要でしたが、主治医は自分の病院で面倒を見ると言って、紹介状を書かずに入院させました。その主治医は内科の医師ではなく、体重の減少が続くだけで、4か月も無駄な入院生活を強いられました。

〈2‐10〉 私の子は還暦を迎えました。思春期には体力がついて急激な成長をみせ、自転車に乗れるようになり、言語の力も発達しました。ところが、児養施設の時代に、急に動きが激しくなったとして安定剤を投与されました。成人の施設では、暴力をふるうことを理由に精神科病院に1か月ほど入院させられました。退院後には、言葉の力は衰え、自立できていた排泄処理もできなくなるなど、最重度の全面介助の状態になってしまったのです。手の動きはあったのですが、施設が時間の都合からか、本人にさせる

手間を省いて介助してしまい、使わない左手から拘縮が進み、次いで右手も固まってしまい、全介助になっています。今は、身体障害手帳2級です。

　施設長の自覚のなさ、職員の不足、研修の足りなさに、親の無知や遠慮が重なり、障害のある利用者の不幸が生まれています。

〈2‐11〉保護者会として、安定剤投与の問題を含む6項目の要望書を法人に提出しました。施設長は、薬が本人の意思決定を阻害しているとの文書を保護者会に出しているにもかかわらず、何も改善しようとしません。「医者の意見だ」「看護師が納得しない」などと言い訳を続ける施設長に、「医者からリベートをもらっているのか、これだけ親が反対し、あなたも意思決定を阻んでいると認めているのに止めないのなら、県・市に訴え、マスコミにも伝えて、施設のあり方を世間に公表して問うがそれでいいのか」と声を大にして迫った結果、ようやく私の面前で病院に薬をやめると電話をしました。施設には1年近く抵抗し続けたことになります。以前にてんかんだと言われていて服用していた薬もやめたところ、その後はけいれんもなく、声かけにもさっと振り向き、意味不明ですが声も出していて、今後の変化を注視しています。

　以上が自分の子の薬をめぐる経緯です。他の利用者にも目を向けると、施設訪問の度に2人の利用者がいつも眠っていることに気づきます。薬で眠らせていると考えられます。再度、保護者会として問題の改善に取り組むために思案中です。職員が不足して安全第一としてやっているかも知れませんが一日中眠っているのは異常でしょう。

〈2‐12〉長年、朝昼晩と薬をのみ続けています。医務の職員に昼の薬を空けてはどうかと相談し、病院の院長に言ったら、今のんでいるから結果がよいのであって、昼の薬を抜いたら、また発作が起きるので続けてほしいと言われました。もう少し利用者の気持ち、親の気持ちにもなってもらいたいと思います。

〈2‑13〉行動の変化には、何かの原因があるはずです。そのことを探る努力をすることなく、行動が激しくなると、ただ薬を増やすだけです。すると、寝ているばかりで、顔の表情はなくなり、とてもかわいそうでした。本人は言葉がないのではっきりとはわかりませんが、薬のせいで、めまいやふらつきも出ているように思います。

〈2‑14〉施設に対して疑問を感じています。以前から睡眠薬を服用していましたが、朝ものむようになり一日中ふらふらの状態です。夜の睡眠薬は眠って外に行かなくなるので、黙認していました。現在は、薬の調整という理由で病院に入院しており、子どもの姿を見たら紙おむつをはかされ、手足を縛られていました。とても納得のいく姿ではありません。支援員が足りず自分も高齢者で弱い立場です。問題行動を起こす息子と施設には何も言えず我慢しています。

3. コミュニケーション・情報保障にかかわる支援・配慮

〈3‑1〉家族と職員のコミュニケーション不足は、施設の閉鎖性を強くする要因だと思います。施設の近くに他の用事で来たときに立ち寄ると「用がないのなら来ないで結構です」と言われ、驚いてしまいました。家族の自然な面会さえ許さない態度はおかしいと思います。

〈3‑2〉個別支援計画作成のとき、家族と連絡をとりづらい人に対する配慮をして欲しいです。特に施設の側から面会しに行く、TEL や FAX などの手をつくして、障害者本人の支援のことを話し合う姿勢を見せてほしいと思います。職員と家族がコンタクトをとれるよう、ぜひ配慮してください。

〈3‑3〉施設職員のみなさんにはいつもお世話になっております。施設から帰省したとき、子どもから「担当が○○さんから○○さんに変わったよ！」と教えてくれます。最近は職員の出入りが多いため、名前を聞いてもわからない人が増えました。電話で「担当になりました」と教えてもらったり

もしますが、担当職員の方が気になります。何かお便りなどで通知をして
ほしいといつも思っています。

〈3‒4〉帰省で迎えに行くとき、夕食をすませてからと施設に伝えておくの
ですが、家に帰ってきたら「夕飯は食べてないよ」と言うので、びっくり
したことが何回かありました。電話で夕食をお願いしておいたのにどうし
てかと思います。

〈3‒5〉職員が一方的に決めつけた話をしてくると、親は「そうですか」で
話が終わりになりがちです。

〈3‒6〉もともと施設職員と話をする機会はほとんどありません。施設も話
しに来れば受けてやるというスタンスで施設から積極的に情報が出ること
はありません。

〈3‒7〉入退院を繰り返しているのですが、入院したことの連絡は遅く、途
中経過の報告もなく、退院の連絡すらありません。退院後に病院へ見舞い
に行き、すれ違いになることさえありました。入院中の途中経過も含めて、
きちんと連絡はして欲しいです。

〈3‒8〉普段のようすを何1つ教えてくれません。

〈3‒9〉私には知的障害のある子どもが2人いて、きょうだいが別々の施設
に通っています。下の子の施設にはよくしていただいていますし、本人も
喜んで通所していますが、上の子が通所していた施設は親と本人の意向を
なかなか聞いてもらえず、家庭の事情もわかっていただけません。
　上の子は、その施設に3年近く通いましたが、今年に入って本人が通所
できなくなりやめました。通所しはじめたときから「精神的に弱いので就
労継続支援A型事業所をさがしています」と言い続けてきましたが、「就

労する力があるのにＡ型はもったいない」と言われ、何度伝えても聞いていただけませんでした。支援員から「服は暗い色でないといけない」とか「女のくせに」とか言われたようです。施設内で、子どもは相談したくても誰もが相談できる雰囲気ではなく、そのストレスからか家でパニックを起こし、下の子にも八つ当たりをしたり、包丁を振り回すことまで起こりました。そのことを施設に伝えても「包丁をふり回したんだって（笑）」で終わったそうです。やめるときも「精神的にも肉体的にも行ける状態ではないのでやめさせます」と伝えて、親があいさつに行こうとしたら、「本人が来るべきだ、本人が来るように」と何度も言われました。やめてからも、本人は「施設長さん、支援員さんに怒られる」と言い続けています。しかし、施設を辞めてから上の子は明るくなり、元気が出るようになりました。新しく通うようになったＡ型事業所は、「支援員さんも優しいし、話ができるのがうれしい」と言っています。以前の施設は、厳しい指導で、就労の実績もあるようですが、私の子どもの特性に応じた支援ではなかったと思っています。

〈3‐10〉障害支援区分の変更通知（5→4）が成年後見人でもある親にありました。この変更の決定は、本人と施設担当職員、市職員の三者で調査をした結果の変更であったとのことでした。親であり成年後見人でもある私に、事前の連絡もなく決定したことに驚きました。その上、障害支援区分が5から4への変更でしたので、早速、変更の決定についての不服審査請求をしたところ、市の担当者から再度、調査をしたいと連絡がありました。最終的には、私と市の担当職員との話し合いもでき、障害支援区分が5に戻りましたので安堵しました。しかし、このような調査については、施設側は事前に成年後見人である私に連絡していただきたいと思います。このことでは、一時期本人が不利益を被ったのではないかと思います。

〈3‐11〉家族の方々にも、態度に問題があるように思います。施設への往来、放置、任せっ放しなど。今後は、親ではなく、兄弟姉妹、いとこらとの交

流も大切だと思います。

〈3‐12〉親・家族の意見を聞いてほしい。本人の気持ちを理解してほしい。

〈3‐13〉親から保護者を引継ぎ、後見人となって3年あまり。高齢化する保護者会では目立つ若さだけで副会長になって2年になりました。施設や職員さんたちとのつき合いはまだまだ浅いものの、一般のご家族よりお会いする機会も多くあります。会って話す機会が多ければ施設や施設長、担当職員さんを理解することにつながります。保護者会の一員となり、行事に多く参加し、利用者さん、職員さんと共に楽しみ、共に笑うことが、共に理解し信頼を生むことと思えてきました。

〈3‐14〉毎週末に外泊をさせていただいていますが、ときどき外泊時の連絡票を施設が渡し忘れていることがあります。迎えにくるのが母だったり祖母だったりと同じ人ではないため、こちらでもその場（迎えに行ったとき）に気付いてお声がけできればよいのかなと思います。

〈3‐15〉今現在は良好な関係ですが、以前はこちら側からの問いに対して、明確な返答が得られないことが多々あり、施設、担当職員に対し不信感を持ったことがありました。

〈3‐16〉施設と利用者本人・家族との対話だけでなく、施設と自治体の懸案事項が利用者の家族にも届くようにしてほしい。

〈3‐17〉家族側から施設と信頼関係を作る努力も必要ではないでしょうか。

4.　日常の基本生活にかかわる支援・配慮

〈4‐1〉トイレのロールペーパーがとても使いづらいので改善をお願いします。

〈4‐2〉 私の子は重度で、歩けますが障害支援区分6の女性です。しかし、職員さんの退職やら休職等で担当職員が女性から男性へ。「なぜ？」と思いましたが、きっと「なぜ男性なのですか？」ときいても、何の問題も起こっていないので、きっと「職員の配置変更のため、すみません」としか言われないだろうと、問題が起こるまでは言わずにおりました。しかし、やはり女性と男性です。生理やらロッカー（更衣室）の中の物までの管理が男性職員にはできないのです。担当ではない女性の職員さんがその場しのぎで対応する程度になり、ロッカー管理の引き継ぎはなく、ロッカーに必要なものが入っている入っていないでもめてしまったり……。男性ということでロッカーなどの管理ができないのなら変更していただきたいとお願いして、女性職員に変更していただきました。

〈4‐3〉 送迎があるので今の施設を選びました。送迎料を払っていましたが、送迎料は行政から支払われているので、個別に収集してはいけないそうで、送迎料の支払いはなくなりました。しかし、車の維持や車検代、修理代などの費用がかかるので、このままでは送迎ができなくなるかもしれないと施設から言われ、家族会からの寄付として、今は以前の送迎料と同じ金額を支払っています。他の施設ではこんなことはないと聞いています。なぜうちの施設だけ送迎車の維持ができないのかわかりません。

〈4‐4〉 送迎サービスを受けていましたが、車のガラスにヒビを入れた疑いで（その席にその子しかいなかったらしい）サービスを受けられなくなり、数年間、親が送迎をしています。もう1度送迎サービスを受けたいと言いだせないのです。他の施設も検討しましたが、本人は今の所がよいらしく、家族で何とかやりくりして送迎をしています。

〈4‐5〉 障害があっても1つくらいはいいところがあるはずです。そこを見出す努力を施設がちゃんとして、毎日、利用者にとって生き甲斐のある日々をつくってほしいと思います。

〈4‐6〉 利用者が居室の窓のサッシに向かって放尿をする、これは確かな事実ではありますが、その放尿が原因でサッシの金属がさびつき、窓が開かなくなりました。窓の修理をするにあたって、修理代の全額を利用者が負担しなさいと言われました（保険がきかないため）。最低限の修理（窓の開閉ができるまでの修理）におさえてもらいましたが、それでも約10万円を自己負担しました。納得いきませんでした。

〈4‐7〉 衣服を季節によって切り替えをしてほしい。

〈4‐8〉 きょうだいが通所施設を利用していて、飲水の件で不愉快な思いをしました。家では絶対500mlしか飲めない状態にしています。午後4時に施設から帰ってきて、夜の9時には寝ます。その間に2ℓほどの尿を出すのです。きょうだいに「どこでお水を飲んだ？」と聞くと、「スーパーのトイレに行ったとき」と言います。施設に電話をして確かめると、「スーパーでは1～2回しかトイレに行っていません。家の外の水道で飲んでいるのではありませんか」と言われました。「家の外の水道はカギがないと水が出ません」と言うと、「貯めてある水を飲んでいるのでは？」と言われました。もう一度きょうだいに訊ねると「外の水を飲んだことはない。スーパーのトイレで飲んだ」と言いました。家でいくら制限してもスーパーで飲み放題なら意味がありません。やっと体重も増えてきたことだし、もう少し厳しくしていただけたらと思います。毎朝、施設に行く前に「スーパーで水を飲んだら、もう面倒みられないよ、追い出すよ」と言って送り出しています。今のところ、朝迄の尿量は1ℓ以下です。家に帰って2ℓ近くの尿が出るということは、かなり飲んで帰って来るのだと思います。

〈4‐9〉 本人が使用しているもの（食器、衣服等）に不備があるのに、交換することも修理することもなく、そのまま使わせています。「世間の非常識」が「施設では常識」になっていることがあるのです。

〈4‐10〉 利用者は、だんだん年をとっていくので、将来的には施設入所でも介護職が増えることを希望します。

〈4‐11〉 利用者は年々高齢化しており、老人ホームと同様、看取りまでできる障害者支援施設となることを要望します。

〈4‐12〉 ショートステイの利用をお願いしても手がかかり、他の利用者になにかあると心配だと断られる（子どもは区分6）。

5. 社会的な生活にかかわる支援・配慮

〈5‐1〉「選挙」のときどうしてるのか、いつも疑問に思ってきました。私も時間がなかったりで、職員にこれまで改めて聞くこともしませんでした。本人には選挙権があるので、どのように取り組んでいるのか説明して欲しいと思います。

〈5‐2〉 利用者間のトラブル、とくに職員のいない場所での弱い無口な利用者へのいじめがこれまでに起きていました。現在は解消しているのかどうか不安を感じています。

〈5‐3〉 市の行事に参加したとき、お土産をいただくのはうれしいことですが、幼稚園児並の品物をお土産品に出してきます。あげるものならなんでもいいと思っているのか、知的障害のある成年を幼児扱いし、バカにしている感じです。世間一般では、知的障害者は成人してもバカで何も考えず、悩みも何もないと思われているとしても、市役所すらそうなのかと怒りを覚えたことがあります。

〈5‐4〉 施設便りに掲載してあるきょうだいの写真は、いつも半分切れているなどまともに写っていません。本人は写真が大好きなのに、他の利用者

と平等に扱ってほしいです。

〈5‐5〉 施設のクリーン作戦には、いつも同じメンバーしかきません。こない人はいつもこないので、欠席したら500円寄付してもらい、積み立てて利用者のために使うなどを考えてほしいです。

6. 日中活動・労働にかかわる支援・配慮

〈6‐1〉 施設の取り組みである作業はハードなため、作業着や靴等がすぐに駄目になってしまいます。そのたびに親が買い換えて用意をしなければなりません。施設で作業するための消耗品なので、施設方で準備していただきたいです。

〈6‐2〉 手工芸のさをり織りの作業をしていますが、工賃は収入と言える金額までには遠くおよびません。親としては、本人の収入として少しでも高い金額を望むのですが思うようにいきません。

7. 施設・事業所の管理・運営

〈7‐1〉 職員間の連携が取れていません。

〈7‐2〉 スタッフ及び職員の連携がダメなので、利用者の不利益が発生している。

〈7‐3〉 事業所の拡大により支援員の数が減り、利用者への不利益が生まれている。

〈7‐4〉 利用者が耳の後ろをケガした。カメラ設置していても原因がつかめず、施設からは謝罪や説明は一切なかった。県も動いてくれない。管理者がひどいと、その下はまともなわけがない。

〈7‐5〉 月に２回（２泊３日／回）程度、帰省しています。担当職員とのコミュニケーションもだいぶできるようになりました。本人が家に帰りたがるので、私たち親も施設での生活のようすなど聞きながら、家庭でも色々と取組んでいます。帰省することで、親やきょうだいとのかかわりを持ち、理解力もアップしてきたように感じています。今できることを精一杯やっているつもりです。施設内での生活は、それぞれ個室で過ごし、好きな音楽を聞いたり、他の利用者とかかわり、ドアを開放し、思い思いに声をかけたり……。迎えに行ったときなどに思うことですが、いつも職員の方が見ているわけではないので、トイレは行けても、きれいに拭くことができませんので、下着に付いていることもあります。部屋の掃除なども手が足りていないようすです。職員の方から、保護者の方々が思っていることを言ってもらわないと変わらないので、総会などで意見を出してくださいと言われますが、言いづらいのが本当のところです。

利用者と家族全体がさまざまな声をあげないと何も変わらないと思うのですが、保護者の高齢化が進み、「施設にお任せ」の人が大半になってきました。

私たちの利用している施設では、皆さんよくやってくださっていると思っていますが、入所者に対してさまざまな面で、手が足りていないのも事実です。現在、私が一番に思うことは、障害の多様化への対応です。それぞれ障害に違いがあるので、もっと職員を増やして、安心して見守っていける体制にしてほしいと願っています。行政は利用者のことを一番に考えてほしいです。保護者同士で話せる場をぜひ作っていきたいと考えています。また、職員の方々に「障害を持った子ども」がいたとして、自分の施設に預けたいと思えるのか……、そんな視点も持っていただいて、よりよい施設、職場になることを目的として、個々のスキルアップを図って欲しいと思っています。

〈7‐6〉 施設のルールに従うことの必要性も理解していますし、個人の特性に応じた合理的配慮もいただいていると感謝しています。ただ、個人の持

ちものに関するルールについては詳しく説明していただいていないと感じます。

〈7‐7〉 この1年間に施設長が3回替わりました。その事情について、説明がありません。

〈7‐8〉 具体的な支援項目の大部分には、実施責任者が明示されていましたが、ごく一部の項目は全職員で対応とあったので、責任の所在を明確にする立場から、責任者を配置するよう指摘をしました。その結果、その場で責任者を配置し、契約を結ぶことができました。

〈7‐9〉 担当職員が替わった場合、利用者の身体的特徴、行動、嗜好、障害の程度などの伝達をしっかりとしているのでしょうか。とくに、新入職員に対しては専門的な支援スキルを求めます。

〈7‐10〉 職員の定着が悪いため、利用者が戸惑うことがあるようです。支援に継続性のある職場づくりに努力してください。

〈7‐11〉 行事が多すぎる問題を以前から指摘してきました。保護者がだんだん高齢になってきているし、行事の当番を中心になってするとえらい目にあいます。翌日は体がだるく、起き上がれません。行事当番の中心になる人は、話し合いで決めると役員は言うのですが、「私は年をとっているから関係ない」と言って協力的でない人もいて、人手が足りません。責任感のある人にしわ寄せがいって、しんどい目にあってしまいます。職員は若い人が増えてきていますが、大学を卒業したばかりの男女で、自分の子どもと同い年くらいの人もいますが、熱心ではない人も少なくありません。ベテランの職員の中にも、話を聞かない人がいます。性格の問題かもしれませんが、私の子どもは「こだわりが強すぎ、納得のいくまで何回も同じことを聞く」からと取り合ってくれません。職員さんも忙しいとは思いま

すが、子どもの話をちゃんと聞いて欲しいです。併設されているグループ
ホームに移った職員の中にも、施設とは関係ないと子どもに話をしない人
がいます。態度が冷たい人もいます。毎日がたいへんだとしても、もう少
し利用者1人ひとりを理解して頑張って欲しいです。私たち家族も元気な
間は自分の子どもと接していますが、できなくなったら職員にお願いする
しかないので、ていねいに相談にのってください。

〈7‐12〉利用者に対する声かけが対等な関係ではないと感じています。利用
者にお願いをするときには、命令口調ではなく、対等な言葉づかいが必要
だと思います。

〈7‐13〉計画相談の担当者などの変更があまりにも多く、困惑することがあ
ります。アンケートを取る以上は現場の支援に活かしてほしいです。

〈7‐14〉利用者の高齢化に伴い、支援にかかわる職員の専門性を高める必要
があります。意欲ある職員を確保するための待遇改善が望まれます。

〈7‐15〉施設全体の運営については、上に立つ人の気配りや対応はたいへん
よいと思います。ただ職員個人の性格からうかがえる態度には気になるこ
とがありました。しかし、トップの意向が生かされて入所者への配慮はい
きわたっていると思います。すべては経営者の信念だと思います。

〈7‐16〉人員不足からくる問題が多く、それぞれの施設が悪いというより、
現在の福祉法に問題があると思います。

〈7‐17〉支援員、職員によって支援力量に個人差のあることがわかります。

〈7‐18〉施設職員により誠実さ（思いやり）に差があります。

〈7‐19〉 施設が移転するまでの間に、施設残留か GH に移行するかの問題がありました。最終的には金銭的な理由で施設残留が決まったのですが、職員は家族がうるさくて残留になったと言っていたという話を本人から聞き、残念に感じました。

〈7‐20〉 施設としての専門性はあるし、その努力もされていますが、個々の職員では差があります。人材不足が大きな要因と考えられますが。

〈7‐21〉 1 年間で 3 人も施設長がかわるのはなぜでしょうか？　説明もなかったと思います。施設は落ちつかない環境になっています。施設の職員もふりまわされているのではないでしょうか。

〈7‐22〉 職員は個人差が大きく、当たり外れがあります。適当な人に一所懸命な人などさまざまですが、勉強すれば変わると思います。いい施設というより、職員の質を問題にしなければなりません。職員のスキルアップをお願いします。

〈7‐23〉 職員の入れ替わりが多く、定着しないのが問題です。そのため、利用者の中には職員になじめなくなっている人もいます。「汚い、きつい、安い」というネガティヴなイメージの施設職員の待遇を改善してください。

〈7‐24〉 現在の施設が開設したばかりのときです。職員による利用者への暴力事件があり、その利用者の親から依頼され、施設側と対決する場面に立会うことになりました。当時の保護者会長は施設側についてしまったため、長い時間を要しましたが、最終的には市会議員が仲介者になって和解しました。あれから 30 年、紆余曲折ありましたが、保護者も学び、力をつけ、施設側も努力してきて、ずいぶん成長した施設になっています。

〈7‐25〉 施設には改善意欲もあり、良好な関係にあります。今後は、法人

（理事長・理事・評議員）に対し、常時働きかけをして、家族としての思いを伝えていく必要があると思っております。

〈7‐26〉長期的に見て、常に職員と会員（親・家族）の関係を密接にして支援スキルを上げていくよう努めなくてはいけないと考えます。その中で、最期の看取りと供養塔等までを考えられるようにするのがベストと考えます。

8. 行動障害への対応

〈8‐1〉子どもがパニックを起こして施設から迎えにきてほしいと連絡があったので、迎えに行きました。すると、当時の施設長に「この利用者がこんな状態だと他の利用者に迷惑になる」と面と向かって言われました。

〈8‐2〉不穏になり、大声を発したりものを叩いたりする行動を「迷惑」の一言で片付けられました。

〈8‐3〉以前に利用していた施設での事例です。私の子には他害行動があります。最初の2週間程度は何事もなかったのですが、それ以後、何度も他害行為が見られるようになりました。狭い環境のため、大声を出す利用者に対して手が出ていました。突発的に手が出るので、私の子にマンツーマンで1人の職員がつくようになりました。職員の数が足りない時に他害行為が見られた場合は、自宅に電話が入り、迎えに来て欲しいと言われました。「対処のしようがない」「ここでは見きれない」と言われ、拒否されたと感じました。他の施設見学でも、他害行為があると言うと、定員がいっぱいと断られていましたので、母親は追い詰められ、半分うつ状態になりました。

　現在の施設に移ってからも他害行為はときどきありますし、心配もしています。しかし、職員さんからは大丈夫ですと言われ、家庭生活を大切にしてくださいと言われました。個別支援計画やモニタリングを丁寧にして

もらい、施設でのようすをちゃんと書いてもらいました。主治医の先生とも面談してもらいました。現在はとても満足しています。

〈8‐4〉 今では施設で、親にはとてもできない支援をしていただいています。ただ、ここまでの安心を得るまでには色々なことがありました。数年前には、他の利用者に背中や腕に爪を立てられて傷をつけていました。化膿したところを注意して欲しいと施設に願いましたが、当時は仕方ないと片づけられていました。裂傷を負ったことが2〜3回あり、そのたびに1か月ほど自宅に連れて帰って、とても悩みました。集団生活ではどこまでお願いしたらよいのか、本人が情緒不安定になっているのが親としてつらいことでした。

〈8‐5〉 自傷、他傷はありましたが、職員の適切な対応に感謝しています。

9. 契約・個別支援計画そのもの

〈9‐1〉 契約することと個別支援計画作成について、職員はかなりの労力をかけなければならないと思います。正直に言って、家族にとってその重要度はさほど大きくありません。その労力を利用者の日常に振り向けてくれた方がむしろ嬉しいです。

〈9‐2〉 サービス利用契約は、数年前の平成〇年度に交わしたのみです。

〈9‐3〉 本人の希望する生活を位置づけた個別支援計画を作り、それに同意し、日々のモニタリングが必要なことは理解しています。しかし、毎回同じ内容が出てくるだけで、それでも面談、計画書に対する署名捺印を繰り返しています。職員は事務処理に追われ、家族も遠方から足を運び、負担になっています。中身のある個別支援計画ならよいのですが、そうでないのならば、本人と向き合う時間をさいてまですることなのか疑問です。

〈9‐4〉 私の子はグループホームを利用し、日中は同一法人の障害者支援施設の生活介護を利用することで、平成○年○月○日から支給決定期間満了日までの「指定共同生活介護利用契約」と「指定障害者支援施設利用契約」を結んでいます。以後、自動更新が続いてきました。

その後、同一法人の新たな日中の障害福祉サービス事業所の生活介護の利用に替わりましたが、新たな契約は結んでいません。これらのことは、私の理解不足による施設へのお任せで、現在猛省し、正常化へ取り組む所存です。

〈9‐5〉 サービス利用契約や個別支援計画の説明の際に、支援員の方から不安や悩みを打ち明けられることがあり、お気持ちに共感できるだけに、親としてどのように対処すればよいか難しいと感じたことがあります。ただ不利益を被ったという程ではありません。

〈9‐6〉 個別支援計画については、内容の説明を受けた経験はありません（要求もしていません）。毎回同じ内容で、「支援」計画というより「困った行動」が列記されています。そのため支援の成果は出ない状況です。この制度自体の必要性をまったく感じていません。

〈9‐7〉 毎年、年度末に契約更新をしていますが、施設の担当職員から年間指導結果等の説明を受けて、新年度改善点等を更新しているのが現状です。

〈9‐8〉 個別支援計画には、ややマンネリを感じることがあります。毎回少しずつ前進し改善していくという内容が、具体的な形で提示されるわけではありませんから。

〈9‐9〉 契約書の取り交わしは、この10年以上2回しか行っていません。途中に変更箇所などの知らせもありません。

〈9‐10〉 契約については事前説明があり、保護者会の反対で契約の一部条項を抹消してもらったこともあります。

〈9‐11〉 個別支援計画については、1時間くらいかけてじっくり意見交換ができました。施設からは施設長と担当責任者が出席、過去の実績と推移から今年度の計画を詳細に説明してくれました。また、雰囲気がやわらかく保護者からも積極的に発言できました。

〈9‐12〉 これからは看取りも含めた個別支援計画を作るべきではないでしょうか。

〈9‐13〉 個別支援計画については、4半期ごとの予定・結果を詳細を説明していただいています。ほぼ満足な状態と言えます。

〈9‐14〉 通所部を利用しています。個別支援計画については施設側からの説明不足とか不利益を被った記憶はないように思います。

〈9‐15〉 好運なことに、全国的にみても優良な施設に「お世話になっている」ので、関係性についてほとんどの項目で「とてもよい」です。個別支援計画も、前年度のモニタリングをしているのですが、ほとんど前年と変わらないようです。単年度でなく、長期間を見ていただいているので、満足です。いわゆる企業風土がよいので、職員もそれなりに努力しています。また、パート職員の質についても当施設では、そのキャリアを活かしており、あまり問題はありません。もともと、対等な契約など不可能と考えます。

〈9‐16〉 個別支援計画の作成についての説明がありますが、一方的です。電話で、そちらからは話を出さないで内容は施設にまかせてもらいたいという言い方です。後日、印鑑を求められますが、内容は前年どおりのことがほとんどです。こちらから出掛けて詳しく聞いたり、話したりすることは

可能ではありますが、なかなか言えない雰囲気です。

〈9‐17〉個別支援計画書についてです。

　親には十分わかっている子どもの障害について、いろいろ指導をする文章が書いてあり、それでいて、いくら努力をしてもなおらないということも書いてあり、いささか気落ちしたこともありました。でも、他人である職員さんたちに預けているのですから、利用者に対して一所懸命努力してくれていることには感謝しています。でも、毎回、同じ内容の文章、同じ指摘、同じ生活態度、同じ生活環境が個別支援計画書に書いてあるだけで、またかと思って読むのもつらくなります。以前は、親の要望など書く欄があっても何も書かなくて渡していましたが、近頃は少し要望とかお願いを本人（利用者）に代わって書くことにしています。

〈9‐18〉施設では、年に１度、個別支援計画について話し合いをしますが、あまり親の意見は聞いてもらえず、残念に思っています。

〈9‐19〉アンケートの質問意図を理解しているつもりですが、私の事例は不利益とも言いきれず、どう答えていいのか迷いがあります。

　先日、個別支援計画への同意について、特に話し合いもなく、書類提出までの時間的余裕がないとの理由で、私の自宅に返信用の封筒とともに個別支援計画書が送られてきました。署名捺印の上、返送してほしいとあります。

　この経緯は、一見、個別支援計画の押しつけであり、事前に面談があったわけでもなく、支援計画についての親切丁寧な説明があったわけでもありません。不利益を被ったかというと、私としては、利益を得たといった方が正しいのです。入所しているきょうだいの施設は、私の居住地の隣の県にあります。何かあっても、すぐには行けない距離ではないので、必要なときには行くようにしていますが、やはりおっくうです。面談ともなれば往き帰りの時間も含めて半日はつぶれますし、交通費もそれなりにかか

ります。担当者のお休みのシフトもあるでしょうし、車でしか行きにくい場所なので、自宅に1台しかない車の段取りもあります。ですから、「個別支援計画の作成のために面談に来てくれ」「説明するから来てくれ」と言われてもなかなかタイミングを合わせることはできません。ですから、前記のような書面を送られた方が、私には利益があるのです。

　面会日や諸行事の中で、支援員の方や看護師の方など、多くの職員の方とお話をするようにして、私の知るきょうだいのようすを伝えるようにしています。そのときの会話では、できるだけフランクでフレンドリーな話をするのですが、確かに時として違和感がないわけでもありませんが、それも、私がコミュニケーションをとるのが苦手なタイプの方と話をするときに感じる違和感と同じで、とくに施設の問題とは思っていません。個別支援計画書の中に、そのときに話しただいたいの私の希望や考えは入っています。したがって特段の説明はいりません。

　アンケートに答えながら、私が楽であると感じる状況を答えていいのか少し悩みました。そして、きょうだい本人の心はわかりません。たしかに、きょうだいは実家で暮らしたがっていますが、父母も数年前に亡くなりました。実家で1人で暮らすことも、私が実家に戻って一緒に暮らすことも不可能です。私は共働きですから引き取ることも難しいのです。きょうだいを含めて家族みんなが、少しずつ我慢をする状況を保つことがもっともよいバランスであると思っています。アンケートの趣旨からずれるかも知れませんが、ご参考になれば。

〈9‐20〉月1回の親の会で、個別支援計画についての説明があります。時間は短いように思います。また、次回話をうかがいますなど、事前の話があってもよいのではと感じています。1年に1度のことですので、もっとゆっくり話をしたいと思います。職員と親の関係は、話しやすいですし、日頃思っていることなどは相談できていますが、詳しく聞こうとすると、担当職員は答えてくれず、上の者に聞いてくれとの返事でした。職員は皆、あらゆることを共有していると思っていたのですが……。

〈9‐21〉 個別支援計画書を作成するとき、ショートステイ利用時間がなぜ少ないのか支援員に質問されました。そこで、ショート利用時に体験したことをお話ししました。ショートステイ利用時に歯磨きすることを施設側に要望しておいたのに、歯磨きはしてくれていませんでした。退所時にはシューズが見当たらず、本人が大騒ぎしました。それ以降、ショート日数も少なくし、何も要望しなくなりました。

〈9‐22〉 個別支援計画の説明時、体調や余暇活動等の希望を伝えます。健康面に注意して食事の栄養管理（カロリー、塩分、糖質等々）に希望を出しています。しかし、施設では昼食を業者へ委託し、お弁当対応になっています。利用者個々に配慮した栄養ではないので、対応できる業者に替えてほしいと個人的に希望しても、なかなか対応してくれません。そこで、保護者全員に食事だけでなく、いろいろなことに対しアンケートをとってもらいました。やはり多くの方が弁当について不満があり、今アンケート結果を施設側に伝えています。どんな対応をしてもらえるかわかりませんが、早くよりよい方向にしていただきたく思っております。利用者が少しでもよくなり生活しやすくなるよう努力しなければいけないと思っております。

10. 感 謝

〈10‐1〉 不利益を被ったという意識はありません。職員も非常に勉強して対応していると感じております。

〈10‐2〉 過去３年間の担当職員は素晴らしく、今年度から新しく担当になった職員も、20年以上の経験を持つ方で信頼できました。個別支援計画の話し合いは、事前に書類を送付していただき、30分の時間内で十分な結果を得ました。かつては、行き違いや不利益を被った事例もありましたが、年々職員の権利擁護の認識が深まり、施設は全体的に大変よくなっています。第三者評価も高く現在は施設を信頼しています。

〈10‐3〉 昨年から入った施設について、感謝の気持ちでいっぱいです。続く
ように協力したいと思っています。

〈10‐4〉 毎日施設の先生方には感謝しています。本人も今ではよかったと
思っています。

〈10‐5〉 いつもありがとうございます。この度は○○（施設の名前）に対して
は本当にお世話になり、感謝しているところであります。

〈10‐6〉 現時点まで、特に不利益、不合理を被ったことはありません。

〈10‐7〉 言うことはなにもありません。よくやっていただいています。

〈10‐8〉 いつもお世話になりありがとうございます。これからも色々あると
思いますが、よろしくお願いします。

〈10‐9〉 他の施設ではわかりませんが、私のきょうだいがお世話になってい
る施設については、大変すばらしい対応をしていただいております。おか
げさまで本人も家族も安心した生活を送ることができています。願わくば、
そのような状況を長く維持していただきたいと思います。そのためにも優
良な施設として、職員が安心して働くことができ、支援サービスを提供す
るためのよりよい環境の整備をお願いしたいと考えております。

〈10‐10〉 特に問題なく働きかけてもらっています。日頃感謝し、過ごして
います。

〈10‐11〉 感謝以外なにもありません。

〈10‐12〉 相互で理解し合っているつもりです。

〈10‐13〉 他の施設から今の施設へ移ってきましたが、すごくよくしてもらっています。今の施設に入れてよかったと思っています。

〈10‐14〉 現在の施設については、感謝しています。施設長以下、みなさんの努力は最高です。有難うございます。みなさんには、これからもよろしくお願いいたします。

〈10‐15〉 改善してほしいこと、要望を伝えても気持ちよく対処していただいています。

〈10‐16〉 支援員さんにやさしくしてもらってうれしいです。

〈10‐17〉 子どもには自閉的傾向がありますが、親として感謝いたしております。

〈10‐18〉 家族がお世話になっております。年を重ねておりますので、老いを感じる場面も時折見かけますし、体の調子も変化する年になっていますが、施設職員の方々はよく見てくれていて、そのようすを知らせてくれます。家族は離れているので、本人の老いなり、体の調子なりを知らせていただき、こちらも協力の機会があれば動けるよい状態と思っています。リビングで利用者の方々がくつろいでいるようすなどを見ますと、よき暮らしの場なのだと実感させられます。不利益と感じることはありません。今後ともよろしくお願いします。

〈10‐19〉 私は遠方にいるため、全面的に施設にお願いし、とても親身になって面倒をみていただいています。私にはわからない数々の身のまわりの世話に対して、本当に陰ながら感謝申し上げます。年ごとに身体が弱くなっ

てきます。本当に御苦労をおかけします。よろしくお願いします。

〈10‐20〉 私ども保護者にはできない職員の皆様の優しい心に感謝しております。今後ともよろしくお願いいたします。

〈10‐21〉 とてもよく生活しているので感謝しています。これからもよろしくお願いいたします。ありがとうございます。

〈10‐22〉 入所して2年が過ぎました。職員のみなさん、担当職員にはとてもよくしていただき安心しております。本人も楽しく過ごしているようで家族も皆さまに感謝しております。これからもよろしくお願いします。

〈10‐23〉 入所期間が短いためかもしれませんが、大変よくしていただいていると感じています。

〈10‐24〉 とてもよく親身になりお世話していただき感謝しております。ありがとうございます。

〈10‐25〉 子どもたちへの接し方、感謝しています。

〈10‐26〉 日頃のサービスのあり方に感謝しています。

〈10‐27〉 障害者の特性をよく理解していろいろ工夫してくれています。本人が機嫌よく生活できているので末永くお願いしたいと思っております。

〈10‐28〉 家庭ではカバーできない所まで支援、対応がなされていて安心しています。

〈10‐29〉 不利益と思ったことはなく、支援に関しありがたいと感謝してい

ます。

〈10‐30〉問われていることとまったく反対の事を書いて申し訳ございません。現在の施設にお世話になってから、30年近くになりますが、入所したときから、施設長、担当の職員の子どもたちに対する愛情に驚きました。これほどまでに優しくできるものなのかと感心する日々でした。一度も嫌な思いをすることもなく、益々感謝する出来事ばかりで、子どものために先生方が身を削るように接してくださった件がございましたときの驚き、感謝、神様に出会ったようです。先生方にお給料をたくさん差し上げていただきたいと思う日々でございます。私が天国に召されたとしても心配なく旅立てます。

　養護学校の高等部2年のとき、担任のいじめで拒食症になり7kgも痩せてしまったとき、担任の口から「好きでここの教師をしているわけではない」と言われました。他の先生が、私と会っていじめの状態を教えてくださった位です。卒業して地元の通所作業所に通って、優しい先生に担当していただき、喜んでいましたが、しばらく転居した期間があって、元の作業所に戻りましたが、以前と変わってしまっていました。先生方は子どものことより自分のことしか考えていらっしゃらないのがわかったので、市役所にお願いして探していただいたのが、現在の施設です。市役所の方が熱心に探してくださったお姿に頭の下がる思いでした。現在の施設が嬉しくて仕方ありません。

〈10‐31〉施設は大いに努力しています。

〈10‐32〉利用者はたいへん重度ですが、精いっぱい面倒見てもらっています。

11. その他
〈11‐1〉施設の定期帰省時には、保護者と本人の受け渡し、その他の伝達・

引継事項もあり、相互にややせわしい中で行うことが多いため、対面方式のコミュニケーションに加えて、連絡帳・電話等を用いてコミュニケーションを補足しています。実際は、1人で多くの時間を費やすことは、双方とも効率・有効な手段をとることで満足しています。保護者も十分に関心を持っていれば、コミュニケーション拡充の手段はいろいろあります。定型的に考えることではありません。より柔軟なスタンスで臨むことが現実的に満足度を高めるのではないでしょうか。

〈11‐2〉 措置制度から利用契約制度の移行は、当初まったく情報がなく、それを心配して「きずなの会」熊本県知的障害者施設家族会連合会に加入しました。個別支援計画をサービス管理責任者から説明され、担当事務員から重要事項説明書による契約書の提示があり押印しています。最初から今まで3回程度の更新があり、重要項目が増加してきています。1度契約書を作成した内容は、その後なかなか見ることはありません。

- 利用者はサービスを十分利用できているのか、支援施設がやっている事業内容を家族は知らない。この対策としては、年1回必ず保護者研修をして、法人内の事業内容を紹介すること。
- 措置時代より質の高いサービスが提供できているのか、著しい支援効果の実例があるのか。
  この対策には、年1回必ず保護者研修で効果の上がった事例、失敗を含め職員による発表会をすること。
- 今後の制度の発展はどうなるのか。高齢・重複障害者の場合、サービス利用範囲、サービスの向上は一定の限界がある。障害支援区分の判定などは支援者が判断せず第三者機関で判定すべき。

現状の家族は現在の制度に関心ある方は少なく、施設まかせが実態です。ならば家族会が施設と共に制度を教えてもらう取り組みが一番大事ではないでしょうか、不満についてはアンケート結果を次の家族会で報告してい

く、こまめに実態把握をしてくことが大切だと思います。

〈11‐3〉昨今、障害者福祉業界においても「人手不足」が顕在化し、職員の質が低下していると言われています。いわゆる福祉の現場はコミュニケーション労働ですが、若い職員と年配の職員との連携が取れていません。お互いが信頼して仕事をしている雰囲気が感じられないのです。職場内での合意形成・意思決定のとり方については、どこで決まったか不明なことが現場に流れています。組織として体を成していません。個別支援計画そのものが「絵に描いた餅」になっているのではありませんか。いくら立派な計画を立ててもそれが現場の支援員に浸透し実践されているのかどうかは別問題でしょう。

　法人経営者が「職員育成」と「組織力向上」にどれだけ真剣に取り組んでいるのでしょうか？　また、規制緩和でNPO法人や民間の営利会社が「雨後の筍（たけのこ）」のように増えていますが、社会福祉法人のように厳しく会計監査が行われているのでしょうか。

　日本は国連の権利条約を批准後、虐待防止法や差別解消法等の法律が相次いで施行されていますが、十分な予算の裏付けがない中での「理念先行」「制度先行」の感が否めません。

　いったい、厚労省は何を考えているのでしょうか。たとえば、平成30年度から「日中サービス支援型指定共同生活援助」が施行されました。もともと入所施設は造らないとして、地域移行「職住分離」（施設解体）をしておきながら、グループホームの入居者が重度高齢化して生活支援に困ってくると、そのホームで日中支援をすれば「加算」するといいます。「職住分離」の基本が大きく崩れています。狭いホームの居室でゆたかな日中支援ができるはずがありません。さらに、重度障害者に対応した職員配置基準や夜間支援体制の充実、看護職員の常勤配置などが一言も触れられていません。

　そもそも、3年後の見直し（平成30年度）とされてきた一部改正案ですが、この「日中サービス支援型指定共同生活援助」が平成29年度末に急遽策

定されたのはなぜなのでしょうか？　あまりにも絆創膏的処方箋ではあり
ません。

　ゆえに全施連（ぜんしれん）としても、「重度化・高齢化」問題に厳しく取り組んでい
ただきたい。もはや、施設入所利用者約13万人に匹敵するほどのグルー
プホーム利用者が存在し、そのホーム利用者の中でも重度高齢者数はどん
どん膨れ上がっているのですから……。

〈11‐4〉施設サービスの質に問題があるのではなく、国の定めている職員の
　　　定数がたりていないため、入所者は、人が人らしく暮らせるサービスが受
　　　けられないのが実状だと思います。もっと施設が力を蓄えて、医療とも連
　　　携し、たとえば利用者や家族の緊急時や災害時にも、迅速に対応できるよ
　　　うなサービスになるよう国は変えていくべきだと思います。

〈11‐5〉最近、強制不妊手術が問題となっていますが、北海道では1951年
　　　に施設に対して道から通知が出され、集団実施が促進されました。私の家
　　　族の場合は61年頃に中学卒業を機に施設に入りましたが、入所には不妊
　　　手術が条件でした。両親は食堂を営んでいたため、施設利用は必至でした。
　　　母は生前この問題を話していました。

　　　• 入所の条件のためやむなく同意実施した。本人は知らなかった。
　　　• かわいそうなことをした。
　　　• 施設から2回ほど脱走した。

　私もはじめて施設に訪問したとき（45年前）刑務所だと思いました。頭
は全員丸刈り、胸には名札が縫い付けられ、窓は鉄格子。仕事も自動車解
体や肉処理工場でたいへんでした。帰省時に腰が痛く、寒いとこぼしてい
ました。私もただ頑張れと言うしかありませんでした。
　断種したと言っても異性愛が喪失したわけでありません。本人は異性の
○○さんが好きだとよく言っていました。周りの利用者や職員も知ってい

たようで、ときどきからかわれていました。帰省時にきょうだいから「○
○さんが好きなの？」と問われ、「うん」と言っていました。そのたびに
母の無念が伝わってきました。

　個人的に訴訟をする考えはありませんが、何らかの政治決着をしない限
り、家族としても心が晴れないまま後悔の念が続きます。ハンセン病問題
を参考にして欲しいです。数年後のパラリンピックを控えて、国連機関の
種々の勧告を引き合いに、政府機関に圧力をかける絶好の機会と思います。

- 施設に対する改築や建築の助成制度。学校のような基準値の設定で快
  適な生活保障。
- 職員の有資格化で医療や教育のように質の向上。

　このような手立てを講じて、障害者の入所施設の汚名を返上できます。

〈11‐6〉保護者会や後援会組織による同調強要が困っているところです。

〈11‐7〉私は利用者のきょうだいですが、アンケートに目を通して、施設
　を深く見ていなかったことがわかりました。私自身、見る目、見抜く目を
　養っていきたいと思います。

〈11‐8〉子どもが久しぶりに家に帰ってきました。4か月ぶりの帰省で、カ
　タコトしか話せない子どもが「5分たってもできないときには叩くぞ」と
　か、「何回言ってもわからないね。言うことを聞かないと叩くぞ」と1人
　ごとを言っているのです。

〈11‐9〉保護者会の決算書の報告について、繰越金が毎年かなり多額な点が
　気になります。保護者の立場としましては、少し保護者会費の額を見直し
　てはどうかと思いますが、ご一考願えればと思います。

〈11‐10〉 私は担当が代わる度に、自分の子どものことは伝えているつもり
で、長年の対応から自己満足ではありますが、ちゃんと伝えていると思っ
ています。入所したばかりの数十年前、「施設と家族は車の両輪である。対
等の立場で、意見、言葉をかわさないと車は進まない」「成人したら、わ
が子でも独立した人間である」という言葉を知り、それは心に残り、その
頃から人権尊重を教えられてきたと思います。よい言葉だと思います。行
く末に不安はありますが、本人は幸せに暮らしていると思っています。

サービス利用契約・個別支援計画の同意に係わる
説明不足や不利益に関する調査

2018 年 4 月　全施連 PT 会議

〈調査協力のお願い〉

　この調査は、障害者支援施設・事業所の福祉サービスを利用する際の利用契約において、知的障害のある人とそのご家族が何らかの不利益を被った事例やエピソードを集約するものです。

　平成 15（2003）年の支援費支給制度以降、福祉サービスの仕組みは措置制度から契約利用制に移行しました。福祉サービスを利用するには、サービスを提供する施設・事業所と障害のある利用者・家族の間で、対等・平等な関係に基づく契約を結ぶことになっています。しかし、実際には、利用者・家族に対する施設・事業所の優位な立場から、契約利用制そのものの説明をしない、特に契約の自動更新や契約解除についての十分な説明をしていない、利用者の要望や願いを受けとめようとしない、面会制限などの利用条件や個別支援計画の内容を一方的に押しつけてくるなどによって、利用者が不利益を被る事態が今日なお続いているのではないかと懸念しています。

　手短に言うなら、施設や事業所に対して、利用者・家族が「泣き寝入り」や「涙を飲む」ことを余儀なくされた体験事例を集めるための調査です。

　この調査の目的は、障害のある利用者とその家族が、サービス利用契約や個別支援計画への同意に関わって、不利益や我慢を強いられた事例にもとづいて、障害のある人・家族と施設・事業者との真に対等・平等な関係づくりのための手立てや、利用者・家族の人権擁護に資する制度改善の課題を明らかにし、全施連の提言に活かすことにあります。

　ご多忙な中、お手数をおかけいたしますが、この調査へのご協力を心よりお願い申し上げます。

〈記入上の注意〉

◇不利益を被ったとまで断定する自信はないが、不利益を被ったとの疑い
が晴れない事例やおかしいなと感じた事例でもかまいません。さしつか
えのない範囲で、できる限り詳細な記述をお願いします。なお、事例の
整理と公表については、個人や施設・事業所が特定されないよう厳格な
注意を払います。匿名の調査ですから、調査票に氏名を記入するところ
はありません。

◇ご記入は、サービスを利用するご本人、ご本人と共にサービス利用契約
にかかわるご家族の方、およびサービスを利用する方の成年後見人のい
ずれかに該当する方にお願いします。

◇4月23日(月)までに、回答をお寄せください。紙媒体の場合は、各支
部で集めて下記の事務局にお送りいただくか、直接事務局にお送りいた
だいても結構です。ご回答を電子ファイルでいただける場合は、下記事
務局のメールアドレスに添付ファイルでお送りください。

◇ご不明な点があれば、遠慮なく下記の事務局までご連絡ください。

全国・兵庫県知的障害者施設家族会連合会　事務局

(月～金　9：00～5：00)

〒650‐0016　神戸市中央区橘通3‐4‐1　神戸市立総合福祉センター2F

電話 078(371)3930　　FAX 078(371)3931

mail：h-kazoku-net@alpha.ocn.ne.jp

Ⅰ. 回答者は次のどなたですか。該当するところに○印をつけてください。

1. 障害のあるサービス利用者本人　　2. ご家族

3. 成年後見人（補助・保佐・後見）

Ⅱ. サービス利用契約を交わすときや個別支援計画への同意をするときの場面についておたずねします。該当する番号に○印をつけてください。

⑴ 信頼関係

• 施設・事業所の方から信頼関係をつくろうとする努力はありましたか、または感じましたか？

1. とてもあった　2. ややあった　3. どちらでもない　4. あまりなかった

5. なかった

⑵ コミュニケーションのしやすさ

• 契約や個別支援計画についての話し合いで、コミュニケーションはしやすかったですか？

1. とても良好　2. やや良好　3. どちらでもない　4. あまり良くなかった

5. 良くなかった

⑶ 職員（施設長、サービス管理責任者、担当職員等）の専門性

• 支援にかかわる専門性があると感じましたか？

1. とても感じた　2. やや感じた　3. どちらでもない

4. あまり感じなかった　5. 感じなかった

⑷ 基礎的な敬意

• 障害のある利用者とご家族に対する基礎的な敬意はありましたか？（ご家族のこれまでの養育・養護に対して敬意と尊重を払おうとする姿勢、上から目線で話しかけたり関与することのない態度）

1. とてもあった　2. ややあった　3. どちらでもない　4. あまりなかった

5. なかった

サービス利用契約・個別支援計画の同意に係わる説明不足や不利益に関する調査

⑸ 献身的な姿勢

• 支援者にふさわしいひた向きさや献身的努力を感じましたか？（たとえば、障害のある人をより深く理解しようとする努力、支援者としての専門性や支援スキルを常に向上させようとする努力）

1．とても感じた　2．やや感じた　3．どちらでもない

4．あまり感じなかった　5．感じなかった

⑹ 対等性

• 障害のある人の実態のとらえ方や支援方針について、職員が一方的に決めつけるのではなく、障害のある人や家族との対等な話し合いによって共通理解を作ろうとする努力はありましたか？

1．とてもあった　2．ややあった　3．どちらでもない

4．あまりなかった　5．なかった

⑺ 人権擁護

• 障害のある人とその家族の人権を擁護するための施設・事業所の努力はありましたか？（障害の重さ・行動障害等を理由に支援が難しいとは言わない、すべての利用者とその家族に対する分け隔てのない態度、面会・通信・行動に制限を設けない、選挙権行使の取り組みがあること等）

1．とてもあった　2．ややあった　3．どちらでもない

4．あまりなかった　5．なかった

Ⅲ．サービス利用にかかわる契約や個別支援計画への同意をめぐり、不利益を被ったご体験やエピソードについて、具体的に記入してください。確信はないが不利益を被ったことを疑っている場合や、不利益を被ったと感じている事例でも結構です。字数の制限はありません。

施設の暮らし点検シート

　この点検シートは、施設職員や施設利用者とその家族が、障害者支援施設の日常生活において、どのような人に囲まれ、どのような関係を紡ぎ、どのような環境で暮らしをしているのかについて、生活の基本的な事項を点検し、確認された問題点を改善していくことを目的として作成されたものです。

　親・家族は、ややもすれば、わが子やきょうだいである利用者の暮らし方を施設にまかせっきりとなって、施設の暮らしに目を向けなくなってしまうことや、場合によっては、見て見ぬふりをするようになってしまう傾向を抱えがちです。施設職員の中には、いつのまにか、自分の勤める施設の暮らし方が「普通の暮らし」だと思い込むようになっている人もあります。このような傾向的態度の反省に立って、この点検シートは、障害者支援施設における利用者の暮らしをみんなで正視するための、客観的な資料を得るために作成しています。

　利用者とその家族が、施設職員とともに障害者支援施設の基本的な改善課題を共有できるように、さまざまな疑問を出し合い、関係者みんなが問題点を理解し、一つ一つの問題を着実に乗り越えていく取り組みにつなげていくための点検です。施設の現状、問題の改善に向けた具体的な取り組みのあり方、利用者会・家族会と施設との話し合いの進め方等について、他の障害者支援施設の利用者・家族との情報交換に用いることは、とても有益だと考えています。

　施設の暮らし点検シートの項目や使い勝手の改善のために、広範な利用者・家族と施設職員からのご意見・ご提案をいただきながら、これからも、不断に手直しを重ねていく予定です。皆さんのお声を遠慮なく、全施連事務局までお寄せくださいますようお願い申し上げます。

〈使用方法〉

　このシートは、施設の暮らしの基本にかかわる 66 の点検項目から構成されています。それぞれの項目について、施設の事実に照らし合わせて、レベル 1（最も低い評価）～レベル 5（最も高い評価）をつけていきます。レベル 3 以下の評価項目は、速やかに、改善するべき課題があると受け止めてください。さまざまな理由をあげてすぐには事態の改善を図ろうとしない場合、他の多くの施設でレベル 5 まで達成している事実を根拠に、誠実な話し合いを積み重ねながら改善に向けた具体的な手立てを明らかにしていきましょう。また、すでに高いレベルを達成している施設の家族会と連絡を取り合い、知恵と教訓を共有しながら、粘り強い改善への努力をしていただきたいと考えます。

（一般社団法人　全国知的障害者施設家族会連合会）

大項目	小項目	レベル	
起床	時間	1	早朝に起床時刻を決めて一斉起床する
		2	一般家庭の常識的時間帯に起床時刻を決めて、一斉起床する
		3	起床時刻の一斉起床を基本とするが、例外的に、個々のペースに配慮する場合もある
		4	起床時間帯に幅を持たせて設定し、個々のペースに配慮する
		5	起床時間帯に幅を持たせて設定し、本人の希望する朝のペースづくりに配慮する
就寝	時間	1	夜の早い時間帯に就寝時刻を定め、一斉就寝する
		2	一般家庭の常識的時間帯に就寝時刻を決めて、一斉就寝する
		3	定めた就寝時刻の一斉就寝を基本とするが、例外的に、個々のペースに配慮する場合もある
		4	就寝時間帯に幅を持たせて設定し、個々のペースに配慮する
		5	起床時間帯に幅を持たせて設定し、本人の希望する眠りに就くペースづくりに配慮する
食事	時間	1	時刻を定めた一斉食事であり、朝食は8時頃、夕食は5時頃にしている
		2	一般家庭の常識的時間帯に食事時刻を決めて、一斉に食事する
		3	定めた食事時刻の一斉食事を基本とするが、例外的に、個々のペースに配慮する場合もある
		4	食事時間帯に幅を持たせて設定し、個々のペースに配慮する
		5	食事時間帯に幅を持たせて設定し、本人の希望する食事のペースづくりに配慮する
	配膳	1	食事の前に全ての献立を一斉配膳し、適温は保たれていない
		2	おかず類は食事の前に配膳されて冷めているが、ご飯と味噌汁は適温が保たれている
		3	おかず類は適温で配膳されており、ご飯や汁物は直前に温かいものが配膳されている
		4	個々の食事直前に配膳され、全ての献立が適温である
		5	個々の食事直前に適温の献立が配膳され、希望に応じてできるお代わりも適温である

視点・観点・点検項目説明	評価
起床時刻を6時前後に決めて、一斉起床とする（無理やり起こす場合あり）	
6時半〜7時半の時間帯に起床時刻を決め、一斉起床とする（無理やり起こす場合あり）	
やむを得ないと判断した利用者以外には、起床の時間的配慮は行わない	
起床時刻にゆとりを持たせ、個々に応じた時間的配慮をする	
起床時間にゆとりを持たせ、本人自身が朝のペースを作ることができるような配慮をする	
20〜21時の間に就寝時刻を定めて、一斉に全室消灯・就寝させる	
21〜22時辺りに就寝時刻を定め、一斉に全室消灯・就寝させる	
やむを得ないと判断した利用者以外には、就寝の時間的配慮は行わない	
就寝時間帯にゆとりを持たせ、個々に応じた時間的配慮をする	
就寝時間帯にゆとりを持たせ、本人自身が眠りに就くペースを作ることができるように配慮する	
職員体制に合わせて、朝食開始時刻は遅く、夕食開始時刻は早くなっている	
朝食7時以降、昼食12時以降、夕食18時以降に食事開始時間を設定している	
やむを得ないと判断した利用者以外には、食事の時間的配慮は行わない	
食事時間帯にゆとりを持たせ、せかさずに、個々に応じた時間的配慮をする	
食事時間帯にゆとりを持たせ、本人自身が食事を楽しむペースを作れるように配慮する	
食事を始める前の段階にすべての献立を一斉配膳するため、温かいものは冷めきっている	
食事の前に献立の全てを配膳するが、保温器等で適温に保たれている	
食事前に配膳されているが、ご飯、汁物は利用者の顔を見てからよそう	
食事の直前に配膳し、全ての献立が適温で提供されている	
栄養管理の必要な利用者以外は、適温に保たれたご飯・汁物のおかわりができる	

大項目	小項目	レベル	
食事	献立内容	1	献立の構成は、主食、主菜、汁物
		2	献立の構成は、主食、主菜、副菜1品、汁物
		3	献立の構成は、主食、主菜、副菜2品以上、汁物
		4	レベル3以上で、食材の新鮮さと季節ものの使用に心がけている
		5	レベル4以上で、多様な料理ジャンルと取り合わせに心がけている
	献立嗜好	1	例外なく全員同じ献立とし、好き嫌いは許さない
		2	全員同じ献立を原則とするが、苦手なものは残しても構わない
		3	個々の苦手な献立・食材に対しては、その場でできる範囲内での柔軟な対応をする
		4	個々の苦手な食材・献立は予め把握し、毎食の献立内容に柔軟な配慮をしている
		5	毎食の献立と食味に対する利用者の評価を把握して、献立の食味の改善に活かしている
	食器	1	全ての食器は、メラミン、プラスチック等の割れにくい素材を使用している
		2	利用者に応じて、陶器、ガラス又はメラミン、プラスチックを使い分けている
		3	利用者全員が陶器、ガラス素材の食器を使用している
		4	レベル3以上で、献立にふさわしい食器の選択を心がけている
		5	レベル4以上で、食器の種類と色味が豊富で、定期的に新しいものを購入している
	嗜好調味料	1	調味料（醤油、スパイス等）は、使うことができない
		2	調味料（醤油、スパイス等）は、職員が調整して対応している
		3	調味料（醤油、スパイス等）は、希望に応じて職員が調整し対応している
		4	調味料（醤油、スパイス等）は、職員のアドバイスの下で、自分で使うことができる
		5	調味料（醤油、スパイス等）は、自分で考えて自由に使うことができる

視点・観点・点検項目説明	評価
主菜とはつけ合わせを含む1品（デザート類は含まない、以下同）	
主菜とは別の、副菜が1品ある	
主菜とは別の、副菜が2品以上ある	
冷凍食材を中心に用いず、新鮮野菜や季節の彩りを取り入れている	
肉・魚・大豆タンパク等の主菜素材や主菜・副菜の組み合わせの多様性、和・洋・中等の料理ジャンルのバラエティ	
少し無理をしても食べさせる	
好き嫌いにはある程度容認するだけで、積極的な対応は行わない	
好き嫌いへの対応は、その場でできる範囲に限られている	
食事の楽しさと健康への配慮を両立させる計画的な取り組みをしている	
食事の内容と味つけに対する利用者のニーズを的確に把握した食事づくりに努力している	
管理のしやすさを優先して割れにくい素材とする	
落としたり、壊しやすい利用者には割れにくい食器を、それ以外は陶器・ガラス類をと使い分ける	
管理しやすさを優先せず、全員一般家庭と同じような食器の使用とする	
焼き魚は焼物皿、茶わん蒸しは蒸碗、ハンバーグはミート・洋食プレート等の食器選択への配慮	
食材と食器の色合い等、献立の映え方や引き立て方に多様な工夫のできる食器類がある	
好みの味付けはできず、嗜好に関係なく食べなければならない	
利用者の希望に関係なく、健康状態や嗜好に配慮して職員が調整する	
利用者の希望にも配慮しながら、健康状態や嗜好に配慮して職員が調整する	
健康状態や使いすぎ等のアドバイスをしつつ、嗜好に応じて使うことができる	
健康状態や使いすぎ等を自分で配慮することと、嗜好に応じて使うことを両立させる支援をしている	

施設の暮らし点検シート

大項目	小項目	レベル	
食事	座席	1	座席が決まっており、大人数のテーブルで食事をしている
		2	座席は決まっており、少人数のテーブルで食事をする
		3	座席を決めず、大人数のテーブルで食事をしている
		4	座席は決めず、少人数のテーブルで食事をする
		5	食堂以外に、個々の希望や心身の状態に応じた食事環境が提供できる
	掃除	1	食堂掃除は、1日1回行っている
		2	食堂掃除は、1日2回行っている
		3	食堂掃除は、毎食後行っている
		4	食堂掃除は、毎食後、丁寧に行っている
		5	食堂掃除は、毎食後丁寧に行い、臭いがないことを確認している
	環境	1	食事をとることさえできればいいスペースと割り切っている
		2	食堂の広さと明るさに最低限度の配慮をしている
		3	食堂の広さと明るさが快適であるように配慮している
		4	食堂の広さ、明るさ、気温・湿度等の快適さを配慮している
		5	レベル4以上で、テーブル・イスの温もりや花・絵の飾り等によって食堂の心地よさを配慮している
補助食品	管理支援	1	補助食品（サプリメント・健康食品等）の使用を禁止している
		2	補助食品（健康食品等）の使用は各自の責任として、管理・支援はしない
		3	補助食品（健康食品等）は、真に必要な場合に限り、管理、支援の個別対応をしている
		4	申し出があれば、必ず、管理・支援の個別対応をしている
		5	レベル4以上で、体調管理等の必要に応じて積極的な管理・支援をしている

視点・観点・点検項目説明	評価
決められた座席に名札等が貼られ、大人数が座れる長テーブル等で食事をする	
決められた座席で、4～6人掛け程度のテーブルで食事をする	
座席は決まっていないが、大人数が座れる長テーブル等で食事をする	
座席は決まっておらず、4～6人程度のテーブルで好きな人と食事ができる	
フリースペース、居室、パーテーション・スペース等、必要と希望に応じた食事環境の提供をする	
職員体制等の制約から毎食後の掃除は困難で、1日1回程度の清掃をする	
職員体制等の制約を考慮して、1日2回程度の清掃をする	
毎食後、必ず清掃を行っている	
毎食後、食べこぼし等に注意し丁寧に掃除する	
掃除が徹底して行き届き、清潔が保たれている証として臭いがないことを毎日点検する	
特別に配慮することはない	
広さ、窓や照明が適切に配慮されている	
広さ、窓や照明は食事が美味しく食べられるような快適さが配慮されている	
広さ、明かりも快適で、室温・湿度も常に配慮されている	
4レベルに加えて、食堂の装飾や家具調度類の配慮によって落ち着きと心地よさを作っている	
栄養補助食品、サプリメント等の管理までできないため、使用そのものを禁止している	
補助食品の使用は利用者の自己責任で認めるが、支援・管理は一切しない	
医師、栄養士が必要を認め、又は許可したものに限り、個別の管理・支援を行う	
希望に応じて、提供時間や回数への配慮も含めた個別の管理・支援を行う	
熱中症予防のためのイオンサポート飲料の提供や、摂食困難時の高カロリー食品の提供を行う	

施設の暮らし点検シート

大項目	小項目	レベル	
嗜好品	管理支援	1	おやつ等については提供していない
		2	時々、施設で準備したお菓子や飲み物を提供している
		3	毎日、施設で準備したお菓子や飲み物を提供している
		4	毎日、希望を取り入れる努力はするが、全員同じお菓子や飲み物を提供している
		5	毎日、個々の嗜好に応じたお菓子や飲み物を提供している
入浴	時間	1	入浴時間を決めて、日中の早い時間に行っている
		2	入浴時間を決めて、常識的時間に入浴を行っている
		3	入浴時間を常識的時間帯に決めてはいるが、個々のペースに配慮している
		4	入浴時間帯に幅を持たせ、個々のペースに配慮している
		5	入浴時間帯に幅を持たせ、健康状態や希望に応じた個々のペースづくりを支援している
	回数	1	入浴は週1～2日行っている
		2	入浴は週3～4日行っている
		3	入浴は週5～6日行っている
		4	一部の利用者以外は、毎日入浴を行っている
		5	利用者全員が、毎日入浴を行っている
	小浴室	1	大浴室の大浴槽だけで、個別に入浴できる小浴室の設備はない
		2	個別で入浴できる小浴室はないが、大浴室内に複数の浴槽が設けられている
		3	個別で入浴できる小浴室はないが、利用者の必要に応じて個別対応をしている
		4	個別に入浴できる小浴室があり、健康上の問題がある場合に限り、対応している
		5	個別で入浴できる小浴室があり、希望に応じて入浴ができる

視点・観点・点検項目説明	評価
職員体制等の制約や施設の都合で基本的に提供していない	
毎日ではないが、嗜好に関係なく、施設が準備したものを提供する	
毎日、嗜好に関係なく、施設が準備したものを提供している	
毎日、希望を取り入れる努力はしているが、個別対応は難しいので、同じおやつ等を提供している	
毎日、それぞれの利用者の嗜好をあらかじめ把握しておき、個々に応じたおやつ等を提供する	
職員体制の制約から、午前中や16時以前の早い時間帯に入浴を行う	
16～18時の決められた時間に、決められた順番で入浴を行っている	
16から18時の決められた時間ではあるが、特に順番を決めずに個々に応じた時間的配慮をする	
入浴時間帯に幅（夕食前～夕食後等）を持たせ、個々に応じた時間的配慮をする	
入浴時間帯に幅を持たせ、個々の必要と希望に応じてゆったりとしたペースがつくられるよう支援する	
入浴支援の程度・有無に関わらず、週1～2日の入浴である	
入浴支援の程度・有無に関わらず、週3～4日の入浴である	
入浴支援の程度・有無に関わらず、週5～6日の入浴である	
入浴支援度の高い利用者（特殊入浴等）や入浴を拒否する利用者以外は、毎日入浴する	
入浴支援度の高い利用者（特殊入浴等）も含め、全員が毎日入浴する	
皮膚疾患等を含む心身の健康状態に応じて個別対応するための入浴支援は行えていない	
大浴槽に加え、小浴槽を一つ以上設けて、できる範囲の個別対応をしている	
心身の健康状態等によって、個別入浴できるように対応する	
心身の健康状態等の対応時のみに使用する	
心身の健康状態のみならず、1人で入浴したいという希望にも対応する	

施設の暮らし点検シート

大項目	小項目	レベル	
入浴	掃除	1	浴室の清掃は、利用者がすることになっている
		2	浴室は使用後に、汚れているところを中心に毎回掃除を行っている
		3	浴室は使用後に毎回、すみからすみまで丁寧な掃除を行っている
		4	レベル3に加え、汚れが酷くなった箇所が見つかれば、その都度カビ処理等を行っている
		5	レベル3に加え、定期的にカビ処理や備品の消毒等を行っている
排泄	オムツ交換（日中）	1	オムツ交換は1日1回、定時に確認し行っている
		2	オムツ交換は1日2回、定時に確認し行っている
		3	オムツ交換は1日2回以上、定時に確認し行っている
		4	オムツ交換は定時確認を基本とし、排泄に気づけば適宜行っている
		5	レベル4に加え、オムツ交換だけでなく、清拭、シャワー浴等で清潔を保っている
	オムツ交換（夜間）	1	オムツ交換は就寝時につけて、起床時に交換している
		2	オムツ交換は1回、定時に確認し行っている
		3	オムツ交換は1晩2回以上、定時に確認し行っている
		4	オムツ交換は定時確認を基本とし、排泄に気づけば適宜行っている
		5	レベル4に加え、交換だけでなく、シャワー浴等で清潔を保っている
	失敗対応	1	排泄に失敗のある利用者は、四六時中、オムツやパッドをつけるようにしている
		2	排泄の失敗がある利用者は、時間決め（たとえば夜間）でオムツやパッドをつけている
		3	排泄の失敗があった場合、基本的に更衣のみ行っている
		4	排泄の失敗があった場合、清拭し更衣を行っている
		5	排泄の失敗があった場合は、基本的にシャワー浴を行っている
	掃除	1	トイレ掃除は、利用者がすることになっている
		2	トイレ掃除は、職員が1日1回行っている
		3	トイレ掃除は、職員が1日2回行っている
		4	トイレ掃除は、職員が1日3回（朝・昼・夕）行っている
		5	トイレ掃除をこまめに行い、トイレ臭がなく常に清潔な状態に保たれている

視点・観点・点検項目説明	評価
利用者任せのような掃除になっている	
一部は水で洗い流す程度の掃除になっている	
毎回、洗剤等を使用し、丁寧な掃除を徹底して行う	
汚れが目立ってきたら、そのたびにカビ処理等の丁寧な掃除を行う	
定期的にカビ処理や備品を日光に当てるなどし、常に清潔が保たれている	
オムツに排泄があっても１日１回の定時の確認・交換である	
オムツに排泄があっても１日２回の定時の確認・交換である	
オムツに排泄があっても１日２回以上の定時の確認・交換である	
定時確認を基本とし、排泄があれば適宜交換をする	
状況に応じて、清拭やシャワー浴等によって常に清潔さを保つようにする	
起床時まで確認はせず、排泄があっても交換はしない	
定時１回の確認時に排泄があれば交換し、それ以外は確認をしない	
定時２回の確認時に排泄があれば交換し、それ以外は確認をしない	
定時確認を基本とするが、排泄が確認できれば適宜交換する	
状況に応じて、清拭やシャワー浴等によって常に清潔さを保つようにする	
手をかけないための安易なオムツ・パッド使用で、排泄があっても長時間放置される	
手をかけないための安易なオムツ・パッド使用で、着用時間は排泄があっても放置されがち	
清潔さと臭い対策の観点がないまま、更衣のみで済ませている	
必ず、丁寧に清拭をしてから更衣を行なっている	
陰部だけでなく、下半身全体をシャワー浴で洗い清潔さを保つ	
掃除は利用者まかせになっており、職員が掃除を点検することはほとんどない	
基本的に掃除は１日１回程度である	
基本的に掃除は１日２回程度である	
基本的に掃除は１日３回程度である	
基本の掃除に加えて、汚れや臭いに気づいたら随時行い、常に清潔さを保つ	

施設の暮らし点検シート

大項目	小項目	レベル	
排泄	備品	1	ロールペーパーはホルダーから外し、常備していない
		2	ロールペーパーは、職員が管理し、1日1回程度確認し補充している
		3	ロールペーパーは、職員が管理し、定期的に補充している
		4	ロールペーパーは、職員が随時確認し補充している
		5	ロールペーパーは、利用者も自由に補充できる状態にしている
洗面	掃除	1	洗面所掃除は、利用者がすることになっている
		2	洗面所掃除は、職員が1日1回行っている
		3	洗面所掃除は、職員が1日2回行っている
		4	洗面所掃除は、職員が1日3回（朝・昼・夕）行っている
		5	洗面所掃除をこまめに行ない、常に清潔な状態に保たれている
	備品石鹸	1	洗面所の石鹸は常備していない
		2	洗面所の石鹸は職員が管理し、気づけば補充している
		3	洗面所の石鹸は職員が管理し、1日1回程度確認し補充している
		4	洗面所の石鹸は職員が随時確認し、補充等している
		5	洗面所の石鹸は利用者も補充等できる状態にしている
	備品手拭	1	洗面所の手拭（ペーパータオル）は常備していない
		2	洗面所の手拭（ペーパータオル）は、気づけば補充している
		3	洗面所の手拭（ペーパータオル）は職員が管理し、1日1回程度確認し補充している
		4	洗面所の手拭（ペーパータオル）は職員が随時確認し、補充等している
		5	洗面所の手拭（ペーパータオル）は利用者も補充等できる状態にしている
	理美容	1	理美容院への外出はせずに、出張散髪やボランティアで対応している
		2	理美容院の外出は、6ヵ月に1回程度行っている
		3	理美容院の外出は、3ヶ月に1回程度行っている
		4	理美容院の外出は、2カ月に1回程度行っている
		5	理美容院の外出は、利用者の希望に応じて行っている

付録

視点・観点・点検項目説明	評価
使いすぎやいたずらを防ぐ目的で外すことにし、多くの利用者に不便を与えている	
利用者自らは補充できず、1日1回の職員管理によって利用者に不便を与えている	
利用者自らは補充できず、職員の定期的確認で利用者に不便を与えている	
トイレ介助時等に随時確認することで、利用者が困らずいつでも使える状態である	
トイレ介助時等に職員が随時確認して補充すると共に、利用者も自由に補充できる状態である	
掃除は利用者任せになっており、職員が点検することはほとんどない	
基本的に掃除は1日1回程度としている	
基本的に掃除は1日2回程度としている	
基本的に掃除は1日3回程度としている	
基本の掃除に加えて、汚れや水はねに気づいたら随時行い、常に清潔さを保つ	
使いすぎやいたずらを防ぐ目的で常備せず、利用者に不便を与えている	
利用者自らは補充できず、不便を与えたり、職員が気づかないまま放置されていることがある	
利用者は自ら補充できず、1日1回程度の確認で、使用できない状態もある	
随時確認することで、利用者が困らずいつでも使用できる状態である	
職員が随時確認すると共に、基本的に利用者も補充できる状態である	
使いすぎや衛生面で管理できないことで常備せず、不便を与えている	
無くなったことや汚れに気づかず、そのまま放置されていることがある	
1日1回程度の確認を行い、交換や補充を行っているが、たまになくなった状態がみられる	
随時確認や交換をすることで、手拭は清潔に使用できる状態である	
職員が随時確認すると共に、基本的に利用者も交換や補充できる状態である	
外出はせず、施設内で済ませている	
外出は、基本的に半年に1回程度行っている	
外出は、基本的に3ヶ月に1回程度行っている	
外出は、基本的に2ヶ月に1回程度行っている	
外出は可能な限り、利用者の希望に応じて行っている	

施設の暮らし点検シート

大項目	小項目	レベル	
洗面	髭	1	髭そりは、必要最低限にとどめている
		2	髭そりは、時々することにしている
		3	髭そりは毎朝1回している
		4	レベル3に加えて、本人の希望や必要に応じて、随時髭そりをする
		5	レベル3に加えて、髭そり後はスキンケアを行っている
	爪	1	月1回程度の決められた日に爪切りを行っている
		2	2週間に1回は確認し、必要であれば爪切りを行っている
		3	1週間に1回は確認し、必要であれば爪切りを行っている
		4	随時確認し、個々に応じて爪切りを行っている
		5	随時確認し、個々に応じて爪切りを行い、爪垢の除去や爪やすりで磨く等清潔にしている
	髪型	1	全員短髪で一律の髪型と決めている
		2	全員短髪の髪型としている
		3	髪型に決まりはなく、本人又は家族の希望する髪型にしている
		4	レベル3に加え、毎日、髪を結んだり、セットする等の配慮をしている
		5	身だしなみやおしゃれとして、髪型のアドバイスや髪を染めることにも対応している
	化粧スキンケア	1	化粧品等は使わせないことにしている
		2	化粧品等の管理は行っていない
		3	化粧品等の管理を行っている
		4	化粧品等の管理と支援を行っている
		5	化粧品等や使用法のアドバイスをしている
口腔ケア	歯磨き	1	歯磨きは利用者本人にまかせている
		2	歯磨き支援は、1日1回のみ行っている
		3	歯磨き支援は、朝と夜など、1日2回行っている
		4	歯磨き支援は、毎食後行っている
		5	定期的に、歯科医による口腔ケアを実施している

視点・観点・点検項目説明	評価
どうしても必要な時だけ髭をそる	
毎日ではなく、伸びて気になってきたら髭そりをする	
毎日朝1回の髭そりをする	
外出や面会等の必要に応じて、随時髭そりの要望に応える	
髭そり負けを防ぐために、必ずスキンケアを行う	
伸びていても、決められた日にのみの一律対応である	
2週間に1回程度、確認する日にのみの一律対応である	
1週間に1回程度、確認する日にのみの一律対応である	
随時確認し、個々に応じて適宜爪切りを行う	
随時確認し、個々に応じて適宜、爪切り・爪垢の除去・爪やすりでの磨きを行い清潔さを保つ	
管理しやすいよう、特定の髪型（例：女性はおかっぱ、男性は坊主等）に決めている	
管理しやすいよう、基本的に全員短髪としている	
髪型は自由で、本人又は家族の意向通りとする	
レベル3に加え、毎日、髪に係る毎日の整容への配慮をする	
レベル4に加え、身だしなみやおしゃれとして、髪型のアドバイスや髪染め等にも配慮する	
職員対応の手間を増やさないよう化粧品の使用を禁止している	
化粧品の使用は認めるが、その管理はしないことにしている	
預かったり、補充等の管理だけを行う	
レベル3に加え、化粧の手伝いを行う	
レベル4に加え、化粧品の選択や使い方のアドバイスも行う	
職員による点検や磨き直し等は基本的にしない	
磨き直し等は基本的に1日1回としている	
磨き直し等は、朝と夜の基本的に1日2回としている	
磨き直し等は毎食後行っている	
レベル4に加えて、定期的に歯科医師等による口腔ケアを行っている	

施設の暮らし点検シート

大項目	小項目	レベル	
口腔ケア	衛生管理	1	歯ブラシとコップは、使用後に水で洗い流すだけ
		2	歯ブラシとコップは、月1回程度洗浄（消毒等）をしている
		3	歯ブラシとコップは、月2回程度洗浄（消毒等）をしている
		4	歯ブラシとコップは、週1回程度洗浄（消毒等）をしている
		5	歯ブラシとコップは、週1回以上洗浄（消毒等）をしている
	歯ブラシ交換	1	交換の判断は利用者まかせにしている
		2	歯ブラシは3ヶ月に1回程度取り替えている
		3	歯ブラシは2ヵ月に1回程度取り替えている
		4	歯ブラシは月1回程度取り替えている
		5	歯ブラシは随時、必要に応じて適切に個別に交換している
更衣	管理購入	1	衣類の管理・購入について、施設は一切関知しない
		2	衣類の管理・購入は利用者、家族が行うように決めている
		3	衣類の管理・購入は利用者、家族が行っているが、職員は適切さを確認している
		4	衣類の管理・購入は施設職員が行っている
		5	レベル4に加え、利用者自身が管理・購入できるようになる支援を行っている
	身だしなみ	1	身だしなみについては利用者まかせにしている
		2	衣類の乱れや汚れは、毎朝の1日1回程度は確認し、必要に応じて手直し・着替えを行う
		3	衣類の乱れや汚れは、外出時にも確認し、必要に応じて手直し・着替えを行っている
		4	衣類の乱れや汚れがひどい場合は、随時、手直しや着替えを行う
		5	衣類に乱れや汚れがあることに利用者が気づき、手直し・着替えができるように支援する
	コーディネート	1	衣類のコーディネートはしない
		2	コーディネートは、基本的に職員が決めている
		3	コーディネートは、基本的に利用者の意思に任せている
		4	コーディネートは、利用者の好みに配慮しながら、基本的に職員が決めている
		5	コーディネートは、利用者の好みや意思を尊重し適切にアドバイスを行っている

視点・観点・点検項目説明	評価
すすぐ程度で、洗浄は行っていない	
基本的に洗浄（消毒等）は月1回程度としている	
基本的に洗浄（消毒等）は月2回程度としている	
基本的に洗浄（消毒等）は週1回程度としている	
常に清潔を心掛け、洗浄や消毒を行う	
長期間の使用が放置されている	
全員一律に3ヵ月に1回程度の取り替えをしている	
全員一律に2ヵ月に1回程度の取り替えをしている	
全員一律に月1回程度の取り替えをしている	
全員定期的且つ必要に応じて、個別に取り替えをしている	
衣類の管理・購入は利用者・家族にまかせている	
施設は家族に衣類の管理・購入をするよう申し渡す	
職員が衣類の状態を確認し、必要に応じて購入依頼等の助言・支援を行う	
利用者の年齢や好みを把握し、職員が管理や購入を行う	
職員がもっぱら管理するだけでなく、利用者自身が管理・購入することも支援する	
身だしなみへの職員による配慮は、あまりなされていない	
朝の着替え等には必ず確認し、必要であれば手直し・着替えを行う	
レベル2に加え、外出時には必ず点検し、必要に応じて手直し・着替えを行う	
乱れや汚れがひどい時には、必ず着替えを行う	
職員による身だしなみの管理だけにとどまらず、可能な限り、本人の気づきと対応を促す支援を行う	
意識や配慮はほとんどない	
職員の一方的な好みや都合で、着るものを決めている	
組み合わせに違和感があっても、本人の意思だからと任せきりにしている	
好みには配慮するが、基本的には職員主体で決めている	
本人の意思を尊重した適切なコーディネートが本人主体でできるように職員はアドバイスする	

施設の暮らし点検シート

大項目	小項目	レベル	
洗濯	洗濯方法	1	汚れの確認はせず、全ての洗濯物を一緒に洗濯している
		2	汚れに応じて下洗い等し、全て一緒に洗濯している
		3	汚れや素材、用途に応じて分別洗いをしている
		4	汚れや素材、用途に応じて分別洗いをし、洗剤・柔軟剤等の使い分けもしている
		5	レベル4に加え、必要に応じて、漂白処理も行っている
	リネン	1	洗濯の必要に気づいたときに選択する
		2	リネン類の洗濯は月1回程度、決まった日に洗濯している
		3	リネン類の洗濯は月1回程度洗濯し、汚れた場合は随時洗濯している
		4	リネン類の洗濯は週1回程度、洗濯している
		5	リネン類の洗濯は週1回程度洗濯し、更に汚れた場合は随時洗濯している
居住環境	部屋割	1	居室の多くは、共同利用（2人部屋以上）である
		2	居室のうち、一人部屋は約50％である
		3	居室のうち、一人部屋は50％〜80％である
		4	居室のうち、一人部屋は80％以上である
		5	居室は全室一人部屋である
	私物・家具類	1	共同利用のため、押入れ以外に私物を置くことはできないことにしている
		2	家具や電化製品は、備え付けの物のみとしている
		3	家具、電化製品、その他の私物等は、規程等で定めたものに限り持ち込みができる
		4	家具、電化製品、その他の私物等は、利用者の好みや必要に応じて、自由に持ち込める
		5	自室が快適な空間となるよう、家具や電化製品の種類や配置に支援している

付録

視点・観点・点検項目説明	評価
出された洗濯物は、汚れ具合、素材、用途にかかわらず全て一緒に洗濯する	
汚れ具合によって下洗い等はするが、あとは全て一緒に洗濯する	
下着、おしゃれ着、洗顔用タオル等を分別して洗濯する	
下着、おしゃれ着、洗顔用タオル等を分別し、最適な洗剤・柔軟剤に分けて洗濯をする	
レベル4に加えて、必要に応じた漂白処理等も行う	
汚れや異臭がひどくならない限り放置する	
汚れや臭いの程度にかかわらず、月1回の洗濯とする	
月1回は洗濯し、それ以外にも汚れに気付けば随時行う	
汚れや臭いの程度にかかわらず、週1回の洗濯とする	
週1回かならず洗濯するだけでなく、汚れ具合や物によっては個別に随時洗濯をする	
個室化を進めていない	
プライベート空間の確保は、利用者の50%である	
プライベート空間の確保は、利用者の50%〜80%である	
プライベート空間の確保は、利用者の80%以上である	
利用者全員にプライベート空間が確保されている	
一人部屋ではないため、家具等の私物は設置できない	
管理し易さから、備え付けの物以外の私物等は置いてはいけないことにする	
管理し易さから、持ち込みの家具、電化製品、その他の私物等を制限する	
利用者の好みの家具、電化製品、その他の私物等を持ち込むことができる	
レベル4に加え、快適な居室環境をつくるために職員が支援する	

施設の暮らし点検シート

大項目	小項目	レベル	
居住環境	施錠管理	1	施設のあらゆるところを施錠管理している
		2	居住棟エリアは、常時施錠をしている
		3	居住棟エリアは、時間帯で施錠をしている
		4	居住棟エリアは、必要に応じて随時施錠をしている
		5	居住棟エリアに施錠はしていない
	修繕	1	よほどのことがない限り、何もしない
		2	定期点検はしていないが、破損に気づけば、応急処置を施して、まとめて修繕するようにする
		3	破損箇所の定期点検を行い、応急処置を施して、まとめて修繕する
		4	定期的に破損箇所のチェックを行い、速やかに修繕を行っている
		5	常に破損がないか気を配り、速やかに修繕を行っている
	空調	1	空調設備は一切なく、室温・湿度等への配慮はできていない
		2	エアコンはないが、他の扇風機やストーブによって暑さ寒さに対応している
		3	居室・共有スペースにエアコンがあり、期間限定で、空調コントロールしている
		4	居室・共有スペースにエアコンがあり、必要に応じて、適宜空調コントロールしている
		5	施設全館にエアコンがあり、常に、必要に応じた空調コントロールしている
	エクステリア	1	とくに留意することない
		2	外回りの整備は余裕があれば行っている
		3	外回りの整備は定期的に行っている
		4	外回りには常に気を配り、整備している
		5	レベル4に加えて、利用者に心地よい環境となるよう配慮している

視点・観点・点検項目説明	評価
居住棟だけでなく、施設の様々な場所に常時施錠している	
常時、職員体制の制約や安全配慮の目的から、居住棟の出入りを施錠で管理する	
時間帯によって、職員体制の制約や安全配慮の目的から、居住棟の出入りを施錠で管理する	
随時、職員体制や安全配慮の目的で、居住棟の出入りを施錠で管理する	
原則、居住棟エリアには施錠をしない	
チェックが行なわれず、放置したままにする	
破損に気付くまでは放置され、応急処置だけで、すぐに修繕することはない	
破損箇所が放置されることはないが、応急処置だけで、すぐに修繕することはない	
定期的なチェックをし、そのつど速やかに修繕が行う	
常に破損個所がないかの意識を持ち、速やかに修繕が行う	
電気代の節約のため、エアコンは「贅沢」だと考えている	
猛暑や極寒期の対応が不十分で、体調管理や過ごしやすさに支障が出ている	
限られた空間にエアコンがあり、期間限定の使用としている	
限られた空間にエアコンがあり、必要に応じて、適宜使用している	
廊下等にもエアコンが設置され、常に必要に応じた使用をする	
外回りに注意を向けることなく放置している	
余裕があれば行う程度であり、常に荒れ気味の状態となっている	
定期的なチェックと整備をしている	
常に外回りに気を配り、小まめに整備がされている	
常に外回りは整備されており、季節の花を植える等景観や安らぎにも配慮している	

施設の暮らし点検シート

大項目	小項目	レベル	
居住環境	フリースペース	1	フリースペース（多目的室）はない
		2	フリースペースはあるが、自由に使用できない
		3	フリースペースが1箇所あり、いつでも自由に使用できるようにしている
		4	大小のフリースペースを2箇所以上設け、自由に使用できるようにしている
		5	大小2箇所以上のフリースペースの中に、運動ができるような大きなスペースを設けている
	玄関先の環境	1	玄関は基本的に施錠されている
		2	玄関の清掃、整理整頓ができていない
		3	玄関はきれいに清掃、整理整頓されている
		4	玄関はきれいに清掃、整理整頓され、不意の来客にも対応して照明にも配慮している
		5	レベル4に加え、花を生けたり絵を飾る等の配慮をしている
健康管理	検診等	1	年2回の検診を行っている
		2	年2回以上の検診を行っている
		3	希望により、がん検診の対応をしている
		4	がん検診を施設の基準として対応している
		5	利用者の希望に応じて、特別な検診にも対応している
	受診	1	嘱託医を配置し、受診対応は原則家族が行っている
		2	嘱託医を配置し、受診対応は施設がオプションで行っている
		3	嘱託医を配置し、受診対応は原則施設が行っている
		4	嘱託医を配置せず、受診対応は施設がオプションで行っている
		5	嘱託医を配置せず、受診対応は原則施設が行っている

視点・観点・点検項目説明	評価
フリースペースの取り組みの想定や必要性を考えたことはない	
フリースペースは設けているが、普段は施錠する等自由に使用できない状態にしている	
自由に使用できるが、複数グループのニーズには対応できない	
大人数用のフリースペースと少人数向きのフリースペースを自由に使用することができる	
2箇所以上のフリースペースの中に、体育館のようなスペースを設けている	
利用者の安全配慮を理由にして、玄関を施錠している	
靴やスリッパが乱雑になっていても、そのまま放置されている	
常にきれいに清掃、整理整頓されており、建物の入口として気持ちの良い環境である	
常にきれいに清掃、整理整頓され、照明も適度で気持ちのよい環境である	
お花や絵を飾る等、来客を気持ちよくお迎えできる環境である	
基準の検診を行っている（総合検診、内科検診等）	
基準以上の検診を行っている（総合検診、内科検診、歯科検診等）	
希望があれば、市町村検診レベルの胃がん、子宮がん、乳がん検診の対応をしている	
希望の有無に関係なく、胃がん、子宮がん、乳がん検診を施設裁量で行っている	
利用者の希望に応じて、一般的な検診以外も対応している（脳MRI、PET等）	
原則、受診は家族対応としている	
原則、受診対応はオプションサービスとして、利用料を徴収している	
原則、受診対応は基本サービスとしている	
嘱託医を配置しないことで自由な診療を保障し、且つ受診は施設がオプションで行っている	
嘱託医を配置しないことで自由な診療を保障し、且つ受診は施設が行っている	

施設の暮らし点検シート

付録

大項目	小項目	レベル	
健康管理	看護師	1	日中の一部（1〜3時間未満）に常勤の看護師を1名配置している
		2	日中の一部（3〜6時間未満）に常勤の看護師を1名配置している
		3	日中の全ての時間帯に常勤の看護師を1名配置している
		4	常勤の看護師を2名以上配置している
		5	常勤の看護師を複数名配置し、夜間時間帯にも対応している
	救急救命CPR	1	心肺蘇生法を習得している職員はほとんどいない
		2	生活支援員の50%が心肺蘇生法を習得している
		3	生活支援員の50%〜70%が心肺蘇生法を習得している
		4	生活支援員の70%〜90%が心肺蘇生法を習得している
		5	生活支援員の90%以上が心肺蘇生法を習得している
	救急救命AED	1	AEDの訓練はしていない
		2	生活支援員の50%がAEDの使用法を習得している
		3	生活支援員の50%〜70%がAEDの使用法を習得している
		4	生活支援員の70%〜90%がAEDの使用法を習得している
		5	生活支援員の90%以上がADEの使用法を習得している
	医療的ケア	1	医療的ケアが必要になった場合は、他施設や病院への移行を促している
		2	医療的ケアが必要になった場合は、医療機関との連携を図り対処している
		3	導尿等、一部の医療的ケアに対応している
		4	導尿等の他、複数のケアに対応している
		5	喀痰吸引等、可能な限り必要なケアに対応している
	喀痰吸引	1	喀痰吸引には対応していない
		2	生活支援員の50%が喀痰吸引の資格を保有している
		3	生活支援員の50%〜70%が喀痰吸引の資格を保有している
		4	生活支援員の70〜90%が喀痰吸引の資格を保有している
		5	生活支援員の90%以上が喀痰吸引の資格を保有している

視点・観点・点検項目説明	評価
常勤換算で1名以下（1～3時間未満）の時間数の配置である	
常勤換算で1名以下（3～6時間未満）の時間数の配置である	
常勤換算で1名の時間数の配置である	
日中の全ての時間帯に、看護師2名以上が配置されている	
土日も含め、可能な限り夜間時間帯（施設入所支援）にも対応できる体制である	
研修や訓練をほとんど行っていない	
生活支援員の約半数が習得している	
生活支援員の約50％～70％がAEDの使用法を習得している	
生活支援員の約70％～80％がAEDの使用法を習得している	
日常的訓練を行い、生活支援員のほぼ全員が使用法を習得している	
研修や訓練をほとんど行っていない	
生活支援員の約半数が習得している	
生活支援員の約50％～70％がAEDの使用法を習得している	
生活支援員の約70％～90％がAEDの使用法を習得している	
日常的訓練を行い、生活支援員のほぼ全員が使用法を習得している	
医療的なケアへの施設での対応は困難として、移行を促す選択肢しかないと考えている	
施設での医療的ケアは困難ではあるが、継続利用できる努力をしている	
導尿等、一部のケアであれば看護師が対応できる	
レベル3に加え、複数の医療的ケアに対応できている	
レベル4に加え、介護職員による医療的ケア（喀痰吸引）の資格を持つ職員を配置している	
資格を有する職員の配置はない	
生活支援員の約半数が保有している	
生活支援員の約50～70％が保有している	
生活支援員の70～90％が保有している	
生活支援員のほぼ全員が保有している	

施設の暮らし点検シート

大項目	小項目	レベル	
健康管理	薬剤管理	1	薬剤の管理支援はしていない
		2	薬剤の管理支援でリスクマネジメントができていない
		3	医師から処方された薬剤のみ、管理支援を行っている
		4	医師から処方された薬剤以外も、管理支援を行っている
		5	レベル4に加え、より安心安全な管理支援ができるよう努めている
金銭管理	管理支援	1	金銭管理をしていない
		2	買物等金銭の使途は、家族又は職員が判断している
		3	買物等金銭の使途は、利用者の意向を確認した上で判断している
		4	買物等金銭の使途は、あくまでも利用者の意向に即したものにしている
		5	レベル4に加えて、職員が的確なアドバイス等を行い、意思形成支援をしている
職員接遇マナー	挨拶	1	それぞれの職員が適切に挨拶できない
		2	挨拶の分かる利用者に対してだけ、適切な挨拶ができる
		3	全ての利用者に対して、気持ちのよい挨拶ができる
		4	誰に対しても、職員の多くが明るく気持ちのよい挨拶ができる
		5	誰に対しても、全ての職員が常に明るく、気持ちのよい挨拶ができる
	身だしなみ	1	支援・介護職の職務遂行に支障をきたすような身だしなみとなっている
		2	支援・介護職にふさわしくない身だしなみをしている
		3	介護職として常識的な身だしなみをしている
		4	介護職として常識的で、清潔感のある身だしなみをしている
		5	4レベルに加え、周囲によい印象を与えるような身だしなみをしている
外出行事	外出	1	特別な外出は行っていない
		2	年に1回程度、半日或いは1日かけての外出を行っている
		3	年に2回程度、半日或いは1日かけての外出を行っている
		4	年に3回程度、半日或いは1日かけての外出を行っている
		5	レベル4に加えて、希望を反映させた個別対応等も行っている

付録

視点・観点・点検項目説明	評価
薬剤の管理は、利用者・家族の責任でやってもらうことにしている	
誤薬等の事故やミスが多く、十分な管理支援がなされていない	
医師から処方された薬剤については、管理支援を行っている	
医師から処方された薬剤以外にも、主治医の許可により管理支援を行っている	
医療機関や薬局と連携する等し、薬剤の管理支援の安全性を高める配慮をしている	
日常的な買い物を想定していないため、金銭管理の必要性を認めていない	
最初から家族や職員が判断している	
利用者の意向は確認はするが、最終的に家族や職員が判断している	
買物等では、利用者の意向を最大限に尊重する	
本人の意向を尊重するだけでなく、適切な意思形成への支援も行っている	
挨拶をしない、挨拶のできない職員・職場になっている	
コミュニケーションが困難な利用者にははじめから挨拶しない	
どの利用者にも、明るく気持ちのよい挨拶ができている	
多くの職員が、利用者、保護者、外来者、職員に対して気持ちよく挨拶ができている	
定着した組織風土として、職員全員が挨拶のできる職場となっている	
職務遂行との関連で身だしなみを考え切れていない	
介護職として、髪型、化粧、服装に違和感がない	
介護職として、多様な利用者からみて常識的で違和感のない身だしなみである	
レベル3に加え、清潔感のある身だしなみである	
4レベルに加え、どんな人にも好印象を与えるような身だしなみである	
散歩や買物以外の外出は行っていない	
年1回程度は特別な外出を行っている	
年2回程度は特別な外出を行っている	
年3回程度は特別な外出を行っている	
レベル4に加えて、更に利用者の希望にも配慮した外出をしている	

施設の暮らし点検シート

大項目	小項目	レベル	
外出行事	宿泊を伴う外出	1	旅行は行っていない
		2	数年に1回程度、一泊二日程度の旅行を行っている
		3	年に1回程度、一泊二日程度の旅行を行っている
		4	レベル3に加え、旅行の行き先は利用者、家族の希望を反映している
		5	レベル4に加え、少人数又は個別対応での旅行を行っている
その他	法人役員	1	法人役員に家族は含まれていない
		2	法人役員に1人は家族が含まれている
		3	法人役員の内10%以上は家族が含まれている
		4	法人役員の内20%以上は家族が含まれている
		5	法人役員の内30%以上は家族が含まれている
	家族会の運営	1	家族会はない
		2	家族会はあるが、施設運営との関係では機能していない
		3	家族会は年に1回程度開催され、行事参加や施設整備で施設と協力関係にある
		4	家族会は、年に複数回開催され、レベル3以上の協力関係をつくっている
		5	家族会は月に1回程度開催し、レベル4以上の協力関係をつくっている
	利用者自治会	1	利用者自治会はない
		2	利用者自治会をつくろうとは心がけるが長続きしない
		3	利用者自治会をつくるための継続的な支援と努力が行われている
		4	利用者自治会が結成されている
		5	利用者自治会の意向を理事会や評議員会に反映する仕組みをもっている
	送迎	1	送迎は行っていない
		2	送迎は1〜2コースのみで対応している
		3	送迎は複数コース準備し、利用者のニーズに対応している
		4	利用者・家族の状況や天候等に応じて、ドアツードアの送迎を行っている
		5	全員ドアツードアの送迎を行っている

付録

視点・観点・点検項目説明	評価
宿泊を伴う旅行は行っていない	
数年に1回程度の旅行を行っている	
年に1回程度の旅行を行っている	
旅行の行き先は施設主導ではなく、利用者・家族の希望を配慮している	
利用者、保護者の希望により、少人数又は個別対応での旅行にも対応している	
役員には家族が含まれていない	
役員の内、少なくとも1人は家族が含まれている	
役員の内、10%は家族が含まれている	
役員の内、20%は家族が含まれている	
役員の内、30%以上は家族が含まれている	
家族会の組織自体がない	
家族会はあるが、機能していない	
基本的に年1回程度の開催であり、施設との意見交換はさほど密ではない	
家族会は、年に複数回開催し、施設との意見交換が十分できている	
家族会は、基本的に月1回は開催し、施設との日常的な意思疎通・意見交換ができている	
利用者自治会をつくろうとしていない、つくる必要性を自覚していない	
障害の重さを理由にして、意思形成・意思決定支援の努力が不十分である	
利用者の意思形成・意思決定支援に工夫を重ねながら努力が継続している	
利用者自治会の話し合い等の運営支援を行っている	
家族会の意向のみを反映させず、利用者本人の意向を反映させるシステムづくりをしている	
人的、金銭的理由で送迎は行えていない	
1～2コースで、送迎に職員の時間と労力がかからないようにしている	
利用者のニーズに応じて、可能な限り送迎コースを準備している	
利用者や家族の状況や天候に配慮し、臨機応変な送迎対応をしている	
基本的に、利用者全員をドアツードアの送迎を行っている	

施設の暮らし点検シート

大項目	小項目	レベル	
その他	家族連絡	1	ほとんど連絡はしない
		2	怪我や体調不良等の程度により、施設側の判断で連絡を行っている
		3	怪我や体調不良等の程度によらず、施設側の判断で連絡を行っている
		4	怪我や体調不良等の程度によらず、原則連絡を行うこととしている
		5	怪我や体調不良等の程度によらず、原則連絡と経過報告も行うこととしている
	職員体制	1	直接処遇職員の人員は、基準で配置している
		2	直接処遇職員の人員は、基準以上加算Ⅲ未満の配置をしている
		3	直接処遇職員の人員は、人員配置体制加算Ⅲ以上の配置をしている
		4	直接処遇職員の人員は、人員配置体制加算Ⅱ以上の配置をしている
		5	直接処遇職員の人員は、人員配置体制加算Ⅰ以上の配置をしている
	研修OFF‐JT	1	様々な研修機会への参加をすべて見送っている
		2	支援職員全員ではないが、年1回は外部研修に参加している
		3	支援職員全員ではないが、年2回以上は外部研修に参加している
		4	支援職員全員が、年1回は外部研修に参加している
		5	支援職員全員が、年2回以上は外部研修に参加している

付録

視点・観点・点検項目説明	評価
連絡の必要性や重要性を認識していない	
皮下出血やすり傷等を、施設側の判断で「軽微」だと決めつけ、連絡の可否を決めている	
怪我、体調不良の程度は問わないが、施設側の判断で連絡の可否を決めていない	
軽微な皮下出血やすり傷等であっても、原則、必ず連絡することとしている	
４レベルに加え、経過報告も随時行い保護者と情報共有をしている	
左のとおり	
職員体制等の制約を理由にして、研修参加を実施していない	
職員の体制等で、限られた職員のみ（年1回程度）研修に参加する	
職員の体制等で、限られた職員のみ（年2回程度）研修に参加する	
全員が年に1回は研修に参加でき、専門性を高める機会としている	
全員が年に2回は研修に参加でき、専門性を高める機会がある	

施設の暮らし点検シート

おわりに

　21 世紀に入り、福祉国家による社会保障・社会福祉の枠組みを維持してきたヨーロッパ諸国は、2008 年のリーマンショック以降に拡大したＥＵと世界経済の動揺とともに、これまでにない困難を抱えるようになっています。先進国が共有するこのような困難のもとで、ノーマライゼーション思想の母国であるデンマークは、障害のある人たちの地域生活と住まいにかかわる施策について、どのような経緯をたどってきたのでしょうか。デンマークの取り組みを鏡にして映し返されるわが国の姿を確かめておくことは、私たちのこれからを展望する上で、貴重な示唆を与えるものです。

　デンマークにおいて、施設解体を含む地域生活の充実が本格的に取り組まれたのはミレニアム（2000 年）からのことです。200 人から 1000 人程度の大小の施設が 5 か所存在していたデンマークでは、スーロンという名の施設 1 か所だけを残し、2014 年にグループホームへの住まいの移行を完了させています。しかし、このプロセスの中で、生まれ育った地域に建てられた施設の居住者を、そこから遠く離れた見知らぬ地域に新設されるグループホームに転居させることは、あまりにも機械的な進め方ではないか、とりわけ、その人たちの意思決定にもとづく最善の利益の実現に叶うものとなっているのか、という親・関係者の疑問をきっかけにして、大きな議論が巻き起こりました。その結果、スーロンという施設を存続させるとともに、障害のある人の意思決定を尊重するために必要十分な努力を払い続けることを前提に、市街地に新設されるグループホームへの転居を進めることとなりました。

　このような経緯を通して、貴重な教訓が明らかになりました。すなわち、障害のある人の地域生活の充実は、施設かグループホームかという機械的な二者択一の問題ではないこと、障害のある人の意思決定（意思

形成・意思決定・意思実現）が施策を進める出発点に据えられるべきものであること、そして「どこで誰と住むのか」について最善の利益を実現することに政策目標があることを、障害当事者、親・家族、支援者そしてデンマーク政策当局の共通認識として胸に刻むことになったのです。

　本書の「はじめに」でもふれたとおり、私たちは「提言Ⅰ」である「『家族が求める暮らしのあり方』〜親の想いを社会にとどけたい〜」を発表し、障害のある人たちの地域での住まい方についての私たちの考えを世に問いました。この時点では、私たち自身にも障害者権利条約を踏まえきれない弱さが残っていました。しかし、障害者自立支援法のもとで、「地域生活移行」に障害のある人の意思決定を位置づけることもなく、地域生活の充実に必要不可欠な条件整備の課題を棚上げにしたまま、障害者施設を出て自宅やグループホームへの転居を強行する施策に対し、当事者・家族としての当たり前の憤りとともに、地域生活にかかわる抜本的な政策改善を訴える必要があると考えました。ノーマライゼーションとは、権利行使の主体である市民としての対等・平等性を基礎に「共に生きる」地域社会を創り上げる思想です。施設を出て地域に居所を変えることがノーマライゼーションであるかのような陳腐きわまりない議論を排し、このようなノーマライゼーション思想の表層的理解がもたらした「施設否定論」を乗り越えて、施設を含むあらゆる暮らしの場において、障害のある人自身が幸福追求権を行使できるような条件整備の拡充を国家的施策の目標にすべきだと主張しました。

　以来、7年が経ちました。この間、私たちは改めて障害者権利条約を学び直し、障害のある人が幸福追求権を行使することのできる地域生活の充実を展望し、まとめ直したものが「提言Ⅱ」である本書です。本書の制作は、全施連に集う障害当事者・親・家族・支援者等の、地域生活の充実に向けた切実な想いと魂を受けとめた営みです。そこで、私たちは、障害のあるすべての人たちがそれぞれの幸福追求権を行使できる、慈しみ合う根拠地のあり方を明らかにし、これからの地域生活の充実と

広がりを創造するための、実践的で理論的な共通基盤を提示し、現行施策の抜本的な改善課題をできる限り具体的に解き明かす努力を積み重ねて、本書を上梓することができました。

　さて、障害当事者や親・家族の皆さんの中には、次のような疑問と不信感をわだかまりのように抱えてきたご経験があると思います。自分の利用している施設の暮らしや障害福祉サービスの水準が、他の施設・事業所のそれらと比べて大きく違うのはなぜか。自分の利用する施設では、お風呂が週2回に制限されているのに、毎日お風呂に入ることのできる施設もあるのはどうしてなのか。あるいは、自分が住んでいる（あるいは支給決定している）自治体の施策水準と利用者への対応が、他の自治体のそれらと大きな違いがあるのはなぜか。

　また、障害支援区分の認定調査員による「さじ加減」の違いは覆い隠しようがなく、財政状況の厳しい市町村は障害支援区分を小さく出そうとする傾向的事実もそこかしこで指摘されてきました。多様な障害特性とニーズに即して、施設利用者それぞれに最適なサービスを提供するという最低限度の専門性が、どうしていつまでも確保されないのか。施設やグループホームの暮らしが地域生活の広がりと充実に必ずしもつながらないという一貫した事実の根本には、支援者の専門性と努力の問題だけではなく、法制度上の構造的問題があるのではないか。「住民に身近な自治体」であるからこそ現実に即した施策の充実発展があるとされてきたところが、どうして市町村の計画行政（市町村障害者計画・市町村障害福祉計画）と施策の実態に残酷なまでの地域間格差が生じているのか。

　そして、これらの疑問を施設・事業所の幹部職員や市町村の障害福祉担当者に尋ねたところで、障害当事者と家族が納得できるような説明を受けることはほとんどありません。支援サービスと暮らしの質の改善は、遅々として進むことはないのです。

　このようにして、障害当事者・親・家族の努力が「徒労」に終わりかねない現実を前にすると、親・家族は自責の念に駆られ、悶々と眠れな

い夜を過ごす日々に追い込まれることになります。

　本書はこれらの長年にわたる数々の疑問と苦悩に対し、可能な限り、「そういうことだったのか」と得心していただける分析と説明に努め、問題解決の糸口を具体的に提示するようにしました。施設の暮らしと支援サービスの質がにわかには向上していかない「からくり」を解き明かしていますから、当事者・親・家族の皆さんが学びを深め、つながりを強めて、施設の暮らしと支援サービスを質的に発展させるための手がかりと根拠を明らかにすることができる内容に心を砕いて執筆しました。

　市町村の障害福祉行政の関係者には、本書から、施設を含む地域生活の充実をはかるための多面的な知見と方策を学んでいただきたいと考えます。とりわけ、これまでの「地域生活移行」が障害のある人に対する政策側の一方的で強制的な転居に過ぎないために、「地域生活移行」を機械的に進めるだけでは、決して「共に生きる」地域生活の充実にはつながらないことを自覚していただきたいのです。そして、市町村の障害者施策推進協議会または障害者政策委員会において、当事者の参画と協議に基づいて、障害のある人自身の意思決定を起点に据えた地域生活の充実を図るための総合的な障害者施策の立案に力を尽くしてください。

　障害のある人の地域生活の広がりと充実を図るためには、連携ネットワークの改善と社会資源開発の課題を不断に明らかにすることを避けて通ることはできません。この点については、本書を学習資料に活用することによって、市町村の自立支援協議会または地域自立支援協議会の討議をゆたかにしていただきたいと考えます。ここでは、地域の多くの支援者の参画が必要不可欠です。しかし、自立支援協議会が形骸化している自治体はあまりにも多く、障害のある人の地域生活の充実を図る連携支援の拡充に明確な課題意識をもって、協議を着実に深めてください。

　また、障害者基幹相談支援センターの相談員の皆さんには、施設・病院から地域移行する方向性に偏った相談支援になっていないかどうかを点検してください。地域生活の充実とは、施設や病院を「出る」方向ば

かりではありません。地域から施設・グループホームを利用する方向の相談があることも当たり前です。「どこで誰と暮らすのか」を決めるのは障害のある人の権利であり、「地域生活移行」の数値目標ではありません。施設か地域のどちらにするかという二者択一が、障害者権利条約第 16 条の指し示す方向性ではないのです。本書は、施設・グループホームに関するいわれのない偏見や誤解を払拭し、権利行使の主体である障害のある人の地域生活支援を充実させていく取り組みには、どのような考え方・生活内容・支援方法が担保されなければならないかを指し示す資料として活用できます。

　巻末資料に掲載した「施設の暮らし点検シート」は、社会福祉法人高知小鳩会のすべての職員の総意から、障害のある人たちの暮らし方をわが事として捉えようとする討議を重ねて編み上げられたものです。親密な人間関係を暮らしに紡ぎ続けるための支援や制度上の課題を明らかにするためには、日々の暮らしの基本的な事項にかかわる不断の点検と評価を土台に、当事者・家族会と施設・法人関係者が知恵と力を合わせて、改善のための努力に協働することが大切です。施設・法人の枠内での努力にどうしても限界がある場合には、法制度の改善を求める根拠資料にもなり得る可能性を持つものです。したがって、この点検シートは、当事者・家族会が活用するだけでなく、施設・グループホーム関係者が自己点検や第三者評価のために用いるツールとして広く活用し、必要に応じて、施策改善の課題を示す根拠資料として自治体と国に提示することがまことに有益です。社会福祉法人等の管理職の方には、点検された支援と暮らしの改善課題を、事業計画や行動計画に着実に反映させてください。

　学生・院生・研究者諸氏には、本書を通じて、戦後における障害者施設の社会的性格の経過を正視し、法制度の今日的な改善課題の所在を見極め、障害当事者・親・家族とすべての市民が地域において「共に生きる」ことの、わが国におけるリアリティを発展的に検討していただけれ

ば幸いです。

　本書は、障害のある人の地域における住まいと暮らしのあり方を追究し、障害のある人の意思と願いを起点に据えた支援サービスと法制度の改善課題を明らかにしています。ここで、地域におけるさまざまな人たちの暮らし向きに改めて目を向けると、7人に1人におよぶ貧困児童、先進国の中で突出している母子家庭の貧困、深刻化する一方の子ども虐待、若者から中高年の115万人を超える「引きこもり」、LGBTの人たちの生き辛さ、8050問題（引きこもりなどで失業状態にあり在宅生活の続く50代の中高年を、80代の後期高齢者である親が扶養しなければならない社会問題）など、地域生活の根拠地となるべき慈しみ合いの空間である親密圏は、貧困と生き辛さの困難にさらされ、縮減と破綻の危機に瀕していると言わざるを得ません。地域生活の根拠地となる親密圏の組み替えと再建を図ることのできる社会的手立ての抜本的拡充は、わが国社会の持続可能性を担保するための普遍的な課題になっている現実を思い知るのです。

　本書の願いと射程は、障害のあるなしにかかわらず、地域社会のすべての人がそれぞれにふさわしい幸福追求権を行使することによって「共に生きる」暮らしをゆたかに実現していくことにあります。すべての人たちの充実した地域生活の実現のために、暮らしの根拠地となる親密圏のあり方を作り替え、孤立と差別偏見の中に押しとどめられてきた少数者の願いを公共圏に解き放つことに私たちが力を合わせることよって、抜本的な法制度の改善と条件整備の拡充推進を図ることが、私たちの考える真の「我が事・丸ごと」です。

　本書がすべての人たちの地域生活の充実に寄与することを願って

　　　　　　　　全国知的障害者施設家族会連合会 PT 会議顧問　小賀　久

　　　　　　　　宗澤忠雄

編著者紹介 ●●●●●●●●●●●●●●●●●●●●●●●●●●●●●●●●●●●●●●

一般社団法人全国知的障害者施設家族会連合会（全施連）

　全国知的障害者施設家族会連合会（全施連）は、2005 年 9 月に京都での設立総会（参加 14 都道府県）にて、すべての知的障害者施設利用者の福祉の向上を図り、その豊かな生活と権利を護ることを目的に、全国組織として立ち上がりました。当時、障害者自立支援法の施行により世論は施設解体、地域移行推進が叫ばれていました。「地域で当たり前に」暮らすことができないことから、やっとの思いで選び、つくり上げてきた入所施設のあり方がゆらぎはじめたことに戸惑いと不安の中での全国組織の設立でした。

　知的障害施設にある家族会が都道府県単位に連合会を組織し、その連合会が会員となっています。わが子らの幸せの追求や、知的障害者（児）とすべての親や家族が手を取り合うことの重要性を認識すること、意思決定支援を進めること、必要な場合にはもの言えぬわが子らに代わって正しい意見を言うことなどを理念に掲げた運動を進めています。

　これからは、知的障害や発達障害を持っていても地域で豊かに暮らすことができる社会の実現をめざして、障害者福祉の向上と発展を実現するための活動に取り組み続けていきます。

〈主な事業内容〉
研修会、会員への情報提供・会員の悩み相談、会員相互の親睦行事、行政・国会・県会・市会議員に障害福祉の現状改革を訴える活動、理事会（年 3 回）、社員総会、全国大会（年 1 回）、全施連ニュース年 2 回発行。

- ●代表者：由岐 透
- ●事務局　〒650-0016 神戸市中央区橘通 3‐4‐1　神戸市立総合福祉センター 2F
  神戸市知的障害者施設家族会連合会内
- ●団体の構成員数（2019 年 8 月現在）：21 都道府県支部、賛助会員（団体・個人）
  施設家族会数 504、会員数約 36,000 人
- ●役員数：正副理事長 4 人　常任委員 7 人（正副理事長含む）　監事 2 名
- ● HP：http://zenshiren.web.fc2.com/
- ● Email：h-kazoku-net@alpha.ocn.ne.jp

［執筆者］

小賀久（こが・ひさし）　北九州市立大学文学部人間関係学科教授
第7章

田中幹夫（たなか・みきお）　弁護士
第8章

長岡洋行（ながおか・ひろゆき）　社会福祉法人ささの会総合施設長
第4章 ②

南守（みなみ・まもる）　一般社団法人全国知的障害者施設家族会連合会副理事長、
社会福祉法人高知小鳩会理事長
第3章、第5章

宗澤忠雄（むねさわ・ただお）　埼玉大学教育学部特別支援教育講座准教授
第1章、第2章、第4章 ①、施設利用に伴うサービス利用契約と個別支援計画に関する実態調査報告

由岐透（ゆき・とおる）　一般社団法人全国知的障害者施設家族会連合会理事長
第6章

［カバーの絵／作者紹介］

小幡正雄（おばた・まさお）

　1943年11月11日、岡山県笠岡市真鍋島生まれ。

　1959年中学校卒業後、溶接工や建設作業員等の様々な仕事に従事した後、1976年4月救護施設三楽園入所。その後1989年9月知的障害者支援施設ひふみ園に入所、絵画制作がはじまる。不要になった段ボールを集め、好きな大きさに切り、それらに、色鉛筆（特に赤色を好んでいた）をつかって絵を描いていた。描かれる作品は「結婚」「恋愛」「家族」などだが、どれも独自の世界観を表出しており、アウトサイダー・アーティストとして国内外で高く評価されることとなる。

　2010年没。生前はもとより、没後2012年に開催された「赤鉛筆のアウトサイダー　小幡正雄展」（兵庫県立美術館）など、各地で展覧会などが開催され好評を博している。

地域共生ホーム
──知的障害のある人のこれからの住まいと暮らし

2019 年 9 月 10 日　発行

編　著　一般社団法人全国知的障害者施設家族会連合会
発行者　荘村　明彦
発行所　中央法規出版株式会社
　　　　〒110-0016　東京都台東区台東 3-29-1　中央法規ビル
　　　　営　業　TEL 03-3834-5817　FAX 03-3837-8037
　　　　書店窓口　TEL 03-3834-5815　FAX 03-3837-8035
　　　　編　集　TEL 03-3834-5812　FAX 03-3837-8032
　　　　https://www.chuohoki.co.jp/

印刷・製本　奥村印刷株式会社

定価はカバーに表示してあります。
ISBN978-4-8058-5947-6

本書のコピー、スキャン、デジタル化等の無断複製は、著作権
法上での例外を除き禁じられています。また、本書を代行業者
等の第三者に依頼してコピー、スキャン、デジタル化することは、
たとえ個人や家庭内での利用であっても著作権法違反です。

落丁本・乱丁本はお取り替えいたします。